日本の科学

近代への道しるべ

山田慶兒

藤原書店

まえがき

世界史的近代は十八世紀にはじまる。徳川吉宗の政策は西欧の十八世紀啓蒙時代の政策と等質である。十八世紀以後の日本は世界史的近代の一部を構成している。日本だけではない。清代の中国もまた同じだった。あるフランスの経済史家は十八世紀以後の日本と中国を「科学なき近代」と呼んだが、科学はあった。一例を挙げれば、パリ国立天文台のカッシーニ父子がフランス全図を完成したのは一七九〇年、伊能忠敬が幕府天文方の支援の下に日本全図を完成するのは一八一七年である。

明治四年から六年（一八七一―一八七三）にかけての岩倉使節団による欧米文明の視察の記録、『米欧回覧実記』は、「東洋西洋ノ開化ノ進路」のタイムラグは「最モ開ケタル英佛ニシテモ」「僅ニ五十年」に過ぎないと見てとった。イギリスが工業社会段階に入ったのが一八二〇年代だから、この認識は的確である。それが日本や中国と欧米先進諸国との文明の時間的な落差である。日本や中国が十九世紀の末期に迫られたのは、この落差を埋めるための文明の西洋化であった。日本と中国は約一〇年の落差をもって、同じ運動のパターンを描きながら、この課題を追求してゆくだろう。

本書のⅠ部に収めた二つの文章がこの問題を取り扱っている。

Ⅱ部では、たんなる受容にとどまっている天文学にたいして、医学においては、現存する最初の医学書

『医心方』が、いち早く独自の医学体系を構築しているという、瞠目すべき達成を明らかにする。そこにあらわれている、中国医学と異なる思考パターンは、伏流水のように、江戸時代の古方派医学にあらわれてくるだろう。

Ⅲ部では、中国の影響を脱した学問の形成を、医学と人文学の分野で取り上げる。独自性にはプラスの側面とともにマイナスの側面もあることを、古方派医学は物語っている。

Ⅳ部ではいわゆる近代科学・技術への接近と受容の問題を取り上げる。近代科学が完成し、今日われわれが理解するような科学の体系ができあがったのは一八七〇年代であり、まさに明治維新と重なっている。そのとき国家が必要としていたのは技術科学であった。そのことが日本の科学研究の精神的風土を培うことになる。科学史研究が照射するのはその精神的風土である。

（二〇一七年七月）

日本の科学　近代への道しるべ

目次

日本の科学　近代への道しるべ

I　二つの展望

十八、九世紀の日本と近代科学・技術

日本とトルコ共同の国際シンポジウムのための基調講演

1

十八、九世紀における近代科学・技術の受容と導入、それにともなう文化的・社会的な変容の諸側面を比較研究するためにここに集まっているのは、アジアの西端と東端に位置する二つの国の科学史家たちです。この二つの国、トルコと日本は、その対極的な地理的位置のゆえに、近代科学・技術を生み出した西欧との歴史的な関係においても、対極的な様相を示しています。オスマン・トルコはアジア、ヨーロッパ、アフリカにまたがる一大帝国であり、トルコと西欧との直接の軍事的・政治的・経済的な接触、その交流と抗争は、どちらの側にとっても、一貫して歴史の推進力としてはたらきました。日本は十五世紀末にはじめて大航海時代に入った西欧に接触します。あとで述べるように、それは日本の歴史にとって大きな転回点となるのですが、さしあたってその関係は経済的および知的なものにすぎませんでした。すなわち、三〇〇年あまりにわたってオランダとの制限された貿易関係を維持したのち、十九世紀中葉になってようやく欧米諸国との政治的・軍事的な接触がはじまり、開国へといたるのです。地理的および歴史的位相のしめす二つの国の間のこの距離が、政治・経済・宗教その他両国の文化を構成する諸要素の間の大きな距離を内包していることは、あらためて指摘するまでもありません。

にもかかわらず、われわれが取り上げようとするこの時期に、両国は共通の課題に直面することになります。軍事力と経済力において十八世紀にはついにアジアの古い文明諸国を凌駕し、十九世紀に入って圧倒的な優位に立つにいたった西欧資本主義列強の進出をまえに、富国強兵をはかり、西欧化と工業化をおしすすめ、近代国家を創出するという課題です。この課題はすべての非ヨーロッパ諸国のまえに立ちはだかるのですが、トルコと日本は、西欧帝国主義列強によって植民地化されることなく、この課題を成し遂げた数少ない国に属します。政治・経済・軍事・教育その他の諸制度から日常生活様式におよぶ、政治的革命をふくむ、その広汎な改革のなかで、近代科学技術を導入し確立し発展させることは、その枢要な側面を形づくっていました。

わたしはかつて、十九世紀中葉から二十世紀初頭にかけての日本と中国における近代技術の導入と工業化過程の簡単な分析を試みて、この両国がその政治体制の大きな違いにもかかわらず、巨視的にみれば、十年のタイム・ラグをもって同一のパターンをたどっている、同一の失敗と成功の過程をたどっている事実を明らかにしたことがあります[1]。細部の多くの差異にもかかわらずあらわれている発展のパターンの同一性は、解決すべき課題の共通性や近代科学技術のもつある種の普遍性や技術移転が成功するために必要な技術的・経済的諸条件の同一性などによるものと考えられます。われわれは同様の過程を日本とトルコの間で比較・検討しようとしています。その場合、両国間の差異、それぞれの国の独自性を見出すことは比較的容易です。

しかし重要なことは、差異性と独自性だけでなく、それを超えて共通性と同一性を発見することだ、とわたしは思います。なぜなら、二十世紀の後半にいたって、われわれは科学技術を共有するグローバルな人類の文化の成立に立ち会っているのですが、その形成はわれわれが取り上げようとしている時代に始まったのであり、それこそが近代と呼ばれるべき時代であるからです。そして、その共通性と同一性の認識のうえに立って、さらに豊かな多様性を見出してゆくことが、まったく異なった歴史と伝統をもつ両国の文化の相互理解のためにも、またこのシンポジウムを実り多いものにして、両国の学問と文化の発展に資するためにも、必要な作業でありましょう。

2

日本における近代科学の受容は一七二〇年代にはじまります。十八世紀の日本は大きな転換期にさしかかっていました。近代社会の指標とみなし得る諸要素が、政治・経済から教育・学問にいたるさまざまな分野で、あるいは出現し、あるいは確立していったのです。わたしは十八世紀を世界史的な、グローバルな近代のはじまりと考えていますが、日本もまた中国などとおなじく、東アジアにおけるグローバルな近代の開始の一翼を担っていたといえましょう。

グローバルな視点に立つならば、十九世紀末までの日本の歴史は、大きく三つの時期に分けることができます。第I期は古代から十五世紀末まで、第II期は十六世紀初めから一八六八年の明治維新まで、第III期は明治維新以降です。第I期は中国を中心とする世界のなかにあった時代、図形にたとえるなら、中国中心の円の最外縁に位置していた時代です。日本は中国文明の深い影響下にありましたが、日本と中国を距てる海がつねに緩衝帯としてはたらいていたために、中国から直接に政治的・経済的・軍事的な強い圧力を受けることはありませんでした。この海は中国から技術や政治制度、学問や宗教などを学ぶのを障げるほど広くはありませんでしたが、必要とあれば一時的に渡海を遮断したり制限することもできました。こうして日本人は中国文化を選択的に受容し、時間をかけてそれを土着化し、独自の文化、中国文化のたんなるコロラリではない文化を発展させることができたのです。同時に、有史以来、つねに中国の高度の文明に接してきたことが、海の彼方にはつねに手本として学ぶべき高い文明が存在しているという観念と、それを学ぶことをきわめて自然な行為とみなす心性とを、日本人に培ったといえるでしょう。

第Ⅱ期は、中国のほかにもう一つの中心として、西欧が登場した時代です。この時代に世界の文明の中心は、東の中国や西のトルコなど、古いアジア文明諸国から資本主義的西欧へと移行し、十九世紀の前半には西欧の優位は決定的なものとなります。この時代に日本は、中国と西欧という二つの焦点をもつ楕円の最外縁に位置していました。そしてこのときも日本と西欧の間の海が一世紀半にわたって緩衝帯の役割を果たしました。しかし、一八四〇年におこった中国とイギリスの間のアヘン戦争は、西欧が達成した航海技術と軍事技術、そして獲得した経済力のまえには、この広い海ももはや緩衝帯ではありえないことを、世界に示しました。日本もこのときから西欧との全面的な接触の時代に入ってゆきます。その帰結が明治維新だったのです。第Ⅲ期の明治維新以後、日本にとって中国と西欧を焦点とする楕円は、西欧中心の円へと移行します。一八九四、九五年の日清戦争は、古代以来の中国を中心とする円の世界の終焉を確認するものでした。そして一九〇四、〇五年の日露戦争によって、日本はもはや西欧を中心とする円の世界の最外縁の存在に甘んずる意志がないことを表明したのです。

3

日本国内に目を移しましょう。十七世紀の初めに成立した徳川幕府のリーダーシップの下で、十八世紀初めまでに出来上がっていった政治－社会体制を幕藩体制と呼びます。幕府と藩から成る体制という意味です。幕府は最大の領主であり、直轄領のほかに江戸・京都・大阪の三都と長崎など全国の主要都市と、鉱山および主要幹線道路を支配し、対外貿易を統制し、貨幣鋳造権を独占するなど、大名と呼ばれる二〇〇余の藩の領主たちにたいして、政治的・経済的に圧倒的な優位に立っていました。しかし、各藩の領内の支配はそれぞれの大名がおこなったのです。

徳川時代、あるいは幕府所在地の名をとって江戸時代と呼ばれる、この時代の日本社会の最大の特色は兵農分離体制にあり、十八世紀以後の社会の発展はこの体制から導かれたといってても過言ではないでしょう。すなわち、中世において農業経営の中心であった小領主層である武士と農民との身分的・地域的分離がおこなわれたのです。人口の六％を占める支配層の武士は幕府や各藩の都である城下町に集められます。城下町には、武士のほかに、ほかの二つの身分である手工業者と商人が住み、政治・経済の中心となってゆきます。一方、武装解除された農民は、中世の居住地域であった丘陵地帯から河川の下流の沖積層平野部に進出して水田を開発し、水稲耕作をおこない、小農民経営を広汎に成立させます。そして、正確な統計はありませんが、江戸時代初期一〇〇年間に耕作地も人口も急激に増加し、人口は三倍の三千万に達したと推定されています。十八、十九世紀を通じて、日本の人口はこの三千万人台という水準を維持します。

幕藩体制、兵農分離体制、そして中国・オランダ・朝鮮・琉球の四か国にのみ通商貿易の門戸を開いた、いわゆる鎖国の下で、江戸時代の日本は約二三〇年にわたって内乱も対外戦争もない、平和な社会を維持しました。そして十八世紀、とくにその後半以降、日本社会は近代性の諸要素を成長させ成熟させていったのです。

まず政治の分野では官僚制の形成があります。土地から切り離され、給与を与えられるようになった武士は官僚化が進んでゆくのですが、初期には家格が重んぜられ、良い家柄に生まれたものだけが要職につくことができました。しかし、十八世紀に入ると、社会的経済的変化に対応するために、幕府内部に民政と財政を担当する独立の部局が置かれ、政府の中枢部門に成長してゆきます。これらの部門においては、身分は低くても若くて有能な官僚が抜擢され、その長官やそれを補佐するポストを占めました。武士の最も低い家柄の出身者でこれらの地位に上った人も少なくありません。西欧列強との接触がはじまった幕末期には、民政・財政のほかにさらに外交・軍事の両部門が加わります。諸藩においても事情は似通っていました。幕府と諸藩のこうした若く有能な行政官僚たちが、幕末から明治にかけての富国強兵運動を担い、明治維新を遂行し、明治政府の中枢となって工業化と近代国家の建設を推進してゆきます。

法体系は、十七世紀の後半から十八世紀の前半にかけて、むしろ近代法というべきものに転換していったといわれています。すなわち、王権や領主権による命令としての法から、法による支配のための法へと転換し、生活の準則としての定法が制定され、法の普遍化ないし統一化がはかられ、裁判と訴訟の制度が確立され、法の正義がもっぱら手続的正義へと置き換えられていったのです。

経済の分野では、江戸時代の後半期には市場形成はすでに確立しており、「価格によって需要または供給が決まるようなメカニズム」が全国的な規模で機能していました。大坂・京都・江戸の三都を中心とする全国的な商品流通網が形成され、そこではみずから商品を買い付け販売する、問屋と呼ばれる大商人たちが活躍しました。三都の経済力を背景とするこれら大商人たちによる市場支配は、しかし農村工業の発達によって打ち破られてゆきます。

手工業では、江戸時代の前半期には、京都に代表される都市手工業が、技術においても生産量においても、圧倒的な優勢を誇っていましたが、後半期には衰退をみせはじめ、代って農村工業がしだいに発達してきます。そして全国各地に絹織物・綿織物・染料・紙・酒・鋳物・陶器などなどを生産する農村工業地帯が形成されてきます。また最近の研究は、都市と農村の間の人口の移動率がきわめて高かったことを明らかにしています。

江戸時代は、「それ自身では決して工業化を生みだしえなかった」であろうけれども、「外部から刺激を与えられれば、それに対応して工業化が始動しだすという意味では準備を整えた時代」とみることができるでしょう。そのばあい、工業化の前提条件のひとつとして注目されるのが、ある歴史人口学者によって提唱された「勤勉革命」です(2)。

人口の大多数を占めたのは農民ですが、農村には大地主や豪農は例外的にしか存在せず、とくに平野部では十八世紀の半ばまでに、もっぱら家族労働力に依存する小経営が一般化しました。開拓できるフロンティアはすでに存在せず、そこでの市場生産は「高度の労働集約、資本・土地節約型の技術」のうえに成り立っていました。言い換えれば、「最小の耕地面積から、最大の収穫を得べく、農村は大量の労働を投下し、単位面積あたりの生産量の増大に努力を傾倒し」、「世界でももっとも高い土地面積当りの生産力を実現」したのです。いまや農業経営の主体となった小農民たちは、長時間の激しい労働を通して、生活水準を向上させる勤労の意味を知ったと思われます。事実、十七世紀末から十八世紀にかけてあらわれた多くの農書には勤労の徳が説かれ、また思想家たちの書にも勤労を讃える多くの言説がみられるようになります。このことの最大の効果は「勤労的な国民」の形成であり、西ヨーロッパのようにプロテスタンティズムではなく、日本では産業革命（Industrial Revolution）に先立って勤勉革命（Industrious Revolution）が起こったことが、工業化に有利に作用した、というのです。

十八、十九世紀の日本は、資源の有限性に直面した社会だといわれています。土地は開拓しつくされ、石炭以外の地下資源はすでに涸渇していました。そのため幕府は全国の物産調査をおこない、また輸入に頼っていた商品の国産化をはかるなど、殖産政策に力を注ぎます。中国からの絹織物、朝鮮・中国からの薬材などは、国産化のための技術と知識の獲得と普及に大きな努力がはらわれた例です。鎖国によって海外への進出を禁ぜられた日本人には、もはやフロンティアと呼べるものはどこにもありませんでした。フロンティアの消滅、資源の有限性、それが勤勉に働くことによって名望と地位を高めようとする、一種の競争社会を生んだ、と指摘する社会学者もいます。

もうひとつ忘れてならないのは、学校教育の普及と識字率の高さです。文字はエリート層である武士の専有物ではありませんでした。十七世紀の中葉から各藩や幕府は武士教育のための学校を設置しはじめます。儒学を中心とする官僚育成のための学校でしたが、幕末には兵学や医学の学校も設立され、一部はその門戸を庶民にも開いていました。その数は全国で二五〇余にのぼります。またおなじころ、村々に庶民教育のための学校を設ける藩もあらわれます。十八世紀に入ると、寺子屋と呼ばれるようになった、読み・書き・ソロバンを教える、私設の学校が一般化します。その数は幕末には全国で一万六千余に達していました。

初等教育だけでなく、庶民にもっと高い教育をほどこす学校もありました。幕府や諸藩の公認の学問は中国の新儒教（朱子学）でしたが、十七世紀の後半から十八世紀の初めにかけて、日本の学問や思想には、新儒教の規範を脱して独自の展開をみせる動きがあらわになってきました。この潮流のなかでは、武士だけでなく庶民出身の思想家たちも活躍します。学者や思想家、そして医師たちは、学派を問わず、家塾を開いて門弟を教育しますが、その講義には庶民も席をつらねていました。大坂その他には、大商人たちが設立した庶民のための高等教育機関もありました。京都・大坂・江戸の三都では出版業も盛んでした。そして、識字率は男性のばあい、全国平均で四〇％、京都のような都市では八〇％近くに達していたと推定されています。この教育の普及はおそらく、名望と地位を追求する社会の形成と結びついているのでしょう。そしてそれが工業化と近代国家の建設に有利にはたらいたのはいうまでもありません。

なお、江戸時代の日本は宗教の支配から解放された、世俗的な社会であったこと、また幕府はオランダ人から絶えず世界情勢にかんする情報を入手しており、それがアヘン戦争の状況にすみやかに対処できた一因であったことも、つけ加えておきましょう。

4

十八、十九世紀の日本社会の特質とそこにあらわれていた近代性の諸要素を、歴史家、法制史家、歴史人口学者、社会学者などの説を紹介しながら素描してきましたが、ここで近代科学技術の受容と導入の過程を簡単にみておくことにしましょう。

一七二四年、幕府はジェスイットの宣教師によって漢訳された西洋科学技術書の輸入を許可します。鎖国以前、十六世紀にイエズス会士が日本に伝えたのは中世科学でした。ただひとつ日本社会に大きな影響を与えたのは鉄砲の技術です。中国から伝えられ、十五世紀以降の西ヨーロッパの軍事革命のなかで発達した鉄砲の技術を、日本人はすぐれた刀鍛冶を基礎にしてたちまち修得し、十六世紀の戦国時代には世界最大の鉄砲所有国となりました。鉄砲戦術を駆使した者が戦国時代の覇者となったのです。しかし、その結果到達した平和は鉄砲の技術を凍結してしまいました。幕末、西欧諸国の軍事力に対抗する必要が生じたとき、日本の鉄砲は依然として十六世紀の火縄銃の段階にとどまっていました。

中国の科学は宋元時代（十世紀中葉―十四世紀中葉）に発展の頂点に達し、明代（十四世紀中葉―十七世紀中葉）は総合と体系化の時代に入っていましたが、日本の科学者は十七世紀末から十八世紀の始めまでにその成果をほぼ吸収し終えていました。たとえば、中国天文学の最高の成果は元朝の授時暦（一二八一）ですが、日本では一六八四年にこれに若干の修正を加えた貞亭暦が編纂・施行されます。数学者たちが授時暦の計算法と宋元数学から、無限小数学をふくむ、和算と呼ばれる高等数学を発展させるのも、この時代です。医師たちは宋元医学を綜合した明代の医書を研究し、漢方と呼ばれる独自の医学を創り出しました。明代に綜合された農書『農政全書』（一六三九）を基礎に、日本の諸条件に適した農業技術を論じた綜合的な農書『農業全書』は一六九七年に、また中国の本草を集大成した『本草綱目』（一五九六）から出発して日本の博物学を確立した『大和本草』は一七〇九年に、それぞれ出版されました。このように、漢訳西洋科学技術書の輸入が解禁になる直前の時期までに、日本の科学者たちは中国の伝統科学の成果をほぼ消化し終えて、独自の科学を発展させはじめていました。このことは近代科学技術受容の前提条件として重要です。

日本がキリスト教を禁止し、宣教師を追放したのちも、中国ではジェスイットたちが、主として翻訳を通して、西洋科学技術の紹介につとめていました。それがエリート層に接近する最良の道だ、と宣教師たちは考えていたのです。ジェスイットは、明末にはユークリッド幾何学からティコ・ブラーエの宇宙体系にいたる古代・中世・ルネッサンスの科学と地動説、望遠鏡その他の科学器械、それに火砲の製造技術などを伝えましたが、清朝に入ると、ケプラーの天文学やガリレオの力学と力学機械などを紹介するかたわら、中国全土の測量と地図の作成のような科学活動を展開します。一七四〇年代に中国における宣教師の科学活動は終りを告げますが、それまでにかれらが中国に伝えた近代科学は、科学革命の初期、ケプラー－ガリレオ段階までの成果でした。日本における近代科学の受容は、それを漢訳書として輸入することからはじまったのです。

漢訳科学技術書の解禁の直後に、幕府は授時暦を研究した秀れた数学者建部賢弘（一六六四—一七三九）等に命じて、清代の数学者・天文学者梅文鼎（一六三三—一七二一）の著作集（一七二三）を翻訳させます。梅文鼎はジェスイットが紹介した西洋数学・天文学をもっとも深くかつ正確に理解し、中国の数学・天文学と比較研究し、東西の科学は本来同一であるという信念の下に、両者を融合し、一種のハイブリッド・サイエンスを作り上げようと試みた科学者です。その著作は当時の中国の科学者が吸収した西洋科学の最良の見本でした。まずその研究からはじめようとした幕府のねらいは的確であったといえましょう。

梅文鼎の著作集と同じ年に出版された『暦象考成』（一七二三）という書物があります。これは明末のジェスイットが翻訳した厖大な天文学書の集成である『崇禎暦書』（一六三一—三四）の誤りを正し、内容を統一して再編集した、中国の天文学者たちの著作ですが、これはかれらがティコ・ブラーエの体系を完全に掌握していたことを示しています。その続篇である『暦象考成後編』（一七四二）はジェスイットの手に成る最後の科学書ですが、これにはケプラーの楕円軌道にもとづく計算法が用いられています。大坂の天文学者麻田剛立（一七三四―九九）とその弟子の高橋至時（一七六四―一八〇四）等は、この両書の研究にとりくみ、一七八〇年代には前者の、九〇年代には後者の計算法をマスターします。これが漢訳科学書を通した近代科学の理解の最高の到達点でした。

一方、西洋の学問を直接に学ぼうとする動きは一七四〇年代にはじまります。一七四〇年に幕府は二人の学者（儒者と医者）にオランダ語の学習を命じ、四五年には長崎の三人の通訳にオランダ書の読訳を許可しました。やがて蘭学ないし洋学と呼ばれることになる、西洋の学問と技術の研究の基礎はかれらによって築かれます。アヘン戦争まで蘭学は主として医師と通訳によって担われ、一七七〇年代に入ると、蘭書の翻訳が続々とあらわれます。その出版の嚆矢は解剖学書『解体新書』（一七七四）でした。この書の公刊は、たんに精密な西洋解剖学の知識を伝えたというだけでなく、西洋の学問と技術の研究の気運を高め、蘭学者を輩出させるきっかけになったという点で大きな意義をもっています。訳書は医学が圧倒的に多く、天文書と地理書がそれに次ぎます。十九世紀に入ると、博物学・軍事技術・歴史・法律などの書物も少しずつ翻訳されるようになりました。十八世紀末には、一〇〇人前後の入門者を数える蘭方医の家塾がいくつも生まれています。

この時代の近代科学受容の水準は天文学研究によって例示されるでしょう。通訳出身の物理学者志筑忠雄（一七六〇―一八〇六）は一八〇〇年前後に、オクスフォード大学教授ジョン・キール（一六七一―一七二一）の天文学書・力学書を翻訳しましたが、それは志筑がニュートン力学の体系を完全に理解していたことを示しています。幕府天文方の高橋至時とその後継者たちは、一八〇三年から、十八世紀フランスの代表的な天文学者L・ド・ラランド（一七三二―一八〇七）の『天文学』第二版、全四巻（一七七一―八一）の蘭訳書の翻訳に着手し、抄訳を完成させます。このように第一級の科学者たちは十九世紀の前半までに、ニュートン力学と力学的世界像の概要を把握するにいたっていました。

蘭学者の世界認識の深まり、かれらが抱いた危機感と政治批判は、一八三九年に幕府による蘭学者のある結社の弾圧を引き起こしますが、中国の一八四〇年のアヘン戦争の報せは政治的状況を一変させます。そして蘭学は英・独・仏など西ヨーロッパの学問と技術を包括する洋学へと発展し、その担い手は医師から武士へと変わり、その分野も軍事技術や航海技術に重心が移り、数学・化学・生産技術の書なども翻訳されるようになります。そしてたとえば医師緒方洪庵（一八一〇―一八六三）が大阪に開いた塾からは、医師だけでなく、政治家・軍人・科学者・技術者・思想家などが輩出するにいたります。ある技術史家の推定によれば、幕末には約二〇〇〇人の洋学者がいたといいます。

一八五〇年代には、もはやたんに書物を通してではなく、西欧式の学校教育と欧米への留学による近代科学技術の修得の時代へと入ってゆきます。

5

この時代に科学は大きく転換していったことを忘れてはならないでしょう。産業革命とフランス革命以後、科学と技術のあいだに次第に緊密な結びつきが生まれ、科学は技術の基礎として役立つようになり、また科学は制度化され、学校教育に取り入れられ、専門家が生まれ、研究所や学会が設立されはじめていました。科学はもはや自然哲学ではなく、階梯を追って進んでゆけば万人が習得できる知識の体系に変わっていたのです。日本のエリート層が漢訳書あるいは蘭書を通して学んでいた科学は、まだヨーロッパの自然哲学の外皮にくるまれていました。だから、たとえば志筑忠雄はそれを伝統的な気の哲学に置き換えなければならなかったのです。しかし、一八五〇年代以降、日本人が西ヨーロッパの教師たちから学びはじめた科学は、自然哲学を払拭し、技術と結びついた科学でした。しかも、まだ日本のエリート青年層にとって学習困難なほど高度の分化を遂げてもいなかったのです。

アヘン戦争と中国の敗北の報せは日本のエリート層に大きな衝撃をあたえました。幕府は一八四一年に洋式銃隊の訓練を開始、四五年には海防掛を設置します。そして五〇年代に入ると、幕府や佐賀・薩摩など西南雄藩が富国強兵運動に乗り出します。西洋列強の軍事力に対抗しようとしてはじまった運動ですから、最初は当然強兵を目指します。しかし強兵のためには富国が必要であるとの認識が生まれ、運動の目標は次第に富国へと、あるいは強兵をともなう富国へと移動してゆきます。

この運動は、まず兵器製造のための精錬所の建設にはじまります。M・C・ペリー提督の率いるアメリカ艦隊が開港を求めて来航してのち、蒸気船の試験製造と造船所の建設に着手し、操船技術修得のための学校と科学技術書の体系的な調査・翻訳・研究のための機関が設置されます。このあたりまでが主としてオランダの技術を習得し、あるいはその援助の下で進められるのですが、一八六〇年に外交使節をアメリカに派遣したとき、西洋から購入した軍艦によって自力で太平洋を横断して以来、エリート層の視野は西欧・アメリカ・ロシアへと拡がり、科学・技術・軍事、さらには政治・法律などを習得するために、諸国へ留学生を送ります。またフランス技術陣の指導による造船所などの建設など、オランダよりもいっそう進んだ技術を導入しようとする動きが明確になってきます。

一八六八年、薩摩・長州など西南雄藩の連合軍が徳川幕府を倒して明治維新を成し遂げ、近代国家の建設を開始します。その前年に薩摩藩が洋式紡績所を設置しますが、これが富国政策への転換のはじまりといっていいでしょう。明治政府は一八七〇年に工部省を設置し、国営企業による工業化を推進してゆきます。この時期に政府がおこなった最も注目すべき事業は、一八七一年の欧米使節団派遣でしょう。政府首脳がほとんど参加し、二年近くにわたって欧米諸国を歴訪したこの視察旅行を通して、近代国家日本の将来像が具体的なイメージとして政治指導者たちの脳裏に描き出されたからです。工業化の推進に必要な高級技術者の育成では、ドイツ各地に設立されていた高等工業学校方式を取り入れ、東京大学に工学部を設置しています。政府主導の官営企業方式は、経済的・技術的な理由からしだいに行きづまりをみせはじめ、一八八〇年代に入ると、鉄鋼・軍需などの部門をのぞいて、民間に移管する政策に転換してゆきます。そして日本は産業革命の時代を迎えるのです。

これでわたしの概観を終わり、各セッションの報告者に席を譲らなければなりません。わたしの話がトルコ側の出席者の皆さんに、十八、十九世紀の日本についていくらかでも具体的なイメージをあたえ、これからおこなわれる報告の理解と討論に役立つことを期待します。

日本と中国、知的位相の逆転のもたらしたもの

1

歴史における決定的な転回点というものがある。一七二〇年、将軍徳川吉宗は漢訳西洋科学技術書の輸入を解禁した。一七二三年、即位した雍正帝は国立天文台員以外のすべてのイエズス会士をマカオへ追放した。時を同じうして、一方はヨーロッパへの知的開国に向けて、他方は知的鎖国に向けて、始動したのである。正反対のヴェクトルの向きをもつこの政策の選択が、東アジアにおける科学・技術の歴史の転回点であった。そのときから日本と中国の歴史的位相の逆転がはじまった。

2

一五八三年、イエズス会士マテオ・リッチは、大航海時代のヨーロッパ人としてはじめて、中国の内陸に足跡をしるした。中国人の心性の明敏な洞察者であったかれは、数学と自然科学を武器にして知識人＝官僚

階級のなかに浸透してゆくという、布教の戦略を打ち出す。そして、みずからユークリッドの『幾何原本』（一六〇七）などを翻訳するいっぽう、ローマ法王庁に要請して科学に精通した宣教師を派遣させる。こうしてイエズス会士たちの手で、数多くの科学書が漢語、のちには満洲語にも翻訳され、科学器械が中国にもたらされた。リッチの戦略は図にあたった。明末には徐光啓のような政府高官のあいだに、清初には康熙帝のような皇帝にまで、西洋科学の理解者・支持者を見出すことができたのである。

中国科学の中核をなす天文学（暦法）の発展は、元の授時暦（一二八一）において頂点に達し、その暦は明代にも大統暦の名でそのまま用いられていた。しかし明末には、もはやティコ・ブラーエ体系にもとづく西洋天文学の優位は明らかだった。徐光啓はイエズス会士に浩瀚な西洋天文学書『崇禎暦書』（一六三一）を編纂させた。かれの意図は、国家の公的な科学として西洋天文学を採用すること、西法による暦を大統暦に代えて施行することにあった。まもなく明は滅びた（一六四四）が、その意図は清朝によって果たされることになる。一六四四年、順治帝はイエズス会士を国立天文台長に任ずるとともに、西法の時憲暦を頒布して翌四五年から施行した。みずから『幾何原本』を学び、科学器械の操作に熱中するほど西洋科学に傾倒した康熙帝（在位一六六一―一七二二）の時代に、西洋天文学は最後の勝利を収め、天文台の枢要な地位はイエズス会士によって占められるにいたった。

中国の科学・技術にたいするイエズス会士の寄与は、天文学の理論や計算法にとどまるものではなかった。十七世紀の後半には蘇州に、イエズス会士がもたらした望遠鏡や顕微鏡をはじめとする各種の光学器械を、制作し販売する工匠が何人もあらわれた。明朝も清朝もイエズス会士に命じて大砲を鋳造させ、その性能を飛躍させた。明末にはある高官がイエズス会士に『坤輿格致《こんよかくち》』と題する鉱山技術書を翻訳させた。ついに刊行されなかったこの書は、アグリコラの『デ・レ・メタリカ』(一五三〇)の翻訳であったろうと推測されている。また『霊台儀象志』(一六七四)には、ガリレオの『新科学対話』(一六三八)のなかの静力学にかんする数節が紹介されており、起重機などの力学機械を導入したのもイエズス会士であった。

一七二三年、知的鎖国への第一歩を踏み出した年に、中国の科学者の手に成る二部の著作が公刊された。『暦象考成』と『梅氏暦算全書』である。『暦象考成』は中国の天文学者たちが『崇禎暦書』を編集しなおして、内容的な統一をはかった書。独自の科学的な寄与こそみられないものの、第一級の天文学者たちが西洋天文学に十分に習熟していたことをしめす。いったい徐光啓の『崇禎暦書』編纂の方針は、「彼方の材質を鎔かして大統の型模に入る」、西洋の天文計算法という素材を、大統暦という伝統的暦法の鋳型に鎔かしこむ、というのであった。一種のハイブリッド・サイエンスを作ろうというのである。この理念はきわめて高度の水準において、梅文鼎(一六三三—一七二一)によって達成された。かれは中国と西洋の数学および天文学にたいする透徹した理解にもとづいて、両者を比較・検討し、その共通点と相違点を明らかにし、しかもそれらがどの水準に属する問題であるか、科学的根拠にもとづくものかそれともたんに習俗や政策などに由来するものかを的確に指摘する。そのうえで、中国科学と西洋科学の本質的な一致を確信しつつ、両者のなかから科学的にもっとも秀れた、また中国の諸条件にもっとも適した要素を選びだし、それらを融合してハイブリッド・サイエンスを構成したのである。梅文鼎の仕事は、明末清初の西洋科学の受容において、中国の科学者が達成した最高にして最良の成果であったといえよう。その梅文鼎の著作の大部分を収めたのが『暦算全書』にほかならない。

西洋の数学・天文学にたいする中国の科学者の理解をしめす『暦象考成』と『暦算全書』が、期せずして一七二三年に刊行されたことは、たんに中国にとって象徴的な出来事であったというだけではない。それはまもなく、近代科学へ向かって助走しはじめる日本の科学にとっても、大きな意義をもつ出来事となる。

『暦象考成』はプトレマイオス体系とコペルニクス体系を折衷したティコ・ブラーエ体系によっていた。この三体系はすべて円軌道を採用しており、数学的には等価である。『暦象考成』の欠陥を補訂するために、国立天文台に残ったイエズス会士を中心に中国の科学者も加わり、新しい天文学書が編纂された。一七四二年に完成した『暦象考成後篇』である。これはケプラーの楕円軌道を採用し、観測数値も十七世紀後半のものを採り入れるなど、前著にくらべて天文学的内容を飛躍的に高めており、近代天文学の内実をそなえたはじめての天文学書といってよかった。とはいえ、ケプラーの楕円説も計算法の採用にとどまり、三法則にもとづくその理論が紹介されることはなかった。

『暦象考成後篇』はイエズス会士による西洋科学の中国への導入の最終段階をしめす著作であった。イエズス会士が伝えたのは、要するに古代・中世・ルネサンス科学であり、それにガリレオ、ケプラー段階の近代科学の、地動説禁止に抵触しない技術的側面が加わっていた。伝達する側に限界があったにしろ、とにかく近代科学の入口に立った西洋科学の知識が中国に伝えられ、少数にしろそれを消化した科学者があらわれていたのである。

3

中国の知的開国の継続にとって躓きの石となったのは、いわゆる典礼問題と海禁政策であった。イエズス会は布教のためなら中国の儀礼や慣習を容認するのにやぶさかではなかった。天や祖先や孔子の祭りもすべて結構、キリスト教の教義と矛盾するものではない、というわけだ。マテオ・リッチが打ち出し、イエズス会の活動を成功に導いたこの寛容な方針あるいは妥協的な態度は、ローマ教皇庁の許容限度をはるかに越えていた。十八世紀のはじめに、ときの法王は一切の中国の儀礼・慣習の容認を禁じた。この非寛容政策はイエズス会を窮地に落とし入れた。マテオ・リッチの方針を受け入れる宣教師にのみ布教を許す、それが康熙帝の回答であり、すべての宣教師に布教を禁ずる、それが雍正帝の回答であった。一七七三年、法王の命によりイエズス会は解散する。

海禁とは一種の鎖国である。明朝が海禁政策をとった主な目的は治安対策と朝貢貿易の保護にあった。しかし明末には、倭寇（大部分は中国人の海商＝海賊集団）がほぼ鎮圧され、また手工業が発展して民間の海外貿易を禁止しておくわけにはゆかなくなり、一五六五年に海禁を解いた。マテオ・リッチをはじめとするイエズス会士の活躍の背景にはこの開国があった。清朝は一時海禁政策をとったが、台湾の反清勢力が一掃されるとともに明末の政策にもどった。しかし、やがてふたたび沿岸地方の治安が悪化し、一七五七年には鎖国に踏み切り、外国貿易を広州一港に制限した。長崎の出島とおなじように外国人の居留地を設け、少数の特許商人とだけ取り引きできるようにしたのである。物や情報の交流が完全に途絶えたわけではなく、朝鮮・琉球その他の周辺諸国とのあいだに使節の往来もあったが、そして国立天文台には一、二の宣教師がとどまっていたが、西洋との知的交流は一七五〇年代に実質的に終りを告げたとみてよい。

重要なのは、日本が知的開国に踏み出すのと時を同じうして、中国が知的鎖国に入っていったということである。中国の知的鎖国は一八四〇年のアヘン戦争までつづき、知的再開国はそのまま開国へとつながっていった。開国に先立つ一二〇年の知的鎖国である。日本では逆に、一八五八年の開国にたいして、一四〇年に近い知的開国が先行した。のみならず、日本の知的開国と中国の知的鎖国の期間がほぼぴたりと重なり合っている。この位相の逆転の間に日本の科学者は知的三段跳びをやってのけるだろう。

4

十七世紀末から十八世紀の初めにかけての日本は、自立した学問が生まれた時代である。中国の伝統的な学問を消化し、その上に立って独自の学問を打ち樹てる。新井白石、伊藤仁斎、荻生徂徠といった思想家を想起しよう。科学の分野でも同じことが起こっていた。中国の伝統科学の最高の成果を消化し、選択的に受け入れ、新しい要素をつけ加え、全体を組み直して、独自の科学につくりあげてゆくのである。たとえば、宮崎安貞の『農業全書』(一六九七)は明末の徐光啓の『農政全書』(一六三九)のうえに立った、しかしあくまで日本の農業技術書であり、貝原益軒の『大和本草』(一七〇八)は明末の李時珍の『本草綱目』(一五九六)から出発しながら、伝統的な薬物学を脱して博物学を成立させた書だった。天文学の分野では渋川春海の貞享暦(一六八四)がある。日本では持統朝以来、中国の暦法によって暦をつくってきたが、春海は授時暦を研究し、それに独自の工夫と観測を加えて、日本の地理的条件に合った暦法を編み出し、貞享暦をつくった。日本の天文学者による最初の改暦であった。数学の分野では関孝和らが宋元代数学の成果をもとに無限解析の数学を発展させた。このように、十八世紀の初めまでには中国科学の成果をほぼ吸収しおえていた。それが知的開国の前提としてあったということである。

一七二六年、建部賢弘らは幕府の命によって『梅氏暦算全書』の訓訳に着手した。賢弘は和算の大家であり、天文学者でもあって、授時暦の研究もおこなっていた。知的開国は、中国の科学者による中西科学のハイブリッド・サイエンスを消化する、という仕事からはじまったのだ。狙いは的確だった。

一方では、一七四〇年にオランダ語の学習がはじまり、『解体新書』の出版（一七七四）、蘭学の展開へとつづく流れが生まれた。しかし他方では、天文学者たちが中国に導入された西洋科学の研究にとりくんでいた。理論の高橋至時、観測の間重富という二人の俊英を擁する大坂の麻田剛立とその門下は、まず『暦象考成』にとりくんで円軌道の計算法をものにし、ついで『暦象考成後篇』の楕円軌道の計算法に習熟した。剛立の推挙により、至時と重富は一七九七年の寛政の改暦に従事する。そこでは五惑星の計算にはまだ円軌道を使っているが、日月の計算には楕円軌道を採用していた。至時の『新修正量法図説』（一八〇二）は、麻田一門が十九世紀初年までには『暦象考成後篇』を完全に消化していたことをしめしている。

十九世紀の初めには、この二つの流れは交わった。一八〇三年、高橋至時は『ラランデ暦書管見』を著す。いったい知的開国と知的鎖国という、日本と中国の位相の逆転がはじまった一七二〇年代は、ヨーロッパの近代科学の大きな転換点であった。それまでにニュートン力学はイギリスでは受け入れられていたが、大陸ではまだデカルトの力学が支持されていた。そして二〇年代にデカルト主義からニュートン主義への転換が起こり、三〇年代にはニュートン主義が最終的な勝利を占めて、解析力学・天体力学の目覚ましい発展がはじまってゆく。ラランデというのは、十八世紀中葉から後半にかけて活躍したフランスの指導的な天文学者ド・ラランドのこと、原著の『天文学』は一七六四年に出版された、当時の標準的な天文学教科書であった。至時はその蘭訳を読み、ことばのわからないところは推論によりつつ、十八世紀の天文学の内容を、すくなくとも観測法と計算法にかんするかぎり、ほぼ正確に把握し紹介したのである。原著の出版に後れること四〇年たらずであった。

要約すれば、知的開国に先立って中国の伝統科学の最高の成果を消化し、知的開国後はまず中西科学のハイブリッド・サイエンス、ついで中国に紹介・受容された西洋科学を吸収し、最後に十八世紀の近代科学のいくつかの側面を、四〇年ぐらいの時間差にまで追いつめて、日本の第一級の物理科学者たちは十九世紀の劈頭に立っていたのである。蘭学といえば医者＝生命科学に目が向きがちだが、物理科学者がここまできていたという事実は、技術移転について考えるとき重要な意味をもつであろう。

5

明末清初に翻訳された数多くの科学書は、中国人が外国語を学んで翻訳したのではない。イエズス会士が漢語で口述するのを聞いて、中国人が格調高い文章に書き換えてゆく、いわゆる口訳筆受の形式である。この形式はなにも近代にはじまったのではない。唐代には同じ形式で大量の仏典が翻訳された。のみならず、アヘン戦争後に起こった洋務運動のなかでふたたびおびただしい科学・技術書が翻訳されるが、それもすべて口訳筆受であった。これが中国における異文化の学問摂取の伝統的な一形式であったといってよい。みずから外国語を学ぶひとは絶無ではなかったが、つねに例外でしかなかった。

中国の知識人がすすんで外国語を学び、みずから外国の文献を翻訳するようになったのは日清戦争後、日本留学生たちからであった。かれらは日本人の著作や邦訳された欧米の著作を数多く翻訳した。こうして明治期日本の科学・技術用語が大量に中国に流入するという現象が生じた。だが、これは二十世紀がはじまるという時期の話である。

十九世紀末にまでおよんだ、中国の異文化摂取のこの伝統的な姿勢は、蘭学から洋学へという学問の流れをつくりだした日本の知識人のそれと対極的である。一般的には、これは良し悪しの問題ではない。海の彼方につねに進んだ高い文化があり、それを学んでみずからの文化を生みだしてきた日本人と、つねにおのれの力で文化を作りだし、他を教化してきたと自負する中国人の、長い歴史が培ってきた、外国の文化にたいする対応のしかたの違いの表現なのだ。しかし、いったん近代科学・技術の受容といった局面に立ったとき、受容することが避けられない事態であるならば、事情は違ってくる。

知的開国と知的鎖国の間に、日本と中国では西洋にかんする知識と情報の蓄積量に決定的ともいえる差が生じていた。

6

一八四〇年のアヘン戦争は東アジア世界にとって決定的な事件であった。このときから東アジアは緊密に結ばれたグローバルな世界の一部となった。

日本では、アヘン戦争勃発のあくる年、幕府は高島秋帆に命じて洋式銃隊の操練をはじめ、一八四五年には海防掛を設置する。一八五〇年には佐賀藩や薩摩藩が動きはじめ、反射炉や精錬所をつくり富国強兵運動に乗り出す。こうした一連のきわめてす速い反応を、幕府や諸藩はしめした。ところが当の中国においては、アヘン戦争は政府にも知識人にもほとんど衝撃をあたえなかった。ただ、魏源が『海国図志』（一八四四）を著し、ほかに五、六人の知識人が警世の書を発表する。魏源は執筆の意図を明確に、外国の秀れた技術を学んで外国人に対抗するためにこの本を書く、と述べており、そこにまぎれもない中国の目覚めがあった。目覚めはしかしごく少数の知識人にとどまった。

中国の知識人と政府の官僚が危機を自覚し、対応に乗り出したのは、清朝の存在を根底から揺るがせた農民の大反乱、太平天国の乱（一八五〇—一八六四）と、第二次アヘン戦争（一八五六—一八六〇）が起こってからであった。一八六一年、政府は外務省にあたる総理各国事務衙門《がもん》を設立し、同時に開明的な官僚が洋務運動と呼ばれる富国強兵運動を開始した。

洋務運動を指導したのは、曾国藩をはじめ李鴻章・左宗棠・張之洞といった、中央政府から派遣されて今日の省を二つ合わせたくらいの地域を統治する、地方の総督たちである。曾国藩はたいへん秀れた人物で、その下にはかれを私淑する文人、科学者、技術者、政治家など少壮の幕僚が二〇〇人くらい集っていた。一八六二年、曾国藩とその幕下は安慶（安徽省）に軍機所、つまり造兵廠を設置する。それが洋務運動の具体的な第一歩であった。同じ年に李鴻章は上海に制炮局を設置した。こちらは造兵と造船を兼ね、やがて江南制造総局に発展する。今日の江南造船所の前身であり、上海の工業都市化の基礎を据えた企業である。同時に、北京には語学研修所兼翻訳所の同文館ができ、上海がそれにつづく。そして、李鴻章・左宗棠らはその任地につぎつぎに強兵のための工場を建てていったのである。

そのばあい、日本と中国の富国強兵運動のあいだにはきわめて興味深い、タイム ラグをともなった平行関係が見出される。富国強兵運動に、日本は一八五〇年代から乗り出し、中国は一八六〇年代から取り組む。出発点にちょうど一〇年のずれがある。しかも、このずれがその後もずっと持ち越されてゆくのである。技術移転といえば、私企業のばあいもあり外国企業の進出のばあいもあるが、ここでは政府主導型の科学・技術の移転に焦点を絞って、日本と中国のばあいも比較してみよう。すると、そこにはほぼ一〇年のずれで、ほとんど同一パターンの運動が展開されている。一〇年のタイム ラグはいうまでもなく、知的開国と知的鎖国の位相の逆転が生みだしたものにほかならぬ。近代技術の導入における日中間のタイム ラグ一〇年、これがわたしの指摘したい第一の点である。具体的にみてみよう。

7

佐賀と薩摩に精錬所ができ、大砲製造をはじめるのが一八五〇年、一八五一年、安慶と上海で武器と船の製造をはじめるのが一八六二年以後であり、一一、二年の差がある。薩摩が『水蒸船略説』によって蒸気船の模型をつくり、さらに本物もつくってとにかく動くには動いたのが一八五五年である。中国では徐寿という化学者がまったく自力で蒸気船をつくった。宣教師の訳した蒸気船の本の設計図をみて組み立てたのだが、薩摩のばあいとおなじく、とにかく動いた。一八六四年のことであり、遅れは九年であった。

教育に目を移すと、一八五五年に長崎に海軍伝習所ができるが、中国の福州に船政学堂が設けられるのが一八六七年、最初の海軍の学校であった。科学・技術書の翻訳では、蕃書調所が置かれるのが一八五六年、上海製造局に訳書館が付設されるのが一八六八年、清末の大規模な翻訳事業はこのときにはじまった。いずれも日中間に一二年の差がある。

幕府がはじめて留学生を送り出したのは一八六二年であり、学生九人、職人六人がオランダに留学した。清朝政府の留学生はちょうど一〇年後の一八七二年に、第一回がアメリカ合衆国に派遣された。毎年三〇人ずつ四回にわたり、あわせて一二〇人が送られた。その後、両国はさまざまなかたちで留学生をヨーロッパやアメリカに送ることになるが、留学生の年齢には大きな開きがあった。一般に日本は青年を、中国は少年を送ったのである。また、職人を送った例は中国にはない。これはきわめて重要な点であり、あとで立ち返る機会があるだろう。

このころまでは主として強兵を目指した運動が展開されるのだが、強兵をやるためには富国が必要だ、ということがしだいに明確に認識されてくる。軍備と軍需工業への投資が国家財政を破綻へと追いこんでいったからである。日本では一八六〇年代末、中国では一八七〇年代末ごろ、強兵から富国への政策の重心の移動が明確になってくる。

日本ではじめて外国航路向けの船会社ができるのは三菱系で一八七〇年だが、中国はたいへん早く、一八七二年には輪船招商局が設置された。現在も活躍している政府系の郵船会社である。中国における炭鉱の本格的な開発は台湾の基隆で一八七五年ごろはじまっている。日本では幕末から高島炭鉱が注目されていたが、採鉱が本格化するのが明治に入ってすぐだとすると、七年ほどの差がある。東京―横浜間に電信が敷かれたのは一八六九年、天津に電報局が置かれて電信の敷設がはじまるのが一八八〇年、一一年の差である。紡績工場をつくったのは日本では薩摩藩がもっとも早く、一八六七年。中国では一三年後の一八八〇年に、左宗棠がはじめて蘭州に機械紡績工場を建てた。その後各地に続々と紡績工場が生まれ、富国への流れを決定的に印象づけている。さらに東京―横浜間の鉄道の開通は一八七二年だが、のちに延長されて北京天津線となる鉄道の敷設が、九年後の一八八一年である。

このように主なところを概観しただけでも、ほとんど同じといっていいパターンを描いて、運動は進んでいる。驚くべき一致といってよい。だが、ひるがえって考えれば、もともと西洋の軍事力に対抗するために、あるいは少なくともそれに対抗しようという自覚のもとに、はじまった運動であり、当然まず強兵へと向かう。だが、強兵を追求するためにはどうしても富国を必要とするという必然的な論理にしたがって事態は展開する。おそらくはそのとき運動が描き出したパターンの同一性であるにちがいない。

同一性をしめしているのは、しかし外からみた展開のパターンだけではない。すくなくともある種の企業は、内実もまた驚くべき一致をしめしているのである。

8

ここでとりあげたいのは、福州船政局（一八六六）と横須賀造船所（一八六五）である。一〇年のタイムラグからいえばむしろ長崎造船所（一八五七）を比較すべきであろうが、こちらは紆余曲折を経ていて対比がむずかしいのと、福州も横須賀もフランス系の技術を導入してつくられた工場であり、しかもわずか一年くらいの時間差で建設がはじまっていて、内実を比較するのにはかえって好都合なのである。

福州船政局の技術の中心になったのは、ジケルというフランスの造船技師である。横須賀のほうはやはりフランスのベルニューという、中国の寧波で船舶修理工場をやっていた造船技師を連れてきた。アヘン戦争以後、中国の沿岸には船舶修理、小型船舶建造の工場がたくさんできていて、各国の海軍や商船の需要に応じていた。ジケルもそういう工場を経営していたひとりで、それを左宗棠が雇った。この発端からよく似ている。横須賀には錬鉄、鋳造、模型、旋盤、製板、製罐など一〇工場があったが、福州もほぼ同様の一〇工場である。そのほかにドックや船倉などが設けられていた。

福州の外国人は、はじめは技師・技手に管理者二人をふくめて七五人、まもなく五二人に減っている。横須賀のほうは管理者三人、医者一人をふくめて四三人が雇用されていた。

工場内での職工教育のやりかたをみてみよう。福州では初期には二〇〇〇人ぐらいの職人や徒弟を雇用していた。職人はヨーロッパ系の船の修理工場や造船所ではたらいた経験をもつ船大工を主体に、さまざまな職種の職人たちに素人も加わっていた。文盲率はきわめて高かったとみてよい。かれらにたいする教育は、まず設計図の読みかたを徹底的に教え、つぎに設計図どおりに物をつくらせる。一人ひとり指導しながら、実際に部品をつくらせ、つくりかたのコツを教え、間違いを指摘し、設計図どおり物がつくれるようになるまで、なんどもなんども繰り返させる。この技術習得のやりかたがみごとな成功をおさめたのである。一八七三年に外国人がすべて引き揚げたのちは、中国人だけで船の建造をつづけている。設計図は引けないにしても、設計図さえあれば船はつくれるというところまで、わずか七年でもっていったということであろう。事実をいえば、横須賀については手近に利用できる資料がなく、立ち入った比較ができないのは残念だが、類似した事情からみてここでも同じような職工教育がおこなわれたのではあるまいか。なお横須賀ではすこし遅れて、一八七七年までに外国人がすべて引き揚げている。

福州船政局には福州船政学堂と呼ばれる海軍の学校が付設されていた。造船学科と操船学科に分かれ、造船の教授陣はフランス系、操船はイギリス系であった。教育の水準やカリキュラムは、長崎の海軍伝習所から初期の海軍兵学校にいたるまで、福州船政学堂と大同小異である。修業年限はいずれも三年。福州では、一二歳から一五歳くらいで入学した少年二〇〇人が在学しており、ほかに一五歳から一八歳までの読み書きのできる少年徒弟一〇〇人を教育していた。

福州では一八六七年から船をつくりはじめて、ヨーロッパ人の技術者たちがいた一八七三年までに、大型船舶一一隻、小型船舶五隻を建造した。その後、清朝が滅びる前年の一九一〇年までにさらに二四隻、まったく自力で進水させた。しかもその間、一八八四年にはベトナム問題をめぐって清仏戦争が起こり、工場はフランス艦隊の砲撃をうけ大きな被害をだして、総計四〇隻という成績である。一八七七年に李鴻章は福州船政学堂出身の年長の学生三〇人をイギリスとフランスへ派遣する。かれらはほぼ三年で留学を終え、帰国して大部分が福州船政局の幹部となった。海外で訓練を受けた技術者たちの参加で技術水準の相当な上昇があったとみていいだろう。一方、横須賀は一九一一年までに四四隻建造している。期間が福州より二年長いのだから、ほぼ同じ割合でつくっていたことになる。この二つはいずれも海軍造船所であり、初期の横須賀の三隻、福州の六隻の商船をのぞけば、あとはすべて軍艦であった。ただひとつ大きな違いは、福州が終始一貫して大型艦船を建造しつづけたのにたいして、横須賀は小型艦船から出発して、段階的に時間をかけて、大型艦船の建造にこぎつけたという点である。これには財政的な要因が大きくはたらいているが、技術的にみても、後の発展にとって見過ごせない問題をはらんでいる。だが、それについてはここでは触れない。

つけ加えておけば、今日の中国最大の造船所にまで発展していった江南製造局とちがって、福州船政局は中華民国政府の政策のためにその後衰微し、最盛時に三七〇〇人がはたらいていた大造船所の面影はいまはなく、小型船舶用の造船所にその名残をとどめているだけだという。

それはともかく、この時期に日本と中国は技術移転において、実質的にほとんど同じような試みをおこなっていた。すくなくともある分野についてはそうだ。これがわたしの指摘したい第二の点である。横須賀造船所と福州船政局などは格好の比較研究の対象であろう。

9

この時期の技術移転あるいは富国強兵運動にしぼって、ただちに目につく日本と中国のあいだの違いが三つある。中国はこの期間に清仏戦争と日清戦争という、二つの巨大な外圧を経験する。そして日清戦争の敗北が洋務運動を挫折させることになる。日本に比べてはるかに帝国主義列強の圧力が強かったし、植民地化の危機も大きかったのである。

この期間に日本は遣欧米使節団をなんども派遣している。一八六〇年にはじまって、いちばん有名なのが一八七一年の岩倉使節団である。このときは二年間ぐらい、政府をほとんど空っぽにして行った。こういう努力が中国の政府にはまったくみられない。たしかに武器や船や機械設備の買い付けにはでかけてゆく。地方総督の部下や商人が命を受けてゆく。しかし、政府高官がみずから出かけてゆき、向うの政府や科学・技術界と接触するということは、まったくない。武器・機械類の買い付けにしても、中国に滞在している外交官や外国商社の商人の助言か紹介に頼っている。その点、幕府や諸藩、明治政府の対応は、そこに賭けているものがちがうという印象をあたえる。

技術移転の過程ではっきり目立つ違いは製鉄所である。一八八九年、張之洞が湖北、現在の武漢に兵器工場をつくり、それをそのまま錬鉄廠に切り換える。同時にその東南の地に大冶鉄山を開発する。のちに八幡製鉄所がその鉄を大量に購入することになる鉄山である。この大冶鉄山とセットになった湖北錬鉄廠が中国の最初の製鉄所であった。いうまでもなく、日本の富国強兵運動は反射炉の試作とともにはじまった。中国でも製鉄所をつくろうとする動きは洋務運動の初期からあったのだが、外国の外交官や技術者が反対し、市場のない鉄をつくるよりもほかに資金を回すように指導していた。製鉄所建設に踏み切らせたのは鉄道だった。そのころから鉄道建設が本格化してきたのである。

官営企業としての湖北錬鉄廠は結局、一〇年後の一八九八年までには失敗だったことがはっきりした。技術史家なら失敗して当然というだろうが、一八五〇年代に発明された最先端の技術であるベッセマーとシーメンスの炉を、いきなりここに建設したのだ。経験も基礎もまったくなしにである。湖北錬鉄廠は一八九八年に民営化される。民営化にさいして、「中国の鉄道で使用するすべての鋼鉄は、ここのものを使用する」という契約書を政府と交わし、鉄道建設を背景にしてようやく発展してゆくことになる。これがのちの武漢という一大工業都市の出発点となった企業である。

洋務運動は失敗だったという。しかし、大工業都市の上海は江南製造局から出発し、武漢は湖北錬鉄廠から出発した。長い目でみれば結局、洋務運動の成果が中国の工業化の基礎になっている。むろん福州船政局のような例もあるが、全体としては工業化の基礎がこの段階に据えられている。

これまでは明治維新の成功と洋務運動の失敗が対比的に語られてきたが、技術移転にしぼってみるとそれほど単純ではない。わたしがもっとも強い印象を受けるのは、日本が失敗したところで中国も失敗しているという事実である。中岡哲郎が強調しているように、在来技術とかけ離れた水準の技術をいきなり導入してくれば、どうしても失敗する。そうではなくて、適度な水準の技術を導入し、それと在来技術を結びつけてハイブリッド・テクノロジーをつくりだす。それが定着したとき、それをバネにしてはじめて高度な技術の全面的な移転が可能になる。中国においても成功と失敗のケースはやはりこの法則に従っているのではないか。

洋務運動期の工場経営は最初は官弁、すなわち官営である。政府が出資し、経営は官僚がやる。成功した例もあるが、全体としてみればこれはうまくゆかなかった。そのうちに政府の資金が尽き、官督商弁に移行する。官僚が経営し、商人が出資するのである。しかし商人に資金だけ出させて経営に参画させなかったために、間もなく出資者がいなくなる。官督商弁がゆきづまったころ、日清戦争が起こり、洋務運動は挫折する。洋務運動の終焉とともに、主要な企業はほとんど商弁すなわち民間へと移行する。要するに、民間に払い下げられたのである。

官弁企業が全体としてうまくゆかなかったという点では、日本も同じではないか。工部省が官営企業の指導にあたっていたとすれば、一八八五年の工部省の廃止は日本における官営方式の失敗を象徴している。官営企業のゆきづまりが民間払い下げというかたちで解決されたのであれば、中国もその同じコースをたどったことになる。とすれば、日本が成功したところで中国も成功し、日本が失敗したところで中国も失敗している、といえるのではないか。これがわたしの指摘したい第三の点である。

10

ここで科学・技術教育と留学生の問題に触れておきたい。中国も、日本も留学生を派遣した。ところが、日本の留学生は帰国後たいてい大活躍をしているのに、中国の留学生は少数の例外をのぞいてほとんど活躍していない、とよく言われる。しかし、はたしてそうか。それは教育にとってきわめて根本的な問題を見過した、表面的な議論にすぎないようにわたしにはみえる。

長崎海軍伝習所のカッテンディーケは手記のなかでこう嘆いている。学生は二十五歳から三十歳ぐらいまでの連中ばかりだ。教育は初歩から積み上げてゆくべきなのに、この連中は段階を踏んで勉強しようとはせず、面白い授業にしか出てこない。かれらの大部分は海軍士官にはなれない。わたしは幕府に十二歳から十五歳までの少年を送れと繰り返し要求するのだが、幕府はさっぱりそれに応じようとはしない、と。ところが、中国ではまさに十二歳から十五歳までの少年たちを洋式学校に入れて訓練している。留学生も、軍関系などをのぞけば、その年齢の少年を送っている。まさにカッテンディーケ式の助言をそのまま入れて、正規の教育をおこなったのである。日本のほうはカッテンディーケの勧告を無視して、破格の変則教育を選んだ。ただ、カッテンディーケはこうも言っている。生徒の大部分は海軍士官としては不適格だ。しかし、ひょっとするとほかの分野では活躍するかも知れない、と。これは卓見であった。事実、かれの予見どおり、海軍伝習所の出身者のうち海軍士官になったのはむしろ少数で、ほかの分野で大活躍する人たちが輩出した。

清朝政府が一八七二年から四年間にわたって三〇名ずつ派遣した留学生はすべて十二歳から十五歳までの少年たちである。当初の計画では、かれらは十五年間合衆国で教育を受ける。いいかえれば二十七歳から三十歳、一人前のただちに役立つ青年になって帰国する予定であった。海軍伝習所の在校生がちょうどその年齢だったのは興味深い。だが実際には、一八八一年に全員が帰国する。中国人排斥運動が起こり、とくに軍関係の学校などには中国人の入学を認めない方針をアメリカ政府が打ち出したため、清朝政府が総引き揚げを命じたのである。このとき帰国した留学生は最年長が二十四歳、最年少は十八歳。留学期間はかなり長く、一〇年ぐらいアメリカにいた学生もいたが、それでもこの年齢である。病気で死んだり、途中帰国した学生などをのぞいて、引き揚げてきた学生は九四人。うち年長の四四人は上海製造局その他の企業に技師などとして就職し、年少の残りの五〇人は洋式学校でつづけて教育を受けた。

一八七二年の第一回留学生のなかに、詹天佑《せんてんゆう》という十二歳の少年がいた。エール大学の土木学科を出て、一八八一年に帰国したときは二十歳であった。まだ若いので福建にできた水師学堂、つまり海軍兵学校でさらに訓練を受け、二十七歳のとき鉄道関係の仕事に入った。北京と張家口を結ぶ京長線は、中国人が自力で建設した最初の鉄道である。測量から設計・敷設まで、外国人の手をまったく借りずにつくった。それを指導したのが詹天佑であった。この例がしめしているように、清朝政府留学生がようやく活躍しはじめるのは、すでに二十世紀に入ってからであり、洋務運動の期間には年齢的にまだ活躍する余地はほとんどなかったのだ。

この留学生について一九〇七年の追跡調査がある。さすがの清朝も一九〇五年には科挙を廃止し、あまりにも遅すぎた改革に乗り出し、近代的諸制度を導入していた。その二年後である。帰国した九四人はこの時点で八〇人に減っている。一四人のほとんどは日清戦争の戦死者であり、海軍士官となった学生たちである。残りの八〇人のうち、五分の二は清朝の高官であった。知識と能力を発揮するのにもはや年齢も経験も地位も十分だったはずだ。ところが、その四年後の一九一一年には清朝そのものが滅びてしまう。辛亥革命のさいに活躍して新しい政府を担ったのは、主として日本留学生を中心とする、ずっと若い世代であった。清朝の留学生はごく一部をのぞいて、十分に活動の場を見出だせないままに時代の担い手の交代を余儀なくされたのである。

詹天佑などよりもっと年長の世代には、いわば時代に間に合って、活躍したひともいる。たとえば厳復がそうだ。十五歳で福州船政学堂に入学、一八七七年、二十五歳のときイギリスのグリニッジ海軍大学に留学、三年で卒業して帰国、天津水師学堂の校長に就任する。そのころから厳復は論陣を張り、日清戦争以後は変法運動の担い手のひとりになってゆく。変法運動の間に京師大学堂、今日の北京大学ができるとその校長に選ばれる。そして、ハックスリの『進化と倫理』、ミルの『自由論』、モンテスキューの『法の精神』をはじめ多くの本を翻訳し、変法運動期から民国のごく初期までの思想界に大きな影響をあたえた。

カッテンディーケらの正規教育のすすめには、むろん立派な根拠がある。しかし、時代の大きな転換期には破格の変則教育のほうがかえって時代の要請に応える人物を生みだすということがある、安定期に入れば、むろん必要なのは正規教育であるが。日本と中国の事例はそのことを証している。

11

日本と中国の工業化過程には、結果的にみて大きな距りができた。それを説明しようとして日本と中国の歴史と文化、政治と経済、知的風土と国際環境、好奇心と勤労観など、多面的な違いが説かれてきた。しかし、わたしがここで強調したかったのは、その違いを超えてあらわれている共通性、技術移転と工業化の過程において一〇年のタイム ラグをもってあらわれる同一のパターン、そして共通の内実、共通の失敗と成功である。一〇年のタイム ラグは知的開国と知的鎖国の位相の逆転から起こったのだが、にもかかわらず同一のパターンを追い、共通の内実を試み、日本が失敗したところで中国も失敗し、日本が成功したところで中国も成功したという、共通の法則性がそこにみてとれる。これまではあまりにも相違点だけが強調されてきた。相違点の強調は裏返された独自性の主張である。だがそれは、技術移転と工業化の研究において、決して多くの実りをもたらしはしないだろう。日本の成功と中国の失敗という固定観念からそろそろ解放されて、日中近代技術史の比較研究をおこなうときではあるまいか。共通性にもかかわらず分岐が生じているとき、相違点がはじめて意味のある要因として浮かび上がる。共通の法則性が有効にはたらく限界もそこに発見されるだろう。

Ⅱ　科学の出発

飛鳥の天文学的時空——キトラ『天文図』

1

国家が完備した官僚制をそなえ、それを通して人民の生産活動と社会生活を組織し、安定した秩序を打ち立てるには、厳密な天文観測にもとづいて作成され公布される暦と、精密な時計によって測定された時間を知らせる報時制度が、どうしても必要である。暦は一年を季節・月・日に区分し、それぞれの時になにを為すべきか、あるいはどう行動するのが好ましいかを指示する。たとえば農時暦がそれである。報時制度は、一日の時間を時・刻に区分し、一日の行動を律する指標となる。時間によって完全に一日の生活を拘束されたのは、古代日本では官僚だけだが、城門の定時の開閉など、首都の人民の生活にもある程度影響をあたえただろう。

暦や時刻制度が施行されるには、すくなくとも二つの条件が成熟していなければならない。第一に、文字を知り、計算ができ、天体の運行や星座の配置について系統的な知識をもつ専門家の存在。第二に、そのような専門家を必要とし、また養ってゆけるような社会的分業と階級的分化のすすんだ社会の出現である。『日本書紀』によれば、斉明天皇六年（六六〇）五月、皇太子中大兄皇子（のちの天智天皇）は、はじめて漏刻（水時計）を造り、人民に時を知らせた。また持統天皇四年（六九〇）十一月、元嘉暦《げんか》と儀鳳暦《ぎほう》を施行し、文武天皇二年（六九八）からは儀鳳暦のみを用いた。このように日本では七世紀後半に暦と時刻制度が確立するが、そこまで成熟するには長い前史があった。まず暦から見てゆこう。

2

暦を使って歴史を記録する、いいかえれば編年体の記録がつくられるようになるのは、いったいいつからだろうか。

『日本書紀』では、年・月は数字でしめされるが、日は干支であらわされ、月の下に必ず朔日の干支が記されている。その朔干支は、藪内清さんによれば、安康天皇紀を境に、それ以前は儀鳳暦と一致し、それ以後は元嘉暦と一致する。儀鳳暦は正式には麟徳暦と呼ばれ、李淳風の編纂にかかり、中国では唐の麟徳二年（六六五）から開元十六年（七二八）まで用いられた。何承天の手に成る元嘉暦は、劉宋の元嘉二十二年（四四五）から斉をへて、梁の天監八年（五〇九）まで用いられている。古い時代が新しい暦、新しい時代が古い暦によって記述されるという逆転現象は、どうして起こったか。記録に日付けを書き込むようになったのはかなり古く、朝鮮から伝えられる毎年の暦によって日付けを決めていた時代がかなり長く続いたのだろう。そのはじまりが安康天皇のころであり、しかも暦はもっとも交渉の深い百済で使われていた元嘉暦によった、というのが藪内清さんの解釈である。この説はおそらく動くまい。

安康天皇は、『宋書』にみえる、劉宋と外交関係のあった倭の五王のうち、第四番目の興である。『宋書』によれば、大明六年（四六二）に済（允恭）が没し、おそらく位に即いた興は貢献する。興が没したのは昇明二年（四七八）であり、つぎの武（雄略）が立って上表した。『南史』によれば、武はすくなくとも梁の天監元年（五〇二）までは位にあった。安康・雄略天王の時代、元嘉暦は本家の南朝でもまだ用いられていたのだから、まさに同時代の暦による記録である。

おなじく『日本書紀』によれば、履中天皇四年にはじめて諸国に国史が置かれた。史は記録にたずさわる専門家である。しかし、その記録に干支の日付けが記入されていたかどうかは分からない。雄略天皇二年には、史戸を置き、天皇は史部の身狭村主青、檜隈民使博徳等を愛寵したという。いずれも渡来人である。この記録は藪内説をみごとに裏付けているようにみえる。

はじめはおそらく百済から毎年もたらされる暦を使っていたのだろう。だがやがて、自ら計算して暦をつくるようになる。そのばあい、古代日本で「暦をつくる」とはどういう意味かを、はっきりさせておこう。

3

暦は大きく暦法と暦日に分かれる。暦法とは暦計算の体系であり、天文常数・計算法および観測値にもとづく天文表から成る。新しい観測値・常数・計算法を用いて暦法を改めるのを改暦という。暦法は一種の天体暦であるが、いったん暦法ができあがると、天文台ではそれにもとづいて、毎年、翌年度の暦日を計算によって作成し、十一月一日に上奏したうえで、はじめは書写、のちには印刷して、ひろく頒行する。この暦日が一般に用いられる常用暦である。同じ暦法、たとえば元嘉暦法によって暦日を計算し作成しているあいだが、その暦、たとえば元嘉暦の施行期間となる。

暦日は暦算によってつくられるのだから、そこには一年の月と日のほかに、二十四節気・日の出・日の入・晦・朔・弦・望といった、計算によって求めた天文学的現象が記載されるのが、本来のかたちであるが、常用暦ではそれにさらに日の吉凶・禁忌など、占星術的な内容を書きこむのが普通であった。具注暦と呼ばれるものであり、最近、石神遺跡から持統三年（六八九）三月と四月の暦断簡が発見されて話題を呼んだ。中国の天文台では、編暦は暦算家の仕事、具注暦の作成は天文家（占星術者）の仕事であった。暦算（暦法）と天文（占星）それに漏刻（報時）が、天文台の業務の三大部門を構成していたのである。

日本において中国と似たような状況が出現するのははるかに遅く、江戸時代、渋川春海による貞享改暦（一六八四）以後である。貞享暦は元の授時暦法によっているが、独自の観測値や天文常数を用いており、日本の天文学者による最初の改暦であった。このとき江戸に天文方が置かれ、編暦の仕事は京都の土御門家から天文方に移る。天文方は毎年、暦日を編纂して土御門家に送る。土御門家ではそれに吉凶・禁忌などを記入し、具注暦に仕立て、十一月朔日に上奏する。天文方は編暦、土御門家は天文という分業が成立して、幕末まで続いたのである。

持統天皇四年の元嘉暦と儀鳳暦にはじまって、貞享暦以前に八〇〇年間施行された宣明暦にいたるまで、「暦をつくる」とは、要するに中国の暦法によって計算して、毎年度の暦日を作成することにほかならなかった。それでも輸入した暦日をそのまま使うのとは違って、天文学者集団が存在していなくてはならない。持統天皇四年の措置は、それまで長いあいだ使われてきた元嘉暦を改めて公認するとともに、今後はもっと新しい儀鳳暦を採用してゆくことを宣言したものといえよう。持統三年の具注暦断簡は、そのための条件がすでに整っていたことを立証した。持統天皇四年から文武天皇二年までの八年間は、古い暦から新しい暦への移行期間であるとともに、慣習としての暦の使用を制度としての暦の使用へと転換するための準備期間でもあったのだろう。儀鳳暦公布後も、なお元嘉暦も使われるという事態は、むろん続いたにちがいない、明治の新暦施行後も、旧暦が民間で長く使われたように。

4

日本の天文学の夜明けは六世紀ごろ、おそらく「お雇い外国人」の招請とともにはじまったと思われる。『日本書紀』によれば、欽明天皇十四年（五五三）六月、内臣を百済に遣わし、医博士・易博士・暦博士などに交代の時期がきたことを告げ、後任の派遣と卜書・暦本および種々の薬物の送付を要請した。それに応えて百済は翌十五年二月、ほかの博士や採薬師、楽人といっしょに、暦博士国徳王保孫を送ってよこした。この時代には、学問・技術・芸術など高度な専門職は、外国人に委ねられていたのである。しかも交代制であり、百済とのあいだに長期的な、一種の「文化協定」が結ばれていたと考えてよい。

こうした全面依存の状態から脱け出そうとする努力は、七世紀に入ってはじまる。推古天皇十年（六〇二）の記事によれば、その年の十月、百済の僧観勒《かんろく》が来て、暦本および天文・地理書・遁甲・方術の書を貢献した。このとき書生三、四人を選び、観勒に就いて学ばせた。陽胡史祖玉陳は暦法、大友村主高聡は天文・遁甲、山背臣日立は方術を習った。「皆学びて以って業を成」したという。天文学の専門家の誕生である。遁甲は占星術の一種、方術はここでは占星以外の卜占術を指すのだろう。前の二人は渡来人、日立もおそらくそうであった。

推古十六年（六〇八）九月、小野妹子の率いる第二回遣隋使の一行に、学生八人が同行した。朝鮮を介してでなく、直接に中国から学ぶために派遣される留学生の第一陣である。かれらも渡来系の人たちであり、多くはやがて大化改新の指導者となってゆく。そのひとり新漢人日文は、舒明天皇四年（六三二）に帰国し、僧旻と称するが、この人物こそ、本格的な教育を受けた最初の占星術者であり、卜筮家であった。

このように、朝鮮および中国という二つの道を経由して、天文学者集団が形成されてゆく。

5

国家建設への歩みが加速化し、官僚制の整備と確立が緊急の課題となってゆくにつれて、報時制度への要請もまた高まる。舒明天皇八年（六三六）、大派王は大臣蘇我蝦夷に進言した。「群卿及び百寮、朝参已《すで》に解《おこた》れり」、今後は卯時の始め（六時）に出勤、巳時の後（正午前）に退庁させ、時間を鐘が報せるようにしてもらいたい。しかし、蝦夷はその言に従わなかったという。実行不能とみたのだろう。水時計がないうえに、そもそも定刻に出勤しようという気が官僚にない。官僚制の運用はまず、官僚の生活に時間を強制するところから始めなければならぬ。

孝徳天皇の大化三年（六四七）、「礼法」が制定され、勤務規定が設けられた。位のある者は必ず寅時（四時）に南門外に整列し、日の出をうかがって庭において拝礼し、庁舎に入室せよ。遅刻した者は欠勤とみなす。午時（正午）になったら、鐘を聞いて退庁せよ、というのである。これは水時計がなくても実行可能な規定である。問題は寅時よりも日の出であり、正午はノーモン（地上に鉛直に立てた棒。その影が一日のうちでいちばん短くなる時が正午）があれば測れる。遅刻者にたいする厳しい規定はおそらく官僚のなかに、時間にしたがって行動する習慣を身につけた、新しい人間類型を生みだしていっただろう。
そして十三年後の斉明天皇六年に、はじめて水時計が設置される。それは官僚制度が機能しはじめた象徴でもあったにちがいない。

6

水落遺跡はその漏刻と鐘楼の遺跡と考えられる。漏刻は唐の呂才が貞観年間（六二七―六四九）に制作した型式のものを想定して復元された。現在、飛鳥資料館に展示されているのが、その復元模型である。漏刻のかたわらには、時間を調整するためのノーモンが立っていたにちがいない。ノーモンは中国では表と呼ばれ、長さ八尺が標準とされた。地上に立てた鉛直な一本の棒にすぎないが、二至二分・四方・正午などを決定でき、工夫すれば日時計にもなる、古代ではきわめて重要な天文観測装置であった。古代の宮殿・寺院・首都などの建設にさいして、方位決定に用いられたのはノーモンである。ノーモンと水時計に天文図（星図）が加われば、もうちょっとした、すくなくとも最小限の装置を備えた、天文台であった。

天文学関係の仕事にたずさわる陰陽寮は、天武天皇四年（六七五）正月一日の記事に、大学寮・外薬寮とともにはじめてあらわれる。その四日後に、陰陽寮の観測所である占星台が置かれた。陰陽師が首都建設の候補地の選定にたずさわった記事が、おなじく十三年（六八四）二月の條にみえる。元嘉・儀鳳両暦が施行される六年前のことである。

キトラ古墳の図・像は、天井に日・月と天文図、四壁に二十八宿（四方七宿）の象徴であるとともに、四方と四季をあらわす四神、それに十二支（十二月・十二時・十二方位）を配し、天上と地上の、たがいに照応する、天文学的時空を表現している。そこに具現されていたのは、古代王朝が追求してきた、天文学的秩序にもとづく世界秩序の理念であったといえよう。

参考文献

藪内清「古代日本の科学」、『中国の科学と日本』朝日新聞社、一九七二。
山田慶兒「キトラ古墳の図・像」、『一冊の本』二〇〇三・三、朝日新聞社。

日本医学事始――『医心方』

1

日本の学問について考えようとするとき、わたしがその最初に置きたい書のひとつに、円融帝の永観二年（九八四）に進呈された医書『医心方』三十巻がある。撰者は、宮廷医として行鍼博士の職にあった丹波康頼《たんばのやすより》（九一二―九九五）、中国からの渡来系であったと伝えられる。(1) あらためて断るまでもなく、『医心方』は現存する、日本人の手に成る、最初の体系的な医書である。だがその成立は、たんに医学の分野にとどまらない意味を、日本の学問の歴史にもっている。

『医心方』は大陸から伝えられたさまざまな医書から抜萃した文章を、分野別・項目別に分類し、編集した医書であり、その編纂の方針においても、著作の体例においても、またその内容の豊富さ、分量の多さにおいても、漢代以後の臨床医学を集大成した唐の孫思邈（?―六八二）の『千金要方』三十巻と『千金翼方』三十巻、王燾の『外台秘要』四十巻（七五二自序）に比肩できる著作といってよい。のみならず、『外台秘要』とおなじく、引用したおびただしい文章にいちいち出典を明記しているが、それらの医書のほとんどが今日失われているだけに、『外台秘要』とならぶ中国医学の、あるいはもっとひろく東アジア医学の、歴史の証言集でもある。そのことがすでに後世への貴重な贈物にはちがいない。しかしそれだけなら、唐代の代表的な医書に遜色のない医書が平安時代にあらわれた、その時代には日本の第一級の医師は中国ないし東アジア医学の全体像を掌握できる学問的水準に到達し、同時代までの医学の成果について詳細かつ体系的な記述を残すことができた、というにすぎないだろう。

重要なのは、『医心方』が『千金要方』や『外台秘要』の敷き写しではなかったということだ。丹波康頼はすでに明確な自己の立場をもっていた。与えられた材料を選択し、取捨し、加筆し、削除し、組み換え、配列し、組み合わせ、項目を立て、分類し、全体として新たな枠組みを編成し、そのなかに材料を整序してゆく、そうした作業を可能にする独立した立場である。そこから生まれた『医心方』は『千金要方』とも『外台秘要』とも大きく異なる構成と内実をそなえていて、独自の個性をもつ、まぎれもない日本の医書となっていた。

わたしはかつて異質の文化の受容とそこからの創造について、こう書いた[2]。

価値体系の個々の内容でなく、それを方向づける思考の枠組みを、わたしはフィルターとよびたい。多様な価値体系をもつ異質の文化の全面的な接触とそれぞれの独自な存在意義の確認は、現代文化の主要な特徴のひとつである。そのばあい、異質の文化との接触においてフィルターのもつ二つの作用に注目しよう。ひとつは選択および組み入れ、いわば偏光作用である。それは異質の文化の諸要素を選択的に透過し、透過した諸要素をもとの文化におけるそれとはちがった枠のなかに組み入れる。さらにそれをとおして固有の文化を変質させつつ、新たな文化を創造する。変質および創造は、いわば光合成作用である。もちろん、フィルターはレンズのように固定した実体ではない。偏光作用と光合成作用そのものが、フィルターをたえず徐々に変化させてゆく。

このフィルター論の概念を使えば、康頼は明確な全体像を結ぶフィルターを用い、外国の医書を素材として透過させ、その偏光作用と光合成作用によって『医心方』を編纂したということだ。

ここにいうフィルターはあくまで文化の概念である。個人に体現されて個性的な作品を生みだすとしても、フィルターはあくまで文化に内在するもの、その風土のなかで歴史的に培われてきたものである。康頼の用いたフィルターは、康頼のフィルターであるまえに、日本の文化のフィルターである。個人に許されているのは、そのフィルターのなかからある構造をとりだし、その作用にある強度をあたえることにすぎぬ。

建造物の比喩をつかえば、その土台や建材は土着的なもの、内発的なものである。それなしにはフィルターは成立しない。大同三年（八〇八）、阿部真直《あべのまなお》・出雲広真らの手により、日本の土着的・内発的な医術を集成した『大同類聚方』百巻が完成する。[3] この書はつとに失われたが、題名からみて項目別に分類した編纂物であり、これだけの量の病気の記載と処方ないし治療法の蓄積が、すでに存在していたのである。同時に、編者たちをこの書の編纂へ駆りたてた動因は導入された外国の医書にあったたし、編纂事業に示唆と指針をあたえたのも外国の医書であったにちがいない。フィルターという建造物の形成には、大陸の文化を選択的に受容し、それを変容して日本の風土に適応させ、独自の文化へと仕立てあげてきた、長い歴史的経験があずかっている。一方には日本の風土に土着の医術の厖大な蓄積があり、他方には数百年にわたって摂取し消化してきた東アジア大陸の医学がある。その相互作用の場こそ医学のフィルターの形成の場であり、それが十世紀末にいたって、臨床医学の明確な全体像を結ばせるようなフィルターの構成を可能としたのであった。『大同類聚方』から『医心方』までのあいだに二世紀に近い歳月が流れている。フィルターがしばしば超歴史的とさえみえる構造をしめすのは、このような歴史―文化的特性のゆえにほかならぬ。

一般に、個人に体現されたフィルターの作用によって生みだされる作品の後世にたいする影響力の大きさは、そのフィルターが、内属する文化の特性を構造的に、どれだけ深く捕捉し的確に表現しているかにかかっている。かりに後世に直接に影響をおよぼす機会がなかったとしても、その構造を実現したフィルターの作用から生まれた作品であるならば、機械要素を掌握しつくしていたレオナルド・ダ・ヴィンチの『マドリッド手稿』が十九世紀の機械工学を予告していたように[4]、未来を予告する書となっているだろう。仏教医学書の『耆婆方』、朝鮮の医書の『新羅方』に眼をくばるなど、資料の収集においてもすでに中国の医書の模放を脱し、日本の文化的風土に生まれた医書にまぎれもなかった『医心方』は、日本の医学にとって、いやもっと広く日本の学問にとっても、その出発点に立って、はやくも遙かな未来の進路を懐胎している、予告の書であった、とわたしは考える。

『医心方』を編纂するにあたって丹波康頼がとった立場、言葉を換えていえばそなえていたフィルターとはいかなるものか、『医心方』はいかなる意味において日本の医学あるいは学問の予告の書であるのか、全体の構成とつぼの記載という、象徴的ともいえる二つの問題をとりあげて明らかにしたい。

2

『医心方』のような、臨床医学全書ともいうべき編纂物の編者に要求されたのは、臨床医学の覆うべき全領域を見渡し、それぞれの領域にふさわしい比重と場所をあたえ、それらをひとつの構図のなかに位置づけてゆく、ある種の構想力である。編纂物が材料の雑然たる集積でない以上、そこにはなんらかの構成原理がなくてはならなかったし、その原理は編者の恣意の産物であってはならなかった。すくなくとも読者である医師たちとのあいだに共通の了解が成立し、かれらにも受容できるものでなければならなかった。その構成原理とは、べつの言葉でいえば一種の分類原理、すなわち対象を項目別に分類し、その項目を一定の順序に配列する原理にほかならない。そのさい構成の決め手となるのは大分類であり、ここで分類といえば、とくに断らないかぎり大分類を指す。

　いま素朴な経験的観察者の立場に立ち、もっとも単純な前提から出発しよう。そして例外があることを認めつつ、もっとも単純な原則を見出そう。医学の対象は人間であり、人体とその病気である。人体はさまざまな臓器や部分から成り立っている。それらの臓器や部分に身体的なものとして表われる異常をとりあえず病気と呼ぶことにするならば、病気には臓器や部分など、個々の部位に特有なものもあれば、部位にかかわらないものもある。前者はそれぞれの部位の病気（たとえば心臓病）として取り扱うことができるであろうし、後者ならその病気そのもの（たとえば癰疽）を分類の項目に立てなければならないだろう。とうぜん、この二種類の病気は分類に欠かせない項目群を形成する。

　人体の部位名で呼ばれるにせよ、病気そのものの名称をつけられるにせよ、それらはすべての人に共通する病気であることを前提している。しかし、特定の部類の人にのみみられる病気、あるいは特徴的な病気もある。古くから婦科・産科・幼科の病気として括られてきた病気がそれだ。性と年齢によって他から区分させるこの三科、あるいは産を婦にふくめた二科は、どんな分類体系をとるにしろ、つねに独立の項目を成す。

これらの病気とは性質を異にする人体の異常に、偶発的な原因によって生ずる傷害がある。切傷・打身・骨折・火傷・漆負け、あるいは虫や獣による刺傷・咬傷の類であり、食物などによる中毒もここに加えることができよう。それらを偶発症と呼んでおくなら、これもひとつの項目をかたちづくる。

人に共通する病気、婦人（産）・小児科の病気、偶発症のいずれにしろ、それは人間を現在という時点に固定し、いわば水平面上に置いたときにあらわになる、人体とその病気の多様な様態である。しかし、人間を生・長・老・死のライフ・サイクルを経過してゆく時間的な存在として捉え、垂直線上に位置づけたときに浮かびあがってくる、一方向に変化する人体の様態もある。それはいわゆる病気でなくても、やはり医療の対象となる。そのようなものとして、人生のはじまりに受胎・出生・生育があり、婦人・産・小児の三科が直接にそれにかかわる。いいかえればこの三科は、人体に正常な過程と異常な現象の両面からかかわるという二重性をそなえており、そのいずれの面に片寄せて位置づけることも可能である。

それと同じくらい、あるいはもっと大きな比重であらわれてくるのは、主としてライフ・サイクルの後半にかかわる、健康の維持と長生、すなわち養生（養性）である。一方では不老長生の道教的理念に導かれ、他方では儒教の孝の観念に支えられて、中国では体力の衰えや老化が医療と介護の対象とされてきた。[5] 養生の技術には、道教的実践に由来する按摩・体操・呼吸法・食療法・房中術（性の技術）や住居と生活環境の整備などがふくまれる。なかでも特異なのは、不老長生薬である石薬（鉱物薬）の服用とその中毒症の治療である。唐代における錬金術の流行の投影として、この時代には養生とはべつに、石薬の項目が立てられる。

臨床医学の治療法は薬物療法を主体とするが、それとはまったく異質の治療法に鍼灸療法がある。中国医学体系のなかでは、鍼灸は薬物にたいする補助療法として位置づけられており、臨床医学全書では慣例として巻尾にその項目が設けられる。呪禁科も医学の一分科を成しており、ときには呪術療法がひとつの項目としてとりあげられることもある。そのほか、かならずではないがしばしば登場するのは診断法、それに調剤法と薬物の記載である。後者はもともと本草として医学とは独立の分野を形成しているが、臨床家には不可欠の知識であり、薬名その他必要最小限の事項が本草から転載される。

人体とその病気を、かりに特定の部位の病気と部位にかかわらない病気という、単純な二元論によって分類することができるならば、臨床医学全書はすっきりした、ほとんど異論の余地のない構成原理に本づいて、編纂されることになるだろう。しかし、そのような統一的な基準はなかったし、それを抽き出すには対象とする現象が複雑すぎた。人体部位・病気・婦人（産）・小児・偶発症・養生、それに対処する手段である診断法・薬物・鍼灸などを加え、多様な視点、複数の基準によって臨床医学のさまざまな側面を照明するほかはなかったのである。

臨床医学全書の編纂の過程は大きく四つの局面に分けることができよう。第一は、多数の医書から材料を集めること、第二は、大中小などいくつかのレヴェルの分類項目を立てること、第三は、集まった厖大な材料を項目ごとに整序すること、第四に、各レヴェルの項目をそれぞれ一定の順序に配列して全体を構成すること、第二と第四の過程が編者の構想力に直接かかわる局面であるのは、いうまでもない。病気の分類も、個々の処方ないし治療法をあらわす小分類、個々の病気をあらわす中分類には、比較的多くの共通項目をみいだすことができる。たとえば、おなじく中小分類主義をとる病理学書の『諸病源候論』五十巻（隋・巣元方撰、六一〇）と『外台秘要』とを比べてみると、そのことがよくわかる。しかし大分類では、編者による違いが決定的にあらわになる。

大分類の項目になにを選び、それをどう配列して全体を構成するかを決めるのは、編者の人体と病気、ひいては人間と医学にたいする見かたである。巻構成をおこなうばあい、『千金要方』のように大分類にしたがうこともあれば、『外台秘要』のように中分類の数項目をあわせて一巻とすることもあったが、いずれにしろ事態にかかわりはない。

臨床医学全書の構成原理に確たる規準はなかった。手本にできる書といえば『千金要方』（以下、『千金方』と略記）と『外台秘要』（以下、『外台』と略記）だが、両書のあいだには架橋できないほどの距離があった。新たに臨床医学全書を編纂しようとする者には、したがうべき規範がないという意味で、可能性の大きく自由な場が開かれていたのだ。梁の陶弘景の『神農本草経集注』という規範的著作をもつ本草のような分野とは、臨床医学ははっきり異なっていた。といってもそれは、この場に参入して可能性を現実性に変えるだけの医学の全体にたいする見通しと構想力をそなえた者にのみ開かれた場であったが。『医心方』の編者康頼はその可能性にいどみ、きわめて日本的であるという意味においても卓抜な著作を完成させたのだった。

『千金方』の構成原理はきわめて明確であり、きわだった体系性をしめしている。まず巻頭の巻一に医薬学序説、巻尾の巻二十八に診断法、巻二十九・三十に鍼灸療法を置く。そこから内側に向けて、巻頭のほうでは巻二―四に受胎にはじまる婦人方、巻五上・下に出生と小児病、巻尾のほうでは巻二十六の食餌法と巻二十七の養性、すなわちライフ・サイクルの始めと終りにくるものが配される。そしてこの中間にはさまれた二十巻に人に共通する病い、人体部位の病い、部位にかかわりのない病い、そして偶発症が、ほぼこの順序に列べられる。すなわち、巻六上・下に頭・面の病い、巻十一―二十に一二の臓腑（経脈）の病いを置き、巻七・八の風病、巻九・十の傷寒病をそのあいだに挿み、臓腑病のあと、巻二十一―二十三を消渇（糖尿病）・癰疽・痔瘻などの病気、ついで巻二十四・二十五を外傷・中毒の偶発症にあてるのである。風病は外因である風・寒・暑・湿などが体内に侵入して引き起こす病気、「風は百病の長なり、其の変化するに至りて、乃ち他病と為る」（『素問』巻十二・風論）といわれるように、外因性の病気の第一歩が風病と考えられていた。それが発熱をともなったとき、傷寒と呼ばれる。医書においては後世まで、しばしば病気の最初に風病、あるいは傷寒病を置いている。同時代の書では、『諸病源候論』が風病から、『外台』が傷寒から、記述をはじめているのがその例である。孫思邈が風病を臓腑病のまえに置いたのも、「百病の長」という考えに本づくのであろう。

『千金方』の構成を思いきり単純化し図式化すれば、こうなる。

〔巻数〕	〔内容〕
一	医薬学序論
二―五	ライフ・サイクルの始まりとそれにかかわる医療
六―二十五	人に共通する病いとその治療
二十六・二十七	ライフ・サイクルの終りにかかわる医療
二十八	診断法
二十九・三十	鍼灸療法

この構成は孫思邈の明晰な精神を物語る。なお、巻六―二十五の病気をもうすこし細分化しておいてもよい。

六上・下	人体部位（頭面）に特有の病い
七―十	人体部位にかかわらない病い

十一―二十　　人体部位（臓腑）に特有の病い

二十一―二十五　人体部位にかかわらない病い

これは人に共通する病いをおなじように、人体部位に特有の病いとそれにかかわらない病いに二分する、『医心方』と比較するのに役立つだろう。

『千金方』の補遺として編纂された『千金翼方』の構成には、『千金方』ほどの明解さはないが、基本的にはそれと同じ原理がはたらいている。まず巻頭の巻一には薬品論、巻二―四は薬物すなわち本草、巻尾の巻二十五は診断法、巻二十六―二十八は鍼灸療法、そして最後の巻二十九・三十に呪術療法がくる。ライフ・サイクルにかかわる医療は、ここでは前半にかためて置かれている。すなわち巻五―八の婦人方、巻十一の小児病、巻十二―十五の養性。そして婦人方と小児病のあいだに傷寒、すなわち後漢の張仲景の『傷寒論』が挿入されている。そのあと巻十六・十七の中風、巻十八・十九の雑病、巻二十の偶発症とつづいて、巻二十一に仏教医学、巻二十二に養性のなかでも特異的な服石、すなわち不老長生のための鉱物薬服用が置かれている。特徴をきわだたせるために、とくにそれを道教医学と呼んでおこう。巻二十三・二十四の癰疽・癩その他が道教医学のあとに置かれているのは、服石が癰疽を発するケースが多かったことにかかわるのかも知れぬ。『千金翼方』を『千金方』からへだてる特徴は、本草・『傷寒論』・仏教医学・道教医学・呪術療法を収めたところにあるといってよい。これも図式化しておけば、

一―四　　薬品・本草

五―八　　ライフ・サイクルにかかわる医療

九・十　　『傷寒論』

十一—十六　ライフ・サイクルにかかわる医療
十二—二十　人に共通する病いとその医療
二十一　仏教医学
二十二　道教医学
二十三・二十四　人に共通する病いとその医療
二十五　診断法
二十六—二十八　鍼灸療法
二十九・三十　呪術療法

となる。

孫思邈の二著とちがって、王燾の『外台』は病理学的な構成原理に立つ。ここにはライフ・サイクルの視点がまったく欠けており、病気そのものの配列の順序を問わないならば、構成はきわめて単純である。巻一・二の傷寒にはじまり、巻三から巻二十八までがすべて中分類に属する病気、このなかで巻二十一・二十二だけが頭・面すなわち人体部位の病気である。巻二十八の末尾には自殺を入れて、巻二十九に骨折・切り傷の偶発症を配する。巻三十は癩などのいわゆる悪疫をとりあげ、巻三十一には、採薬時に各地方が採録したという、地方的な処方を集める。巻三十二に頭・面の手入れと化粧品を置いて、巻三十三・三十四は婦人、巻三十五・三十六は小児病、ライフ・サイクルでなく、性と年齢の視点からの位置づけである。巻三十七・三十八は乳石論、すなわち道教医学、巻三十九は鍼灸医学、最後を虫獣の刺咬の偶発症でしめくくる。これも図式化しておこう。

一―三十　　人に共通する病いとその治療
三十一　　地方的処方
三十二　　頭面の手入れと化粧品
三十三―三十六　　性・年齢に特有の病気とその治療
三十七・三十八　　道教医学
三十九　　鍼灸療法
四十　　人に共通する病いとその治療

時代精神をあらわす道教医学をのぞくならば、『外台』の構成原理は病理学的基準であったといえよう。『医心方』はこれら唐代の三つの著作とそれぞれ共通する一面をもつ。しかし、全体を構成する原理はそのいずれとも異なる。具体的にみてみよう。まず巻一の医薬学序説では、『千金方』とおなじく、唐の『新修本草』（六五九）から薬物の畏悪一覧、すなわち薬剤を調合するばあいに、組み合わせを避けるべき薬物や、逆に組み合わせるべき、あるいは組み合わせれば効果的な薬物などを簡潔に記した一覧、を転載したのとはべつに、『新修本草』の目次をそのままつかって、それに和名を付し、金石についてはわが国におけるその産地を記し、とくに「諸薬和名」の章を設けたのが、日本の医書としては当然のことながら、注目される。(6)

それにつづけて、巻二にいきなり鍼灸療法をもってきたのは、鍼灸療法がついに薬物療法にたいする補助療法の位置を占めるにすぎず、この種の書においては巻末に置かれるのが慣例であった中国の医書からみれば、巻を繙いてすでに破格、ということになるだろう。これには編者康頼が鍼博士であったという事情が、みずからの専門とする技術を誇示しようとする意志が、むろんはたらいていたにちがいない。だが、それだけではあるまい。嵯峨天皇（八〇九―八二三在位）の弘仁十一年（八二〇）、詔により典薬寮に針生五人を置き、『明堂経』などを学ばせて以来、ようやく鍼灸療法が根づきはじめた。『明堂経』は『旧唐書』経籍志下に著録する「黄帝内経明堂類成十三巻・楊上善撰」か「黄帝明堂経三巻・楊玄孫撰注」のいずれかであろう。そこからやがてすぐれた鍼灸医が輩出してくる。承和十一年（八四四）には菅原梶成がはじめて鍼博士に任ぜられ、物部広泉・下道門継・丹波忠明らが相継いでその後を襲った。(7) 鍼灸療法がしだいに薬物療法から独立して隆盛におもむく基盤が、すでに康頼の時代には形成されていたのであろう。すくなくとも鍼灸療法を巻頭に据えたことを受け入れる社会的合意が、宮廷医を中心とする医師たちのあいだには成立していたとみなければならない。この大胆な構成において、『医心方』はすでに日本の医書であった。

病気の最初に風病をとりあげ、巻三に置いたのは、『千金方』とおなじく、中国の病理学にしたがったのだが、巻四から巻八にいたる五巻の分類と配列において、ふたたび独自性が顔をのぞかせる。すなわち、巻四は鬢髪や禿、ほくろ・いぼ・にきび、その他の皮膚病など、頭面の手入れ、巻五は耳目鼻口の七竅の病い、巻六では胸腹部の病いをとりあげ、そこに五臓六腑と気・脈・筋・骨・髄・皮・肉の病いをふくめる。巻七は前陰・後陰の病い、脱肛・痔・寄生虫などもここであつかう。巻八は脚気を主に、手足の凍傷・あかぎれなどを付す。これは要するに人体部位による病いの分類であり、中国の医書では頭面と臓腑だけだったのを、頭面・胸腹・陰部・足（手）、要するに全身へ拡張したのである。しかも、『千金方』ではそれぞれ一巻を成していた臓腑があわせて一巻のなかに収められて、『外台』では婦人の前に配されていた頭面の手入れが、この配列の最初を飾っている。ここにあるのは、外から見て人体の部位を弁別し把握しようとする志向、もっと一般化していえば、認識の基礎を可視的なものに置こうとする強い志向であり、しかもその人体部位を頭から足へ上下に序列化して配置しようとする志向、もっと一般化していえば、単一のできるだけ単純な原則に従おうとする志向である。ここでは前者を認識における可視信仰、後者を分類における単純原則志向と名づけよう。可視信仰と単純原則志向は康頼の認識や思考を方向づけるものといってよいが、それがどう作用するかはつぼの記載を分析するさいに具体的にみることにする。

人体部位による配列のつぎには、巻九から巻十八まで、部位にかかわりのない病気が置かれる。病気を人体部位とのかかわりの有無によって分類する巻八までは、『医心方』は『千金方』に近づいているが、巻九以下の病気の分類はむしろ『外台』に類似する。咳嗽・積聚疝瘕・水腫・霍乱・痢・消渇・大小便難・虚労・卒死中悪・傷寒・癰疽・腫・瘤・瘻・瘡それに偶発症などによる巻構成は、名称や組み合わせにいくらかの違いはあれ、まずそれと共通とみなしてよい。ただ『医心方』は、中風をはじめに出し、痔や脚気のような人体部位に特有の病気をそれらの巻に収めているほか、『外台』では傷寒のつぎに記載されていた天行病（流行病）・温病（急性熱病）・瘧病（マラリヤ）をまったく割愛しているのは、風土病という判断によるのであろう。そして『外台』では傷寒から瘧にいたる重症の病気の占める位置に、『医心方』では咳嗽につづけて、やがてきわめて日本的な病気となってゆく積や疝気を置いているのが、目を引く。『外台』ならそれは消渇などのあとにくる病気なのである。しかし、こうした点をのぞけば、病気の配列はほぼ『外台』に同じい。

このようにみてくれば、『医心方』の人体部位にかかわらない病気の分類は、『外台』をモデルに、基本的には中国の病理学にしたがいながら、そこに風土病や地方病（local disease）の視点を入れて取捨し配列したものといえよう。ここにも日本の風土に適応した医学が確実に萌している。

人体部位に特有の病気、人体部位にかかわらない病気につぐ『医心方』の第三の部分は、巻十九から巻二十九にいたる、ライフ・サイクルにかかわる医療である。巻十九に服石・服丹、巻二十に服石中毒の治療という道教医学を据え、巻二十一に婦人、巻二十二に妊婦、巻二十三に出産、巻二十四に懐胎と男女・生日などの占い、そして巻二十五に小児病をとりあげる。巻二十六から養生に入り、まず若さの保ちかたと危険の避けかた、巻二十七は養神・養形から呼吸法・体操をへて住宅にいたる、いわゆる養生法。巻二十八は房中すなわち性の技術であるが、『千金方』巻二十七・養性の全八章中の一章にわずかに記載されているにすぎない房中が、ここでは一巻を占め、中国では失われた多くの房中書を収録する。医書としてはきわめて特異な一巻といえよう。巻二十九は食禁と食中毒その他。医書の食禁のほかに、食経や養生書などを多く引く。食餌療法はもともと食禁から起こったのであり、医書の一巻としてはやや特異だが、広義の食餌法に数えられよう。そして、最後の巻三十の五穀・五果・五宍・五薬でしめくくる。この巻は『千金方』巻二十六・食治にほぼ相当している。

『医心方』の構成はきわめて単純である。

一　　医薬学序説・諸薬和名

二　　鍼灸療法

三―十八　　人に共通する病いとその治療

十九―三十　　ライフ・サイクルにかかわる医療

『医心方』の性格を把握するには、しかし、つぎのように細分しておくほうが便利だろう。なお、巻十九・二十の道教医学は、巻構成におけるその配置と不老長生をめざすという養生の本来の意味とから、ライフ・

サイクルにかかわる医療に入れておいたが、人体部位にかかわらない病の最後に位置づけられていた可能性も否定できない。それも独立させておくと、

一　医薬学序説・諸薬和名
二　鍼灸療法
三　人体部位にかかわらない病いとその治療
四—八　人体部位に特有の病いとその治療
九—十八　人体部位にかかわらない病いとその治療
十九・二十　道教医学
二十一—三十　ライフ・サイクルにかかわる医療

となる。

この全体的な構成は『千金方』によく似ているが、ひとつ決定的に違うのは、診断法にかんする巻がないことだ。その点では『外台』と共通する。しかし『外台』とちがい、『医心方』にあってはそれは脈診のみならず、経脈にかんする言及もないことを意味している。中国医学の書としてはすでに只事ではない。この問題にはつぎに触れることにしよう。

構成原理においては、人体部位を全身に拡張してそれを可視的なものと単純原則によって把握しようとする点で、臓腑の脈の診断に依拠しようとする『千金方』に対立し、人体部位にかかわらない病気の分類は中国の病理学にしたがいつつも、風土病と地方病の視点から取捨・強調することによって『外台』への追随を脱している。あくまで可視的なものに固執し、できるだけ単純な原則に依拠し、そして医学を日本の風土に

適当させようとする編者の考えかたは、それを一種の技術的思考と呼ぶことができる。この技術的思考こそ、『医心方』の編纂事業を貫くもっとも根本的な指導原理であった、とわたしは考える。この技術的思考は、しかしその不可避的な反面として、理論的なものへの抜き難い嫌悪と不信、既成の理論の否定と新たな理論創出の拒絶、わたしの常套的表現をつかえば、理論的白紙還元への大きな勾配を備えていたことを、あわせて強調しておかなければならない。こうした技術的思考と理論的白紙還元への勾配とによって、『医心方』はいちはやく、やがて生まれるであろう日本の漢方と鍼灸の医学、ひいては日本の学問を予告するのである。『医心方』の第三の部分、ライフ・サイクルにかんする医療のなかにそれぞれ一巻をあたえられた食禁・食中毒と性の技術は、『千金方』のなかの一章を一巻にまで膨らませたものであり、養生の一面の極北をしめしている。それにしても食と性のこの強調は、日本の宮廷文化にどのようにかかわっているのだろうか。

もうひとつつけ加えておくなら、唐代の宮廷や貴族官僚社会を席捲した、五石散をはじめとする石薬の服用と、皇帝の三分の一の命を奪ったほどの悲惨な中毒死の頻発とは、よく知られている。[8] 唐代文化の深い影響のもとにあった日本の宮廷社会においても、石薬は無縁ではなかった。淳和（八二三—八三三在位）・仁明（八三三—八五〇在位）・文徳（八五〇—八五八在位）、おくれて三条（一〇一一—一〇一六）の四天皇は、あるいは石薬を服し、あるいはその材料を求めたと、歴史書は記録する。[9] 石薬服用がどの範囲の頻度におよんだにしろ、『医心方』の服石を論じた二巻が宮廷社会の要請に応えたものであったのは確かであろう。

3

『医心方』の技術的思考を象徴的に表現しているのは、巻二・孔穴主治法におけるつぼの記載であろう。なお、つぼの配列と分類に関心のない方は、この節を飛ばして、次の節から読んでいただきたい。

つぼをはじめて体系的に記述した晋の皇甫謐の『鍼灸甲乙経』（以下『甲乙経』と略記）巻三は、全身のつぼを肢すなわち手足と体すなわち頭および胴のそれに、大きく二分する。そして前者を十二経脈のつぼ、後者を頭・背・面・耳前後・頸・肩・胸・腋脇下・腹という九部位のつぼに、それぞれ細分する。ここではかりに肢のつぼを経穴、体のつぼを位穴と呼んでおくことにしよう。

手足の三陰（太陰・少陰・厥陰《けっちん》）三陽（太陽・陽明・少陽）、あわせて十二の経脈の体系を確立したのは『黄帝内経』（『素問』・『霊枢』）である。十二経脈は十二臓腑と結ばれており、それぞれの脾足太陰脈などと呼ばれる（別表参照）。たがいにつながり全身を循環するこの十二経脈のほかに、胸部と頭・脊部の正中線にそう任脈と督脈があり、主要なつぼはすべてこの十四経脈のうえに列んでいて、それらを経穴という。『甲乙経』に記載されているのはこれらのつぼであり、その意味ではすべて経穴である。それでは『甲乙経』はなぜ、経脈のみによってつぼを記載せず、体を四肢から分離し、異なる記載のしかたを適用したのであろうか。

肢部を走る三陰三陽の六脈は、左手と右手、左足と右足におけるその位置が対称的になるように走っている。ところが体部に入った十二脈は、体の正中線、いいかえれば督脈と任脈を対称軸にして左右相称に、そしてしばしば平行に走っている。いいかえれば、経脈の走行は、肢部と体部では異なった構造をもっている。経脈を気の循環する流路として捉え、気の渋滞や閉塞や逆行、それにともなう気の過剰や欠如に病いの発現をみようとする理論的な立場からいえば、肢と体の脈はあくまで一繋がりのものでなければならない。しかしそれを治療点として記憶し、灸刺に習熟しなければならない技術の立場からすればどうか。異なる構造をもつ体を肢から分断し、それぞの部位におけるつぼの配列の特性に応じてグループ分けしたほうが、はるかに便利であるにちがいない。そのグループがどの脈に属するかを理解しておけば、脈全体の繋がりをいちいち顧慮する必要はない。つぼを肢と体に分割し記載するこの方式は、治療者の立場、技術の立場から生まれたものであったにちがいない、とわたしは考える。しかし、四肢のつぼの記載に経脈がそのまま用いられているという意味では、折衷的な産物であったといえよう。

つぼを記載する二つの方式のうち、『黄帝内経』の理論方式にしたがった後世の医書は、『外台』巻三十九・明堂灸法であった。つぼの名称は『甲乙経』に依りつつも、肢・体のすべてを十二臓腑の系列によって記載したのである。この選択は、病理学的基準によって構成されている『外台』にふさわしい。

『甲乙経』にはじまる理論・技術折衷方式は『千金方』巻二十九・針灸上に継承されてゆく。ただ、いくらか新しい工夫をそれに加えたにすぎない。すなわち、つぼの位置を図示した明堂図を仰人・伏人・側人の三人、すなわち正面・背面・側面の三図に分け、そのそれぞれについて位穴と経穴を記載した。そして位穴について、『甲乙経』では具体的に身体の名称によってその位置をしめしていたのを、中行(第一行)・第二行などと簡潔に数字であらわすようにした。たとえば『甲乙経』に「頭。鼻中に直《あた》り髪際に入ること一寸、督脈を循り、却行して風府に至る、凡そ八穴」と記されたつぼを、『千金方』では仰人明堂図の「頭部中行」と伏人明堂図の「頭上第一行」に分けて載せたのである。こうして『千金方』の位穴の分類は、仰人の頭(三行)・面(五行)・胸(四行)・腹(四行)、伏人の頭上(三行)・脊中(三行)、側人の耳頸・側脇の八部位となった。

別表　十二経脈

腑	臓
三焦―手―少陽脈	心主―手―厥陰脈
大腸―手―陽明脈	心―手―少陰脈
小腸―手―太陽脈	肺―手―太陰脈
膽―足―少陽脈	肝―足―厥陰脈
胃―足―陽明脈	腎―足―少陰脈
膀胱―足―太陽脈	脾―足―太陰脈

『医心方』の記載はこの『黄帝内経』―『千金方』の流れに立ち、仰人・伏人・側人を区別しない点では『甲乙経』を襲っている。しかし、第一行・第二行など数字による記載は『千金方』の方式を採る（図4参照）。そして位穴を、頭（三行・外）・面（一行・外）・頤下・頸・肩・背（三行）・胸（四行）・腹（四行）・側脇の九部位に分かつ。耳前後を頭（外）に入れ、頤下を立てたほか、各部位へのつぼの配分を若干変えてはいるものの、この分類は基本的に『甲乙経』に従っている。

『医心方』の独創は、経穴を位穴に置き換えてしまったところにある。すなわち手・足のつぼの十二経脈による区別を廃し、手と足二部に統合してしまったのである（図1）。医学理論の立場からいえば、これは経脈説を排除したこと、中国医学の大前提を取り払ったことを意味する。たしかに、『医心方』はさまざまな医書から抜き書きされた文章を寄せ集めたもの、その大半は中国の医書である。したがって、たとえば「病源論（隋・巣元方『諸病源候論』）にいう、「風邪 足の陽明、手の太陽の経に入り、遇《とき》に寒なれば則ち筋急《にわか》に頰を引く、故に口を使《し》て喎僻せしむ、と」（巻三・治中風口喎方）といった説明まで、すっかり排除してしまうことはできない。しかし編者は意図的に、可能なかぎり、経脈とそれに関連する記述を、あるいは忌避しあるいは削除しあるいは修正して、『医心方』体系に欠かせない構成要素であることを否定しようと努めている。[10] これはむろん重大な帰結を生まずにはおかないだろう。

まず第一に挙ぐべきは、診断法からの脈診の排除である。中国医学の診断は、望診（見る）・聞診（聞く嗅ぐ）・問診（尋ねる）・切診（触る）の四診によっておこなわれ、とくに重視されたのが切診に属する脈診であった。ところが、『医心方』は脈診を拒ける。『医心方』巻一は『千金方』巻一・序例をモデルにして構成されたと思われるのに、その診候の章にあたるものは『医心方』にはない。『千金方』巻二十八・平脈は、脈診をふくむ診断法全般を論じているが、『医心方』にそれに相当する巻がないことは、すでに述べた。のみならず、『医心方』巻一の第一章・治病大体には、『千金方』巻一では第二章・大医精誠の内容を成す張湛の文章が抜き書きされているが、その冒頭にはこうみえる。〔 〕内は元の文章の表現、（ ）内は『医心方』が書き改めた文字である。

千金方に云う。張湛曰く、夫れ経方の精しうし難きこと、由来尚《ひさ》し。今病は内同じうして外異なる有り、亦た内異なりて外同じきあり、故に五臓六腑の盈虚、血脈（営）〔栄〕衛の通塞、固より耳目の察する所に非ず。必ず先ず（脈）〔候〕を診て以って之れを審かにするも、〔而も〕（血脈）〔寸口関尺〕に浮沈（弦）〔絃〕緊の乱有り、兪穴流注に高下浅深の差有り、肌膚筋骨に厚薄剛柔の異有り、唯だ心を精微に用いる者にして、始めて与《とも》に茲《これ》を言う可し。今至誠至微の事を以って、之れを至粗至浅の思いに求むるは、殆《あやう》からざるか。若し盈《み》たるも之れを益《ま》し、虚しきも之れを損《へら》し、通れるも之れを徹《とお》し、塞《ふさ》がれるも之れを壅《ふせ》ぎ、寒なるも之れを冷《ひ》やし、熱なるも之れを温むるは、是れ其の疾を重くして、其の生を望むも、吾れ其の死を見ん。故に医方・卜筮は芸能の精しうし難き者なり。

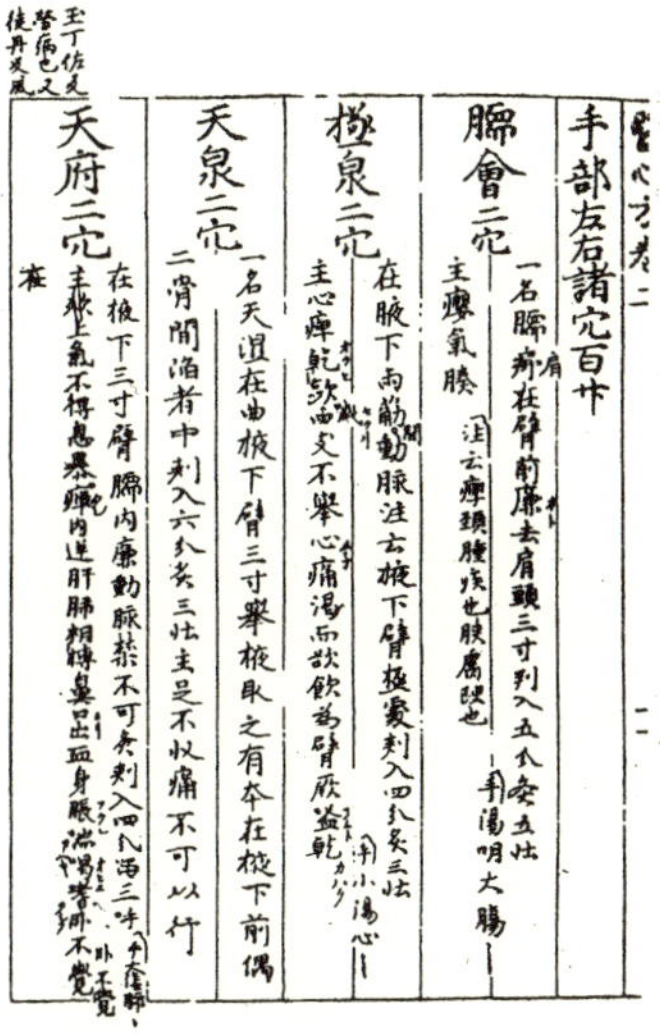
医心方巻二
手部左右諸穴百卄
臑會二穴
極泉二穴
天泉二穴
天府二穴

図1

ここでまず、脈をとる位置をしめす『千金方』の「寸口関尺」という表現を、対句構成を崩してまで「血脈」に書き換えているのが目を引く。そのまえの「診候」も「診脈」に変わっている。これは脈診を消去しようとする断固たる意志の表明とみるほかはあるまい。そのうえ、すぐ後につづく、「故に学者は必ず須く博く醫の源を極め、精勤して倦まざるべし」ということばをふくむ一節は省略されている。それによって、本来は医学生に医術の奥の深さを教え自惚れを戒める文章であるはずの引用した一段が、あたかも「至誠至微」の技術である脈診をおこなわないことへの免罪符の観を呈してくる。これを『医心方』の開巻冒頭に置き、しかも「大医精誠」――医者への戒め――でなく「治病大体」――治療のやりかた――として提出した編者の意図は、まさしく脈診を拒絶することへの弁明にあったとみてよい。

第二に挙ぐべきは、つぼのもつ意味の変質である。中国医学にあっては、あらゆるつぼを脈のうえに、あるいは脈として位置づけようとする意識が、つねに強くはたらいている。孫思邈は「明堂三人図」の解説をつぎのことばから切り出す。

夫れ病原の起る所は臓腑に本づき、臓腑の脈は並びに手足より出で、腹背を循環して至らざる所無く、往来出没して以って測量《はか》り難し。

ただ図だけがそれを表現できるし、「図に依りて穴を知り、経を按《かんが》え分を識らば、孔穴の親疏は居然として見る可きに庶《ちか》からん」。そこで仰・伏・側の「三人明堂図」を描き、「其の十二経脈は五色もて之れを作り、奇経八脈は緑色を以って之れを為《つく》」ったという。図はいまは失われたが、それは六色に描き分けられた経脈線上に点点とつぼを配した、今日の鍼灸経穴図に類するものであったろう。なお奇経八脈は、十二経脈以外の、任督両脈をふくむ八つの脈だが、任督以外の六脈がなにを指すかについては諸説がある。たとえばそのひとつ衝脈は、『素問』巻十六・骨空論篇によれば任脈の両側にある足少陰脈の一部と、『難経』二十八難によればその外側にある足陽明脈の一部と、それぞれ重なる。ここでは奇経八脈とは任督両脈を指すと理解しておけばよい。

そこに貫かれているのは、臓腑を通り全身を循環する、気の流路としての脈、そして脈上に点在するつぼ、という捉えかたである。これを連続観と名づけよう。脈には脈動があり、脈動のかたち、すなわち脈象を見分けるのが脈診だから、この連続観は脈診に対応している。

いっぽう、『医心方』が手足の経穴を十二経脈から切り離し、それを位穴に変質させてしまったとき、つぼは全体として脈から分離され、全身に散在する、ばらばらの、孤立した点の集合となった。非連続観の立場であり、その図に経脈の線が引かれることはなかったであろう。鍼灸を論じた『医心方』巻三の終章は、「明堂図」と題されていて、その冒頭にはいま引用した『千金方』の「三人明堂図」の解説が、経脈五色、奇経緑色の色分けのところまでそっくり引用されている。だが、残念ながら図はない。

とはいえ、『医心方』に「脈図」がないのではない。思いがけなく、それは「妊婦」をあつかった巻二十二に掲載されている。すなわち、その第一章は妊婦脈図月禁法と題され、『産経』が引用されているのだが、そこには十か月間の胎児の生長過程とともに、それぞれの月に鍼灸を施してはならない手足の経脈が文と図に示されている。その経脈はつぎのとおりである。数字は月をあらわす。

1　足厥陰肝脈　2　足少陰胆脈　3　手心主心脈　4　手少陽三焦脈
5　足太陰脾脈　6　足陽明胃脈　7　手太陰肺脈　8　手陽明大腸
9　足少陰腎脈　10　足太陽膀胱脈

三月の手心主心脈はふつう手厥陰心主（または心包絡）脈と呼ばれているもの。十二経脈のうち、手少陰心・手太陽小腸の両脈が欠けており、『産経』はもちろん『医心方』にしても、ここで経脈の記載を目指しているのでないのは明らかだ。

一例として、三月の条を引用しよう。

三月は手心主脈の養なり、其の経に針灸す可からず。……

手心主脈図（図2）をはさんで、

右心胞脈穴は、中衝自《よ》り上りて天府（天泉の誤りか？）に至る各おの八穴なり。又た募一穴、巨闕と名づけ、心鳩尾の下一寸五分に在り。又た輸二穴。背第五椎節下の両傍各おの各一寸半に在り。上件の諸穴は並びに犯す可からず。

図には頭面・胴部のつぼの記載はない。それにしてもこれは奇妙な図だ。図の胎児と体形をしめす線以外の線とは赤で記されている。腕のつぼを通る線はたしかに手心主脈にちがいない。しかし、その脈は肩のあたりで終る。鳩尾《みぞおち》の下の巨闕は正中線上の任脈のつぼ。両肩から巨闕へ落ち込んだ二本の線と巨闕から垂れた四本の線は、あきらかに経脈ではない。手心主脈と胎児とのつながりを示唆するために『産経』の著者が描いた線のようにみえるが、説明はない。いずれにしろこの章は、妊婦に対する鍼灸の禁忌を明示するには『産経』の文と図をそっくり引くのが手っ取り早いという、編者の判断をしめしているのであろう。

『医心方』の記載を全体として通してみると、このような不徹底こそあれ、経脈を切り棄て、つぼを分離しようとしたことは、中国医学解体の第一歩であったにちがいない。中国医学においては、薬物療法と鍼灸療法は決して二つの独立の医学でなく、相補的な関係に置かれていた。あるいは薬物を主とし、鍼灸を補助的に使うのが、一般の治療者の方法であったといえよう。そしてその併用には理論的な根拠があたえられていた。しかし、脈から切断されたつぼ、孤立した治療点としてのつぼは、その根拠を失う。個々のつぼの治療効果にその存在意義を依存する鍼灸療法は、薬物療法とのつながりを見失い、おなじく相補的な鍼療法と灸療法もまたそれぞれ独立の療法となってゆくだろう。経絡説という紐帯を失った中国医学は、それぞれの構成要素に分解してゆくほかはない。

元にもどれば、『甲乙経』以来の分類では経穴は位穴のあとにまとめて置かれていた。しかし、いまや位穴として捉えなおされ手足両部に一括されたつぼには、それにふさわしい新しい位置づけが必要であろう。『甲乙経』にしても『千金方』にしても、位穴は身体部位の上から下へ向かう順序にしたがって配列していた。とすれば、手は肩と背のあいだに、足は側脇のあとに配するのが自然であろう。『医心方』が採用したこの独得の分類は、それまでの目に見えない経脈に代わって、上下に序列化された、可視的な身体部位を分類原理としている。目に見えないものは拒け、目に見えるものに信を置こうとする、可視的なものへのこだわりに注目しよう。これはすでに可視信仰と名づけておいた。認識を方向づけるこの強い志向は、一般に感覚によって直接かつ確実に知覚できるものに信を置こうとする志向、といってよい。感覚知覚そのものの不確実さは、ここでは問われない。ただ個人の意識や判断に左右されない客観性が重視されるのである。この志向が触覚においてあらわれるとき、それは脈診への不信、さらには否定となってあらわれてくるだろう。脈象とよばれる、三〇種に近い脈動のかたち、あるいはイメージを、脈診によって識別するのは、常人には不可能に近い。そのような「至誠至微の事」をあらゆる認識の基礎に置くことができるだろうか。しかもそれは単純

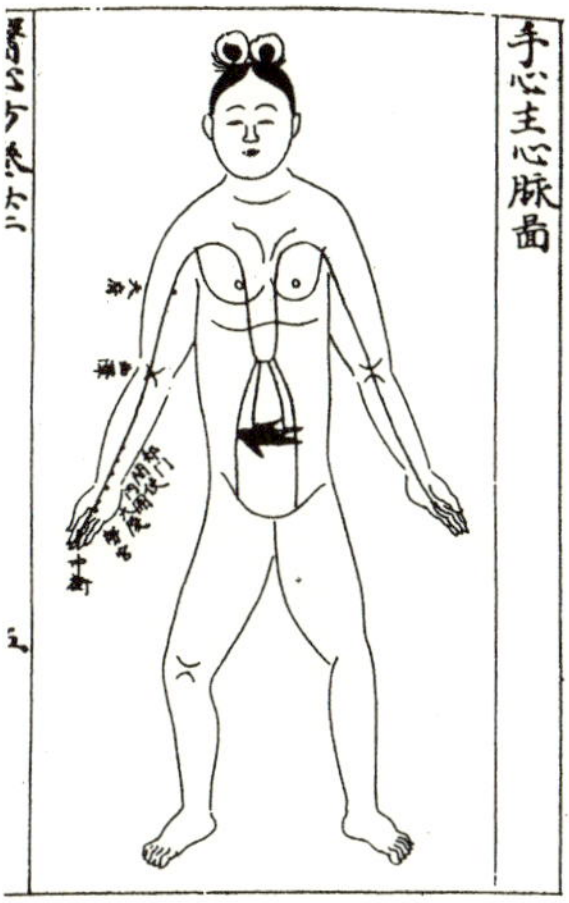

図2

原則にも反している。脈診の微妙さ、あやふやさは、触って感知したとき万人が同じ判断に到達できるものにのみ信を置こうとする、可触信仰とでもいうべきものにとっては、耐えがたいことにちがいない。このような眼が人体に注がれるとき、人体は中国の伝統的なそれとは異なった相貌のもとに立ち現われるであろうし、医学もまたそれとは異なった様相を呈せずにはいないだろう。それは脈診に代わる腹診の登場を遙かに予告している。すくなくともその種は播かれたのである。

身体部位の配列に使われた上下配列の原則は、各部位内のつぼの配列にも一貫して適用された。位穴はもともと上下配列の原則に本づいて記載されていた。上下配列の原則はいわば位穴の原則であった。しかし経穴は、指の先から手足のつけ根へと、逆向きの順序にしたがって記載するのが、『甲乙経』以来の伝統であった。それを『医心方』は逆転させ、手足のつぼも上下原則にしたがわせて、位穴の原則を徹底させた。こうして『医心方』のつぼの体系は、人体の上から下へという単一の原則によってすべてのつぼが記述される、単純明解さを獲得した。技術あるいは治療者の立場が、科学あるいは理論家の立場に優越したのである。単純原則の勝利といってよい。

4

『医心方』は個々のつぼの説明を、主として『黄帝内経明堂』によって記述し、ときに他の医書から補足した。『黄帝内経明堂』（以下『明堂』と略記）は唐の楊上善奉勅撰、中国ではつとに失われたが、さいわい第一巻が仁和寺に残存しており、その内容をうかがうことができる。[11] つぼの配列ないし分類以上に、露骨なまでに技術的思考が猛威をふるったのは、『明堂』からの抄録の作業においてであった。

『医心方』の本文はすべて一葉一八行、一面九行の罫紙に書かれている（図3）。しかしつぼの記載には一面一〇行の罫紙を用意し、一つのつぼに二行を割り当てた（図4）。そして、一行の小見出しが入るばあいには九行の罫紙（図1）、二行の小見出しがあるばあいには一〇行の罫紙（図5）を、それぞれ用いた。一つのつぼに二行を当てたということは、そこに記入できる情報量（文字数）をあらかじめ一定限度内に制限したということである。説明文を『明堂』から書き写すにあたって編者がとった方針は、単純きわまるものだった。すなわち、採録する文章を二行以内に収め、収まらない分量は適当に元の文から削除せよ、と。しかも、原則として、右行にはつぼの位置とそのつぼへの鍼・灸のしかた、左行にはそのつぼを治療に用いる病気や症候を記載する。与えられた二行はプロクルステスの寝台である。中国からはるばる海を渡ってきた旅人の『明堂』は、康頼の手にかかって容赦なく足切りにされる。もっとも足を引き延ばすほうには、康頼はプロクルステスほど熱心ではなかったが。康頼がとったこの操作を規格化と呼ぶことにしよう。個々のつぼの性質を説明するのにどれだけの紙面を必要とするかは、規格化にとって問題ではない。医学的な考慮よりも、紙面の大きさと形式的な統一への配慮がそこでは優先する。目的合理性に左右される技術的思考の驚く

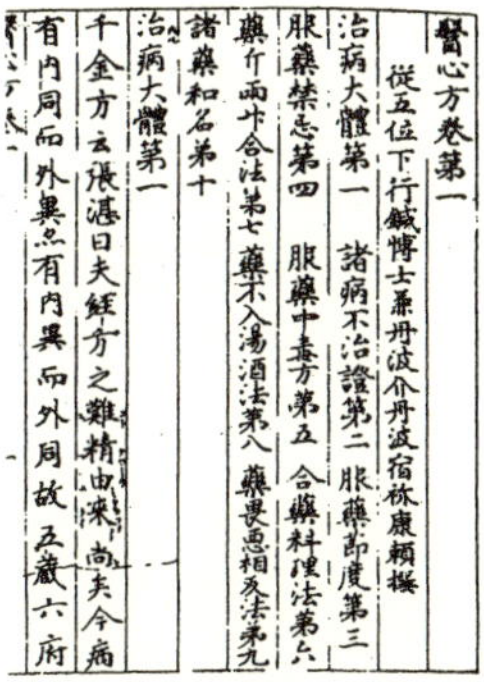
醫心方巻第一
從五位下行鍼博士兼丹波介丹波宿祢康頼撰
治病大體第一　諸病不治證第二　服藥節度第三
服藥禁忌第四　服藥中毒方第五　合藥料理法第六
藥斤両升合法第七　藥不入湯酒法第八　藥畏悪相反法第九
諸藥和名第十
治病大體第一
千金方云張湛曰夫經方之難精由來尚矣今病
有内同而外異亦有内異而外同故五藏六府

図3

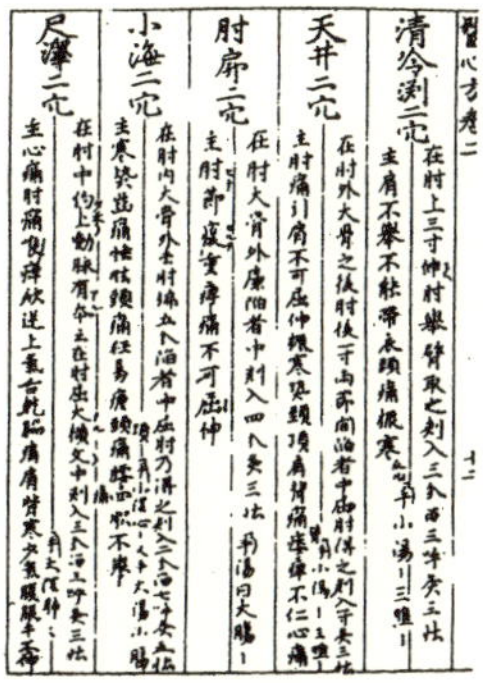
醫心方巻二
清冷淵二穴
天井二穴
肘髎二穴
小海二穴
尺澤二穴

図4

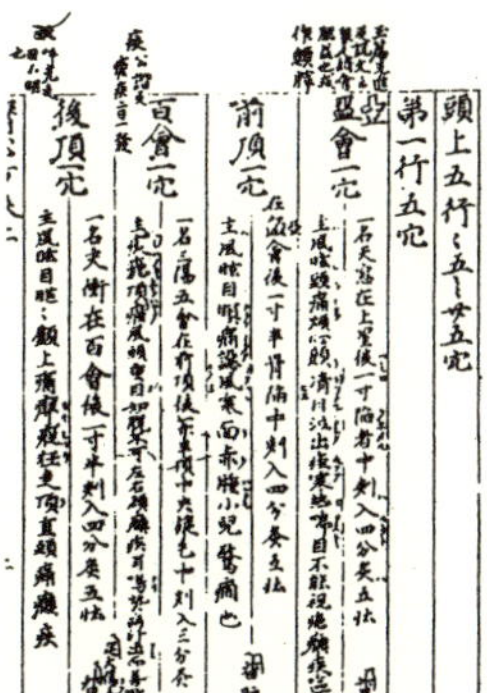
頭上五行〻五〻廿五穴
第一行五穴
顖會一穴
前頂一穴
百會一穴
後頂穴

図5

べき一表現といわなければならない。

実例をみよう。ただ一巻だけ現存する『明堂』巻一には、天府・狭白・孔最・尺沢・列欠・経渠・大淵・魚際・少商・中府の一〇個のつぼがとりあげられている。いずれも手太陰脈のつぼ、『医心方』でいえば、胸部に数えられている中府をのぞいて、すべて手部に属する。以下、いくつかのつぼをとりあげて『明堂』の文章を引用し、『医心方』の削除のやりかたを確かめておこう。〔　〕内は『医心方』のみにみえる字、（　）内は『医心方』が削除した字句ないし文、〈　〉は『明堂』では双行注であることをしめす。⌐の記号については、あとで述べる。なお、わたしの注記も（　）内に記す。

天府〔二穴〕

在掖下三寸、臂臑内廉動脈（、手太陰脈気所発）。禁不可灸、（使人逆気。）刺入四分、留三呼。主刻上気不得息、暴癉、内逆、肝肺相搏、鼻口出血。（此胃大輸。）身脹、（逆息不得臥、風汗出、身腫、）喘喝、（多唾、恍惚善忘、）嗜臥不覚。　⌐手太陰肺―

まず注目されるのは、脈にかんする記載を削除していることである。（図1参照）。「手の太陰脈の気の発する所」、「此れ胃の大輸なり」がそれだ。そのほかの削除がどんな規準によっているのか、どこまで経験的な重要度ないし必要度に本づいて取捨されたのか、わたしには判断できないが、その選択はかなり恣意的であるようにみえる。

孔最〔二穴〕

（手太陰郄。）在腕上七寸。（専金、金九、水之父母。）刺入三分、灸五壮。可以出汗、頭痛振寒、臂厥、熱汗不出。　⌐手太陰肺―

ここでは脈とともに、五行説を拒けている。金の数は九、相生説によれば金は水を生ずる。五行による説明を受け入れなかったことも、やはり注目に価する。

尺沢〔二穴〕

在肘中約上動脈。〈有本云、在肘屈大横文中（也）。〉刺入三分、留三呼、灸三壮。主（心膨、）心痛、肘痛、喉痺、欬逆上気、舌乾、脇痛、（心煩満、）肩背寒、（心乱、）少気（不足以息）、腹張、喘、（振慄、瘈瘲）手不伸（、脱肉、唾濁、気隔、善嘔、鼓頷不得汗、煩急身痛、目嗚縦、左窒刺右、右窒刺左、両脇下痛、洩上下出、胸満、短気不得汗、補太陰以出其汗、癲疾手臂不得上頭）。　「手太陰脈―

ここでは後半をばっさり切り落として、図4からわかるように、文章をぴたりと二行に嵌めこんだ。ほとんど名人芸といってよい。内容よりもむしろ二行に収めることに、編者は情熱をおぼえていたのではないか、とさえ思えてくる。

列缺〔二穴〕

（手太陰胳、）去椀上一寸半（、別走陽明者）。刺入三分、留三呼、灸五壮。主瘧寒甚熱、癇驚、（而有見者、并取陽明胳、）欬唾沫、掌中熱。（虚則）肘臂肩背寒（慄、少気不足以息、寒厥交両手而務、為）口沫。（実則肩背熱痛、汗出、暴）四支腫（、身湿、揺、時寒熱、飢則煩、飽則面変口噤不開、悪風泣出、善忘、四支逆厥、善笑。熱病、先手臂痛、身熱、溺白、瘛、唇口聚、鼻張、目下汗出如転珠、両乳下三寸堅、脇下満悸）。　「手太陰肺―

やはり後半をそっくり削っているが、経脈のほかにも、とくに虚実の概念を消去しているのに注意したい。これも感覚によって直接かつ確実に知覚できるもの以外は信じない、という立場を表明しているのであろう。

もうひとつ、ひとつつながりの症状の記載を端折っている例を挙げておこう。

（肺出）少商〔二穴〕
（為井・木也。）在左手大指端内側、去爪甲角如韮葉。刺入一分、留一呼、灸一壮。主瘧、寒厥及熱、煩心、善噦、心満（而汗出、刺出血立已、寒濯濯寒熱）、手臂不仁、唾沫、脣乾（引飲、手椀攣、指支、肺脹、上気、耳中生風、欬、喘逆、指痺、嘔吐）、飲食不下（彭彭、熱病象瘧振慄、鼓頷、腹脹、俾倪、喉中眼眼）。

┐手太陰肺―

削除された文のうち、「而して汗出ず」は「心満《つか》（懣）え」に、「飲を引く」は「脣乾き」に、「彭彭《ボンボン》」は「飲食下らず」に、それぞれつづく表現である。

最後に残しておいた、┐記号をもつ経脈名であるが、これが後に記入されたものであることは、書かれている位置からわかる。（図1・3・4・5参照）。しかも、『明堂』の脈の記載とは異なっており、なにか別の書によって記入されたのである。手足のつぼをあえて十二経脈から切り離して一括しておきながら、あらためて経脈名を、それもあとから注記する愚か者がいるだろうか。これは明らかに編者の意図を理解していない後人によって加筆されたにちがいない。逆にいえば、経脈名をまったく記されないのは、同じ学統をひく後人の眼にもなお異様に見え、あるいは不安に思えたということであろう。つぼを経脈から切り離し、非連続的な治療点として捉えなおすという康頼の試みは、それほどまでに画期的であった。

『明堂』の説明文の長さがどうであれ裁断してすべて二行に嵌めこむという、規格化のかたちをとってあらわれた技術的思考を盾にして、康頼はさりげなく経脈説を拒け、五行説を排し、虚実の概念を棄てた。そこにあるのは、あらゆる抽象的な概念と理論的なものへの不信と拒絶の反応である。感覚知覚をとおして万人が確かに認知できるものだけを信ずるという、可視（可触）信仰がそれを支えている。

5

理論不信、可視（可触）信仰、単純原則志向、規格化志向、それらを内実とし、またそれらを包含するものとして、『医心方』の編者丹波康頼の技術的思考があった。この技術的思考のもとで、中国医学体系は確実に解体されはじめていた。手を加えられ、作り変えられ、別の形をとりはじめていた。この技術的思考こそ、じつは康頼の用いたフィルターであった。

フィルターとしての技術的思考は、日本の文化のひとつの特性をするどく摘出し、構造化したものであった、とわたしは考える。康頼のフィルターを構成していた諸要素がつねに同時に共在しているとはかぎらず、一般に技術的思考の内実はそれだけにかぎられるのではない。しかし、それらの要素は日本における技術的思考の核にあり、そしてその技術的思考は日本の歴史にいわば形態形成力として作用してきた。そのあざやかな発現を、わたしは医学の歴史にみる。

十八世紀において頂点に達した日本の伝統医学の歴史は、中国医学体系が解体され、その廃墟のうえに漢方と鍼灸が形成・展開されてゆく過程であった。その意味では、明代医学の著作に依拠したいわゆる後世派と漢唐医学の古典への復古を唱えたいわゆる古方派との違いは、無言のうちに換骨奪胎していくか、それとも声高に解体と否定をさけぶかの違いにすぎなかったといえよう。理論不信のおもむくところ、五行説、経絡説、虚実説、補写説は否定され、可視（可触）信仰のおもむくところ、臓腑説は疑われ、脈診は腹診にとって代えられ、単純原則志向のおもむくところ、病理学は一気留滞説に、病因論は万病一毒論に究極し[12]、規格化志向のおもむくところ、医学大系は医学ハンドブックに変わり、薬名・病名なんであれいろは順に配列した書が氾濫する。これが解体されつくした中国医学の廃墟でなくなんであろう。廃墟にはもはや中国医学の権威の重圧はない。そしてここに風土に根ざした、「実験」――みずから手を下し、実際にやってみて、その効果を確かめること――を標榜する、日本の医学が成立するのだ。「実験」もまた技術的思考の産物であった。

フィルターはしばしば超歴史的ともみえる構造をしめす、とわたしははじめに書いた。フィルターが変容するのは歴史的経験の切断によってである。西洋近代科学との全面的な接触がそのような歴史的経験であるのはいうまでもない。[13]

（1） 概略については、富士川游『日本医学史』（復刻版、医事通信社、一九七二）五四―五六頁を参照。杉立義一『医心方の伝来』（思文閣出版、一九九一）は『医心方』の伝来、版本と丹波家の家系にかんするきわめて詳細な研究であり、巻末には関連略年表と関連書目が付載されている。また、小曽戸洋『中国医学古典と日本』（塙書房、一九九六）は第四章第八節を『医心方』に割いている。なお、ここでは『医心方』のテキストに日本古典全集本（一九三五、二〇巻、全七冊）を用いる。

（2） 山田慶兒『混沌の海へ』（朝日選書、一九八二）七頁。

（3） 富士川前掲書、五〇―五三頁。貞観年間（八五九―八七七）に菅原岑嗣らが編纂した『金蘭方』五〇巻の内容は不詳。

（4） L・レティ編『知られざるレオナルド』（小野健一他訳、岩波書店、一九七五）二六四―二八七頁参照。

（5） 山田慶兒「伝統中国の死生観と老人観」（『老人精神医学雑誌』第二巻第八号、一九九一・八）を参照。

（6） 富士川前掲書、八九頁に、「本草和名ノ記載ト符合ス」と指摘する。『本草和名』は深根輔仁撰、九一八年ごろの成書。

（7） 富士川前掲書、七七―七九頁、服部敏良『平安時代医学史の研究』（吉川弘文館、一九五五）二六〇―二六三頁を参照。

（8） J・ニーダム「中世中国の霊薬中毒」（『東と西の学者と工匠・下』、山田慶兒訳、河出書房新社、一九七七）一九九―二四六頁を参照。

（9） 富士川前掲書、八七―八九頁、服部前掲書、二一一―二一七頁参照。坂出祥伸『気と道教・方術の世界』（角川書店、一九九七）一九一頁によれば、藤原忠平『貞信公記』十巻には、忠平や家人の丹薬服用の記載があるという。

（10） 小曽戸前掲書、五四三頁に、「『医心方』の最も大きな特徴の一つ」に「全巻にわたって脈論を排したこと」を挙げ、「『諸病源候論』などの諸文献を引用する際、必ずといってよいほど脈に関する記述部分は削除している」と指摘する。

（11） 東洋医学善本叢書3として、東洋医学研究会から復刻・出版されている（一九八一）。

（12） 単純原則志向は、理論的思索に用いられるとき、単純な、しかも究極的な原理をすべての現象に直接に適用しようとする志向となってあらわれる。そのもっともすぐれた例を三浦梅園の『玄語』にみることができる。梅園は、存在論的には条理、認識論的には反観合一と呼ばれる、まったく同一の論理的構造を駆使して世界を記述しようとしたが、その構造は一（太極）が二（陰陽）に分かれるという、『易』の二分法原理に本づくものであった。山田慶兒『黒い言葉の空間　三浦梅園の自然哲学』（中央公論社、一九八八）を参照。

（13） 山田慶兒「見ることと見えたもの――日本における学問と「科学」の意味」（『現代日本文化論』第13巻「日本人の科学」、岩波書店、一九九六）参照。本書本論末尾に収録。

Ⅲ　科学の日本化

医学において古学とはなんであったか——山脇東洋

1　山脇東洋の医学史上の位置

山脇東洋（一七〇五—一七六二）にあたえられている日本医学史上の位置づけ、あるいは評価は、ひどくちぐはぐなものだ。手近にある日本医学史を繙いてみよう。(1) いっぽうでは東洋は、後藤艮山《ごんざん》（一六五九—一七三三）・香川修庵（一六八三—一七五五）・吉益東洞（一七〇二—一七七三）とならぶ古方派の泰斗として、あまねく喧伝されている。しかし、東洋の古方派たるゆえんが説かれることはほとんどない。修庵とともに艮山の高弟であり、張仲景の『傷寒雑病論』を尊崇したとされるにすぎない。東洋の業績が書きとどめられるのは、解剖学の著作『蔵志』によってなのだ。たほう解剖学についていえば、いわゆる古方派と解剖学とのあいだに、一般的には、なんら特別な結びつきはみられない。東洋によれば、艮山は人体解剖に関心を寄せ、動物解剖をおこなっていたという。(2) だが、ほかの弟子たちによって記録された艮山の言葉からは、その関心を確認することはできない。修庵は解剖しても臓腑のはたらきはなにも分からぬと考えていたし、東洞は臓腑の認識を治病に無用と断定してはばからなかった。[3] 解剖学への接近は、古方派四大家のなかで東洋にのみきわだっている学問的様態にほかならない。

それでは『蔵志』（一七五九）にたいする評価はどうか。富士川游の『日本医学史』の古典的とも称すべき評言を読んでみよう。

然ルニ山脇東洋ノ刑屍ヲ剖見セシハ、ソノ目的胸腹ヲ剞劂シテ、以テ之ヲ古経九臓ノ目ニ微セントスルニアリシヲ以テ、解剖説トシテハ粗鹵単簡ノモノナレドモ、コレニヨリテ従来ノ頑迷ガ排撃セラレ、当時ノ医学ヲシテ実験ノ方面ニ向ハシメタル功ハ争フベカラザルナリ。[4]

ここにいう九臓とは、中国の古典、とりわけ『周礼』にみえる語である。この評価は、『解体新書』（一七七四）の訳業にたずさわった杉田玄白（一七三三―一八一七）のそれを、ほぼ踏襲している。『形影夜話』（一八〇二）のなかでみずから回想しているところによれば、玄白は二十二歳のとき、京都遊学から帰郷した同僚の小杉玄適に、その地には古方家を唱える内科の一派があらわれて「復古の業」を興し、なかでも「山脇東洋先生杯いへる輩、専ら此事を主張し、自ら刑屍を解て観臓し、千古説所の臓象大いに異なるを知られたり」（句読点は引用者。以下同じ）と聞かされ、外科においても一家を起こそうと、勃然として志を立てたという。[5] 東洋が京都西郊の獄舎において、刑死者を屠者に解剖させ臓腑を観たのは宝暦四年（一七五四）閏二月七日、小杉玄適は東洋のほかにその場に立ち合った三人の「吾が党」（『蔵志』）のひとりであった。東洋の快挙は『蔵志』出版以前から、このようなかたちで医学を志す青年たちに刺激をあたえつつあったのである。[6] とはいえ、『蔵志』出版後四十余年、『解体新書』刊行後三十年近く経って書かれた、東洋の解剖学的業績にたいする玄白の批評は厳しい。

又其（後藤・香川）に続キ山脇君出給い、是等の事（古来の解剖説のあいまいさ）に心付れしにや、自ら観臓して従来の旧説を改め、古書によりて九臓の目を唱へ、古今の大誤を正し給へるとて蔵志を著し給へども、是亦確実の所に至らず、聊か実に就て基本を明にすべしといふの端を発せられしといふまでなり。(7)

（括弧内は引用者注）

またべつにいう。

爾後東洋先生其の実を究めんとして観臓し給ふといえども、内象の物に是は何、彼は某と證とし徴とすべき基なければ、唯茫洋として身分給ず、一目撃せし所を以て直に其物を定め、強て九臓の目に合せられしまでなり。僅に一刑屍を解て臓志を著し給ふは如何なる意にや、いぶかしき事ともなり、是等も疎漏とも云ふべき歟(8)。

いずれにしろ、後世の批判は、臓腑の記述にあたって東洋が九臓説にとらわれていた、したがって見るべきものを見なかった点に向けられた。逆にその功績は医学の流れを、当時のことばでいえば、「実験」の方向に導く端緒となったところに絞りこまれたのである。

『蔵志』の最大の弱点は九臓説にあった。『蔵志』の出版の翌年、佐野安貞はただちに『非蔵志』（一七六〇）を著して、つぎのように論難した。東洋は小腸の存在をみとめていない。

所謂小腸無きを以て、其数、総て九。故に九蔵の目を立つ。慢《みだ》りに尚書・周礼《しゅらい》曁《およ》び禦寇《ぎょこう》・韋昭等の語を引き、以て之を證す。尚書・周礼は何の書ぞ、禦寇・韋昭は何人ぞ。此を以て之を求むるは、猶木に縁って魚を求むるがごとし(9)。

儒家の古典『周礼』は九臓をいい、おなじく『書経』、道家の『列子』、それに九臓に触れた『国語』韋昭注は、いずれも大小腸を区別しない。だが、それらは医書ではない。それを九臓説の論拠にするとはなにごとか。安貞の批判は論点にかんするかぎり核心を突いている。

それにしても、東洋はなぜ九臓説にとらわれたのであろうか。いや、そもそもなぜ人体解剖を試みたのであろうか。『素問』『霊枢』『八十一難経』など、中国医学の古典の権威を否定し、そこにみえる解剖学的記載を疑ったのは、なにも東洋ひとりではない。それなのになぜ東洋だけが、人体解剖への道をあえて踏み出したのであろうか。これらの問にたいする答えは、まだ与えられていない。そのことはすでに、問題の拡りが解剖学の領域を超えているのを、おそらくは示唆していよう。

2　人体解剖の動機

東洋は、『蔵志』のなかで、人体解剖の動機をこう語っている。ある日、後藤養庵（艮山）先生を訪ねて、話が臓の説になった。先生はいわれた。「解剖して観るに越したことはないが、官の決まりを犯すわけにはゆかぬ。やむをえないときは獺だな。わしはいつかその臓は人に肖ていると聞いたことがある。なんども解剖してみて、その言葉がでたらめでないのがわかった。百聞一見に如かずだ。きみもやってごらん」[10]。いわれたとおりに獺を解剖してみると、なるほど肺・心・肝・脾・腎と胆・胃・膀胱・腸の九臓はちゃんとある。ところがどうしたことか、いわゆる小腸が見当たらない。なんどかやってみて、ますます疑わしい。調べてみると、『書経』『周礼』『列子』・韋昭注『国語』は、あるいは九臓といい、あるいは大小腸を語らない。そのほか戦国以前の諸子百家で十一臓（五臓六腑）を称するものも、腸に大小ありと説くものも見当たらない。張仲景もたんに腸という。しかし、人と獣とは類が異なる、その臓も類が同じでないかどうか、どうしてわかる、と問いつめられると一言もない。答えに窮し鬱屈する心を抱いて十五年、ようやく人体解剖の機会が訪れた、というのである。これによれば、東洋が小腸の存在に疑いをはさんだのは獺の解剖をとおしてであり、三十五歳のころのことであった。

小腸の存在を疑ったのはそれでよい。実際にやってみて、この眼で効果を確かめる。それが当時のいわゆる「実験」なのだ。だが、権威ある書の記載もこの眼で確かめるまでは鵜呑みにしない、というのが「実験」であるならば、戦国以前の諸子百家に論拠を求めるのは、どういうことか。それを明らかにするには、ひとたび解剖学を離れ、東洋の学問と思想の地平に分け入ってゆかねばならない。

3　復古主義と徂徠学

東洋はある書簡のなかでこう述べている[11]。

> 周の職を脩め、漢の術を行い、晋唐の方を采る、此れを以って吾が党の三綱と為す。（「山内左龍に復す」）。

以下引用する東洋の文章はすべて原漢文

類似した表現はほかにも、「養寿院医則」（以下、「医則」と略称）二をはじめ、いくつもみえる。ここで「周の職」とは、『周礼』天官に記載された医職、とりわけ疾医の職を、「漢の術」とは、後漢の張仲景の『傷寒論』と『金匱要略方論』にみえる療法を、「晋唐の方」とは、唐の王燾の『外台秘要』に収められた、魏晋から唐にいたる諸書の処方を、それぞれ意味しているが、それについてはあとで触れる。

　東洋は好んで復古ということばを使う。

　和漢遠し、千歳敻《はるか》なり、誰か変遷の由を知らん。復古の難き、亦た宜《うべ》なるかな。（「医則」四）

　此れ我が道の行い易くして、復古の業の以って已む可からざる所以の者か。（同）

　（外台）秘要を刊して復古の嚆矢《こうし》と為す。（「山縣周南に復す」）

　豈《あ》に吾が党復古の壮観ならざるか。（「山縣周南に与う」）

東洋の思想的立場は、一言でいえば、復古主義である。その内容を簡潔に言明したのが三綱にほかならぬ。右の山内左龍宛の書簡は、東洋が復古主義の立場に到達した経緯を、つぎのように回顧する。

　不佞尚徳は洛医の家に生まれ、日中に在る所、膈間に存する所、劉・張に非ざれば則ち薛《せつ》・李、自ら謂《おも》えらく、生涯の大業、此ここに止まる、と。

山脇東洋、諱は尚徳、東洋はその号である。医師清水立安の長男に生まれ、医学を山脇玄脩（一六四六—一七二九）に学び、乞われてその養嗣子となった。享保十三年（一七二八）、家督を相続、法眼の称号を授けられ、院号を養寿院といった。玄脩の父玄心は、後世派の泰斗曲直瀬道三《まなせどうさん》（一五〇七—一五九四）の門に学んだひとである。(12) 劉は金の劉完素（一一二〇ごろ—一二〇〇）、張はおなじく張元素（生卒年不詳）、李は元の李杲《りこう》（一一八〇—一二五一）、劉・李は金元四大家のなかに数えられる。薛は明の薛己《せっき》（一四八六ごろ—一五五八）、医学大系『薛氏医案』の著作によって名高い。ちなみに、明代には宋金元医学を総覧した、この類の大部の書が多く編纂され、江戸時代の医師たちの教科書となっていた。

　東洋はやがて、長沙太守であったと伝えられる張仲景の書を知り、宋以後の医学を棄て去る。

弱冠父を喪うも、幸い宿儒・老友の教誨に頼り、竪に古今有るを知り、長沙氏の書を取りて読む。概然として大息し、始めて張を更《つ》ぐの志有り。試効日に積み、駭然たること数《しば》しばなり。術に古今有るを知りて、志業始めて方有り。宋後の書は諸《これ》を高閣に束ね、直ちに漢唐に遡ること、此こに十有五年なり。

玄脩を喪ったのは、家督を継いだ翌年である。あるいは養父の死が、医学における方向転換のひとつのきっかけであったのかも知れぬ。宿儒・老友とは、東洋が門を叩いた後藤艮山とその一門の香川修庵らを指すか。(13)強仕(四十歳)に近づいて、東洋にはもう一度転期が訪れる。物子すなわち荻生徂徠の古文辞学に遭遇したのである。それは東洋の思想を飛躍させた、決定的ともいえる出来事であった。(14)

齢強仕に及び、物子の書を得て読む。又道に古今有るを知り、驚喜措く無く、遂に轍を聖門に合す。目中に在る所、膈間に在する所、蓋し曩時《どうじ》の宇宙には非ざるなり。

つづけてはじめに引用した三綱を述べた後、こう結ぶ、

志業始めて定まれり。

と。東洋は明石の梁田蛻巌(一六七二―一七五七)、萩の山縣周南(一六八七―一七五二)とその弟子瀧鶴台(一七〇九―七三)など、古文辞派の儒者たちと親交を結び、あるいは詩文や書簡を応酬し、あるいは著作に序文を乞うた。江戸に赴いたさい、物門の高足、服部南郭(一六八三―一七五九)と太宰春台(一六八〇―一七四七)を訪ねたのは、周南の紹介によるものであった。(15)

それほどまでに強烈な経験であったのだろう、東洋は徂徠の書との出会いを繰返し語っている。たとえば宝暦三年(一七五三)四月、南郭にあてて書く。

初め尚徳　齢強仕に近く、始めて物子の書を得て読む。愈いよ読みて愈いよ信じ、夜以って晷《き》に継ぎ、

倦むことを知らず。終に其の学ぶ所を舍《す》て、意を決して物子の道に向い、勇往直前し、生涯の方定まる。豈に天の寵霊に非ずや。時去り機失して、其の門に及ばされば、悔歎曷《な》んぞ已《や》まん。（「服南郭に復す」）

徂徠学の門に参じて東洋の学問は定まった。すくなくともそれが東洋のゆるぎない自覚であった。

徂徠の思想に導かれ、東洋は張仲景を超えてさらに古代へと遡ってゆく。

不佞　世の医を言う者を見るに、挙げて張仲景先生を以って宗と為す。然りと雖も、是れ東漢の末季のみ。博く古文に熟するに非ざれば、則ち淵源は以って窺う可からず。遂に漢に渉り、秦を踰《こ》え、周に泝《さかのぼ》る。（「梁田蛻巌に復す」）

こうして東洋はついに『周礼』天官の医職の記述にたどりつき、そこにおのれの医学と医業の確固たる存在根拠を見出したのであった。

東洋の三綱の含意するもの、復古の主張をとおして東洋が実現しようとしていたもの、そして東洋を人体解剖へと急《せ》き立てたもの、それがなにかを解く鍵は『周礼』のなかに隠されている。

4　『周礼』と医学の理念

『周礼』天官の医職の条には、全体を統轄する医師と四種の専門医、食医・疾医・瘍医《ようい》・獣医の職掌が記載されている。疾医は内科医、瘍医は外科医であり、たとえば杉田玄白は『形影夜話』のなかで、古方家を疾医、みずからを瘍医とよんでいた。[16]『周礼』によれば、医師は「医の政令を掌り、毒薬を聚めて以って医事に共（供）す」。食医は「王の六食・六飲・六膳・百羞・百醤・八珍の齊を和するを掌る」。瘍医は「腫瘍・

潰瘍・金瘍・折瘍の祝（呪）・薬・劀《かつ》（刮）・殺の齊を掌る」、獣医は「獣の病を療し、獣の瘍を療するを掌る」。ちなみに、瘍医の条には、「凡そ瘍を療するには、五毒を以って之れを攻む」ということばがあるが、それは医師の条の「毒薬を聚めて医事に供す」とともに、古方派、とりわけ吉益東洞によって、毒をもって毒を制する強い作用の薬を使う根拠とされた[17]。

東洋はむろん疾医をもって任じている。疾医の規定はつぎのとおりである。

疾医は万民の疾病を養うことを掌る。四時皆な癘疾《れいしつ》有り。春時には痟首《しょうしゅ》の疾有り、夏時には痒疥の疾有り、秋時には瘧寒《ぎゃくかん》の疾有り、冬時には嗽上《そうじょう》気《き》の疾有り。五味・五穀・五薬を以って其の病を養い、五気・五声・五色を以って其の死生を眡《み》る。之を両にするに九竅《きょう》の変を以ってし、之を参にするに九蔵の動を以ってす。凡そ民の疾病有る者は分かちて之れを治す。死終には則ち各おの其の所以を書して医師に入る。

癘疾は流行病、痟首は頭痛、痒疥はできもの、瘧寒はマラリアと悪寒、嗽上気はせき。両は二つにする。参は三つにする、分析して比較・検討すること、具体的には死生の診断を確かめるのを指す。九竅は目・耳・鼻・口の七つの穴と前後両陰。それと対比された九蔵が、東洋の九臓説の直接の根拠となった。「分かちて之を治す」とは、複数の医師がその得意とするところにしたがって診療すること。

疾医の職掌は大きく、診断・治療および死亡診断書の作成の、三つに分かれる。まず死生の診断である。患者が生きるか死ぬか、治療によってなおる病気かどうかを的確に診断し、経過を予見する。助からぬと診断した患者には治療を施さないのが、中国にかぎらず、一般に古代の医師の格率であった[18]。つぎに助かる患者にたいする治療である。それには食餌と投薬を用いる。『周礼』では薬物療法が主体であって、鍼灸療法は一切あらわれない。そして最後に、疾医には死亡診断書を作成して医師に提出するという、副次的な仕事がある。

職業および学問としての医の本来的な在りかたは、『周礼』天官の医職の規定に具体的に表現されている。医は当代においてもそのようなものとして存在しなければならない。「職を疾醫に奉ずる」（『蔵志』）者にとって、それは履み行うべき道なのである。

周官に始めて醫司の官有り、食・疾・獣・瘍焉《こ》れに属す。命を承け職を奉ずる者。焉《こ》れを舎《す》てて将《は》た悪《いずく》にか適従《ゆか》ん。（「養寿院医則を菅神廟に奉蔵する記」、一七五二・八）

医であることは「周官の命ずる所」（「武川幸順に復す」）、「周の命ずる所」（「傷寒論会業引」）に従うこと、いいかえれば、聖人である先王によって定められた道を実践することである。

何ぞ必ずしも儒と称して後、先王の道を修むる者と為さん。（「梁田蛻巌に与う」）

天命を承けて聖人の立てた「周の職」は、医がそこに規定されたとおりのものであること、その当代における具体的な顕現であることを命じている。東洋のこの確信は、いうまでもなく、徂徠の思想によって培われた。

徂徠によれば、道とは先王の道であり、天下を安んずる道である。先王の天下を安んずる道は礼楽刑政に尽くされている。礼楽刑政とはなにか。聡明睿知の徳を天性としてそなえ、天命を受けて天下の王となった先王たちが、心力を尽くし知巧を極めて制作し、数千年を経てはじめて完備させた文物制度であり、後世の人が依拠すべき社会的行為の規範である。「作者七人」、七人の制作者、ということばが中国にある。堯・舜・禹・湯・文・武・周公という、唐虞三代の王たちであり、聖人はこの七人をおいてはない。徂徠によれば、制作者である聖人＝先王によって作為された礼楽刑政を離れて道はなく、しかもそれは六経に、詩・書・礼・楽・易・春秋の六部の経書に、具体的に記述されている。六経こそ先王の道にほかならないのである（『弁道』[19]）。

徂徠が「自然にして然る者」としての「天地の道」と「営為運用する所ある者」である「人の性に率ひて」作為された道（『弁道』[20]）とを、いいかえれば自然の法則と人間・社会の法則とを峻別したこと、「それ六経は物なり。道具《つぶさ》にここに在す」（『学則』三[21]）といわれるように、徂徠にとって道とは決して抽象的・理念的な存在ではなく、つねに物すなわち具体的・客観的事物であったこと、徂徠は聖人によって作為された道を絶対化する、いわば原初に絶対座標を置くことによって、それ以後の具体的な事実としての歴史をすべて相対化したこと、歴史において具体的・客観的な事物は、したがってそれらの事物によって特殊化されるそれぞれの時代は、つねに特殊性の相の下に顕現してくるのであって、「殊なるを以て相映じて、しかるのち以てその世を論ずるに足る」（『学則』四[22]）とみなしたこと、こうした徂徠の思想の特質については、つとに丸山眞男によって明らかにされている[23]。いまの主題にとって重要なのは、東洋が徂徠学に傾倒し、医学におけるいわばその使徒となったことだ。

5　周漢の遺法と張仲景

『周礼』には医学の在りかたが規定されていた。それによれば、医学の内実は診断法と薬物療法に帰する。診断にはその根拠が明示されなければならないし、薬物の投与は確実な診断に本づくものでなければならない。『周礼』における医学の理念型は、診断法と薬物療法が緊密な対応関係をかたちづくる理論＝技術の体系であろう。もしそのような、あるいはそれに近づいているような医書が実際にあるとしたら、それこそ周代の遺法を伝えるものであるにちがいない。東洋はそれを張仲景の著作、『傷寒論』と『金匱要略方論』に二分されて今日に伝わる、『傷寒雑病論』に見出したのであった。

仲景の著作は東洋にとって『周礼』に記された医学の具現であった。

> 後漢の建安中（一九六―二二〇）、仲景氏の出ずる有り。論証の詳悉なる、方剤の精簡なる、先聖の遺法は蓋し此こに存す。（「飜刻外台秘要序」、一七四六・九）

たしかに仲景の書には、晋の王叔和をはじめ多くのひとの手が加わっており、元のままではない。しかし、

> 夫れ仲景の書は缺くると雖も、然れども周漢の遺たる知る可きなり。（「医則」八）

東洋が仲景の医学を知ってから徂徠学に触れるまでに、十数年経っている。周漢の遺法として仲景の著作を捉えなおさせたものは、疑いもなく徂徠学、東洋が理解したかぎりでの徂徠学であった。

東洋が仲景の書に周漢の遺法をみる根拠は三つあった。第一の根拠は仲景の書の性格、「論証の詳悉なる、方剤の精簡なる」、あるいは「其の言の樸実なる、其の術の簡粋なる」（「傷寒論会業引」）という、医書としての性格である。「論証の詳悉」とは、証候の記載が具体的で詳しいこと、「言の樸実」とは、陰陽五行説や補写説に本づく説明がないこと、「術の簡粋」とは、多くの薬物を用いた煩瑣な処方がないことを、それぞれ意味する。たしかに、仲景の書には理論的な説明が少なく、調合する薬物も五種以下、多くても七種以下がほとんどである。[24] しかし、すべてそれで律し切れるわけではない。たとえば、『傷寒論』巻二の冒頭部分は『陰陽大論』の引用だし、『金匱要略方論』巻上の冒頭は五行説と補益説を論じ、『素問』『霊枢』のこと

ばを引いて、

経に曰く、虚虚実実、不足を補い、有余を損《へ》らす、とは是れ其の義なり。

と結ぶ。むしろ理論的な説明は『素問』その他の古典に委ねて、証候・脈証・処方ないし療法の記載に集中するところに仲景のねらいがあった、とみるべきだろう。しかし、東洋の理解は異なる。

補写の原理を論難した「補写説」にいう。

金匱要略に曰く、中を緩め虚を補うは大黄䗪虫丸《だいおうしゃちゅうがん》之れを主る、と。尚徳 謹みて按ずるに、此の条は剤 繁に、論 駁なり。復た長沙の簡粋なるに肖《に》ず。且つ瘀血を下すに中を緩め虚を補うを為す者を以ってするは、蓋し晋唐の間か。其の他の古人は道《い》わず、周官は命ぜざるなり。

労虚という病気がある。いろんな原因による身体の疲労虚弱を指す。治療にはとうぜん補益剤が使われる。東洋がいうのは、『金匱要略方論』巻上・血痺虚労病脈證并治にみえる五労虚、五種の労虚である。痩せおとろえ、腹部がふくらみ、飲食できず、瘀血が生ずる。用いられる大黄䗪虫丸は大黄・䗪虫をはじめ十二種の薬物の粉末を煉り合わせてつくる。そのなかには蝱虫や桃仁のような瘀血駆除薬もふくまれている。ともあれ東洋はこれを仲景の処方とは認めず、晋唐の間の増補とみた。仲景の著作のなかには、東洋の眼から観て、詳悉なる論証、精簡なる方剤または簡粋なる術、樸実なる言という三つの条件に合わない部分があった。東洋はそれを仲景の筆ではないとして拒けたのだ。東洋が仲景の書のなかから読みとったものは、要するに、東洋の抱いている医学の理念型であったといってよい。

第二の根拠は諸子百家の書の記載、「諸子百家の言の我が道に及ぶ者、歴歴として證す可きなり」（「医則」八）。具体的には『淮南子《えなんじ》』繆称訓《びゅうしょうくん》の、「大戟《たいげき》水を去り、亭歴張（脹）を愈《い》やす。之れを用いて節せざれば、乃ち病を為す」、という記述を引く。

尚徳　謹みて案ずるに、淮南子に曰く、葶藶脹を消し、大戟水を逐う、と。然らば則ち、十棗《じっそう》肺を写す、とは仲景の作る所に非ざること、見る可し。予之れを周の遺述と謂うも、亦た曷《いずく》んぞ誣《あざむ》くと為さんや。

（「養寿院医則を菅神廟に奉蔵する記」）

葶藶大棗瀉肺湯という薬（『金匱要略方論』巻上）がある。原料は葶藶と大棗、胸部疾患の肺癰や支飲に効く。支飲で胸中に痛みがあるときは、芫花・甘遂・大戟、それに大棗十箇を原料にした十棗湯を用いる。東洋によれば、十棗湯や葶藶大棗瀉肺湯の薬効は、『淮南子』に記された大戟・亭歴の薬効と一致する。それは仲景の処方が周漢の遺法であるまぎれもない証拠であった。

第三の根拠は仲景の自序である。

其の自ら序する所を按ずるに、曰く、……勤めて古訓を求め、博く衆方を采る、と。然らば則ち周漢の遺言を集録し、経験の方を掇拾《てっしゅう》し、傷寒雑病論を作りて、以って帳中の秘を為せしこと、猶お王氏の外台秘要有るがごとし。（「業を論ず」、一七五八・九）

たしかに、東洋のこの文章を読めば、第三の根拠を仲景がみずから証言しているようにみえる。だが、はたしてそうか。

いま引用した文章に先立って東洋は書いている。

醫の古を称する者に素問・霊枢有り、魏晋以降、推戴して経と為し、復た異論無し。……其の書為《た》るや、重ぬるに岐黄（岐伯・黄帝）を以ってし、飾るに陰陽を以ってし、混うるに神仙養生を以ってし、誘うに蔵府経絡を以ってし、此の数者を以《もち》いて、沾々乎《せんせんこ》として（軽はずみに）鍼灸の方を説くのみ。是れ何ぞ吾が道の宗源と為すに足らんや。後漢の建安中、仲景氏の出ずる有り。而して後、始めて湯薬の方を録す。樸実簡粋、疾醫の職、蓋し此れに尽く。

『素問』『霊枢』を鍼灸の書とみたのは、やはり卓見であった。事実、「黄帝内経」は鍼灸療法派の医師たちによって書かれたのであり、第一義的に鍼灸医学の書であったからである。そこには批判者としての東洋の眼が光っている。古来、医学の経典と仰がれてきた『素問』『霊枢』とは要するに、

素・霊の二書は、古言を捃摭《くんせき》し、陰陽道家を雑う。蓋し秦漢の好事者の作る所にして、冒《おお》うに軒（黄帝軒轅氏）・岐（岐伯）を以ってするは、其れ重言のみ。（「飜刻外台秘要方序」）

捃摭は拾い集めること、重言は権威をかりて読者に高い評価をえようとする表現の技巧。東洋は執拗に論難をくりかえす。

素・霊の興るや、始め神仙・養生・陰陽の三家を合して、其の書を作為す。……蓋し重言し聖を仮《か》り、専ら鍼灸を説くに過ぎざるのみ。（「医則」八）

『素問』『霊枢』は、『鍼灸甲乙経』を著した晋の皇甫謐《こうほひつ》、『脈経』の著者であり『傷寒論』の編者でもある晋の王叔和《おうしゅくか》、『諸病源候論』を書いた隋の巣元方《そうげんぼう》らによって鼓吹されたが、そこにみえる陰陽経絡・腑臓配当の説、長生延年・補益服餌の技は、

礼典の命ずる所、長沙氏の行う所、絶えて此の数者無ければ、則ち其の周漢の旧に非ざるや明らかなり。
（「山縣周南に復す」）

こうして東洋は古来の権威を否定し、きっぱりと宣言する。

夫れ神仙・陰陽は、吾が術の学ばざる所なり、鍼石・経絡は吾が職の習わざる所なり。素・霊・難経・

甲乙の作の吾が伎に於けるや、当たること亡きのみ。（「傷寒論会業引」）

ひるがえって、張仲景は『傷寒雑病論』の自序において、成書の経緯をどう述べていたか、東洋が「業を論ず」に引用していた一節の全文を読んでみよう。

勤めて古訓を求め、博く衆方を采り、素問・九巻・八十一難・陰陽大論・胎臚薬録並びに平脈弁証を撰用し、傷寒雑病論合わせて十六巻を為る。

「素問・九巻」は皇甫謐の「黄帝三部鍼灸甲乙経序」にいう「今 鍼経九巻・素問九巻、二九十八巻有り、即ち内経なり」にあたる。「九巻」も「鍼経」も今日の『霊枢』に相当し、それぞれその別系統の本であったと考えられる。いまは佚われたが、「素問・九巻」とは要するに「内経」であった。仲景が『黄帝内経』・『難経』その他を「撰用」して『傷寒雑病論』をまとめたことは、歴歴として明らかである。だが、東洋はそれを見ていない。いや、見えなかったのだ。

「上は周の命ずる所を慎み、下は張子の法を守る」（「傷寒論会業引」）といい、「周官の命ずる所、張長沙の述ぶる所」（「武川幸順に復す」）、「礼典の命ずる所、長沙の述ぶる所」（「医則」二）と繰り返す東洋の、仲景の書に接する態度はほとんど『周礼』に類し、「之れを仰げば愈《いよ》いよ高く、之れを取れば尽くること無し」として、

刀圭を業とする者、焉《こ》れを捨てて悪《いずく》に頼らん。日月の触る所、舟轝の及ぶ所、以って立方の祖と為し、以って済世の宗と為す。推尊焉ここに極まり、敬信焉ここ至る。（同）

とまで極言する。仲景の著作は東洋にとって、『黄帝内経』の迷妄を一撃のもとに打ち砕いた医学の真の経典であった。そう確信した東洋の眼には、もはや仲景の自序のことばは映らなかったのである。

『論語』述而篇に、「述べて作らず、信じて古を好む」、という孔子のことばがある。またべつに、「（我れは）古を好み、敏にして以って之れを求むる者なり」ともいう。東洋はこれを書簡に引用して、こう書いている、「蓋し聖人の知を以ってして唯だ古を是れ好む。後人の何ぞ悟らざるの甚しきや」（「山縣周南に復す」、一七四六・一〇）、と。孔子の学問観は張仲景のそれであり、東洋のそれでもあった。

仲景の著作のほかにも、東洋が「述べて作らず」とみた医書がもう一つあった。唐の王燾の『外台秘要』（七五二）四十巻である。

長沙氏の没後、述べて作らざる者は、其れ唯だ王氏の外台秘要か。上は晋漢に泝り、下は当時に及び、経験の方術を網羅して遺すこと無し。（「飜刻外台秘要方序」）

にもかかわらず、当時手に入る写本には誤りが多かった。東洋は校刊を決意し、野呂元丈（一六九三―一七六一）を介して、幕府医官の望月三英（一六八〇―一七五?）の所蔵する、宋本によって校訂した明版の善本を譲りうけ、飜刻する。「好古の士」の歎きが刊行の動機であった、とみずからいう（同）。

『傷寒論』と『外台秘要』とでは、しかしおのずから評価にちがいがあって当然だろう。

唐の王光録は戍台《じゅだい》の暇に、吾が技の散逸を懼れ、魏晋以降の諸家を采《と》り、抄録・招摭し、外台の書成る。其の撰は駁なりと雖も、其の傷寒論に於けるや、猶お諸子百史の六経に於けるがごときか。（「外台秘要会業引」）

王燾は長らく国立図書館にあってその館長をつとめ、のち鄴《ぎょう》郡（河南）の刺史をつとめた人物である。光録は官の位階の称号、戍台は辺境守護隊。東洋が『傷寒論』を儒教の経典に、『外台秘要』を諸子百家の書になぞらえたのは、決してその場の思いつきではなかった。「張先生の法を学び、晋唐の術を習え」（「武川幸順に復す」)、と若い医師にさとす東洋の脳裏には、むろんこの二部の書が浮かんでいたにちがいない。

6　医学理論への批判

既存の医学にたいする東洋の批判は、理論的側面にしぼっていえば、陰陽五行説と補写説への批判に帰着する(25)。

そもそも陰陽・五行とは本来いかなる概念なのか。

> 不佞　諸《これ》を往籍に稽《かんが》うるに、陰陽は聖人易を作り、立てて天の道と為し、五行は有用達行の最大なる者を総裁して、之れを五とせるのみ。鄒衍《すうえん》に始めて五勝の説あり、是れ生・尅の漸《はしり》か。(「武川幸順に復す」)

五勝は五行相勝、五行は気の五つの相、その五つのカテゴリー間の関係が生・尅、すなわち相生と相尅(相勝)である。

伝説によれば、伏羲《ふっき》が八卦《はっか》をつくり、それを二つ組み合わせて六十四卦とし、文王と周公がそれを説明する辞を書き、孔子が伝と呼ばれる十篇の注を著した。「昔者、聖人の易を作るや、将《まさ》に以って性命の理に順わんとす。是こを以って天の道を立つ、曰く陰と陽と」(「説卦伝」)。『易経』にしたがえば、陰陽はあくまで天の道、天の理法でなければならぬ。いっぽう、「有用達行の最大なる者」とは「六府」を指す。「水・火・金・木・土・穀・之れを六府と謂う」(『春秋左伝』六公七年)。『書経』大禹謨・孔穎達《くようだつ》疏に、「政の為す所は民を養うに在り。民を養う者は水・火・金・木・土・穀を使う」、おなじく蔡沈伝に、「六者は戝用の自《よ》りて出ずる所、故に府と曰う」。要するに、人類の生活に必要不可欠な物質的前提が府であり、それを五つに概括したものが五行にほかならぬ。陰陽が天の道なら五行は地の道といってよい。

五行間の相尅関係をひとつの学説といえるものにまで高めたのは、歴史の変遷を貫く法則として五徳終始説を唱えた、戦国末（前三世紀前半）の思想家鄒衍であった。歴史の原動力は土・木・金・火・水の五徳のその順序による転移であり、それぞれの時代に優越してあらわれる徳を体して政治を行う者が天下の王となる。黄帝は土（黄）に則《のっと》り、禹は木（青）、湯は金（白）、文王は火（赤）に則った。周に代わって王となる者、「火に代わる者は必ず水（黒）を将《もち》い、天は且《まさ》に先に水気の勝を見《あら》わさん」（『呂氏春秋』巻十三・応同篇）、と予言したのである。(26) 天下を統一した秦の始皇帝がこれに飛びついた。こうして鄒衍の五行説は秦漢思想に深刻な影響をあたえることになる。鄒衍には五行相生の考えもあったとみられる。いずれにしろ、東洋の陰陽五行説の理解は正統的であった。

東洋によれば、陰陽五行説を医学にもちこんだのは『素問』『霊枢』である。

そもそも陰陽・五行は素・霊之れを取り、六経に分かち五蔵に配して、我が道の根極と為す。（「武川幸順に復す」）

しかし、それは本来、医学の基礎概念ないし法則にはなりえないものだった。なぜなら、天地の道を人身に適用すべきではないからだ。天地においてのみ成り立つ理法を無理に人身にあてはめ、医学における陰陽五行説をでっちあげたのは、医学を神秘化していかにも深遠な学問にみせかけ、その職業を飾り立てて高く売りつけようとした、「秦漢の好事者」の驕慢のなせるわざであった。

周官の命ずる所、張長沙の述ぶる所、隻語の及ぶこと無ければ、則ち先聖伝来の旧に非ざること諦《あきら》かなり。（同）

ここにはまぎれもない徂徠の思想の影響がある。東洋は天地の理法と人身の理法を峻別する。徂徠はこう書いている、「素・霊は医書たるのみ。陰陽歴術及び天地造化を説くの書に非ず。但だ人身上に就きて論を起こし、医薬上に向いて用を受くる者にして、何の故に更に旁広《ひろ》く天地の理を論ぜんや」[27]（「芳幼仙に復す」）、と。特殊化され個別化された人身の理を天地一般の理から区別することを、東洋は徂徠から学んだ。

陰陽五行説が「陰陽経絡・腑臓配当」にかかわるとすれば、「長生延年・補益服餌」にかかわるのが補写説である。それを東洋はつぎのように一蹴した。

補写の説は古の書に有ること無し。素問に於いて之れ有り。……夫れ長生補益は神仙家之れが祖為《た》り。吾が道は与《あずか》らず。（「補写説」）

7　医学の実践の道

みずから選びとった医学の実践の道を、東洋は「医則」にこう宣言している。

古の書に非ざれば則ち講ぜず、古の術を非ざれば則ち行わず、謹んで先賢の法を守り、以って諸《これ》を当世に行わんと欲するは、是れ吾が党の本務なるか。（八）

今の世に生きて、古の道を志し、古の術を以《もち》いて、今の人を療す。（十）

実際の治療にあたって仲景や王燾の書にみえる処方以外は用いない、というのではむろんない。

古を以って今を持し、一を以って萬を行わば、何為《なんす》れぞ難からん。（八）

古は一、今は萬、とすれば東洋が自他の発明にかかる多くの処方を用いたのは、たんなる方便ではなかった。[28]

東洋は医術において古と今のあいだに成り立つ四つの関係を想定する（「医則」三）。

今の眼を以って、古の術を眎《み》る
古の眼を以って、今の術を眎る
今の道に拠りて、古の術を撰ぶ
古の道を行いて、今の術を采る

ここには眼と道というふたつの立場が対比されている。いうまでもなく、眼は認識の立場を、路は実践の立場を、それぞれ象徴する。医師として当然の話だが、東洋は医術に認識者でなく、実践者として対した。「無限の理」を捨てて「救世の術」を取る、それがかつて艮山が若き日の東洋に迫った選択であった。(29)東洋は古と今の四つの可能な関係のうち、第四の関係、古の医師の行為原則を実践しつつ今の医術を採用すること、医療の最善の方途をみいだす。

だが、「古の道」と「古の術」とは決して別のものではない。医学においては、道はつねに術として具体化されねばならない。とすれば、中国の古の医術を日本の今に適用できる根拠を問わなければならないだろう。

三代礼を同じうせず、斉・魯政を異にす。世は道を載せて以って変じ、道は芸を載せて以って遷る。（「医則」四）

唐・宋・元・明、道遷り術変わる。（同・八）

遙かな時間と空間を超え、行為原則と医術の変遷を超えて、適用できる普遍性をそれにあたえるものはないか。

東洋はその根拠を人体の構造とはたらき、そして生命維持行為の同一性に求める。それが病の同一性をもたらすというのである。

然りと雖も、七竅形を同じうし、九蔵賅《そなわ》り存す。夏《か》葛《かつ》・冬裘《とうきゆう》、酒に酔い肉に飽く。人身奚《なん》ぞ変ず可けん。養と服とは遷す可からざれば、則ち病む者豈に異ならんや。薬石の施も亦た知る可し（同・二）

さらに簡潔にいう、

夫れ九蔵七情は古今同じき所、冬裘・夏葛は堯・舜何ぞ異ならん。疾む所も亦た知る可きのみ。（「服南郭に与う」）

七情とは病気の内因とされてきた喜・怒・憂・思・悲・恐・驚の七つの情動、九蔵七情は今日なら身心と表現するところだろう。冬裘・夏葛はの冬の皮衣と夏の葛衣。

そして古の術とは張仲景の医術であり、つきつめていえば、汗・吐・下剤による治療に帰着する。

張長沙君は天下の善医なり。汗・吐・下の剤を以《もち》いざれば、則ち痾を起たせ斃を救う能わず。夫れ汗・吐・下は、布して方策に在り、明らかなること火を観るが如く、誰か能く之れを蔽わん。……学者焉《こ》れを捨てて、将《は》た焉《いずく》にか適従《ゆか》ん。（「医則」一）

汗・吐・下は、東洋の同時代人である清の程国彭の『医学心悟』（一七三二）によって八法（汗・吐・下・和・温・清・消・補）とよばれることになる『傷寒論』の療法のなかでも、強い作用の薬を使う方法であり、東洋・東洞ら古方派の医師たちは、これこそ仲景の方法であると確信した(30)。

東洋は越前の医師奥付良筑から吐法の伝授を受けたとき(31)、それはたまたま人体解剖のすぐあとだったが、こう書き送らずにはおれなかった。

尚徳は今年五十なり。四十九年の非を知る者二あり。始めに京尹《けいいん》の恵を以って観蔵の挙有り、次ぎに奥邨老豎の教えを受けて吐法の伝有り。此の二者は千歳の絶学なり。一生の大業、歴歴として証す可く、昭昭として行う可く、而今而後、天の寵霊を以って吾れに数年を加えて、勉励して怠ること無くんば、則ち先賢の堂室、果たして窺う可きか。（「梁蛻巌に与う」、一七五四・六）

観蔵はともかく、吐法が絶学であったとは誇張だが、それはよい。わたしたちはいまや誤りなく、東洋における人体解剖の意味を見定めることができる。

8　九蔵説と観蔵

五臓六腑、心・肝・脾・肺・腎の五臓と胃・胆・大腸・小腸・三焦・膀胱の六腑。『難経』三十八難がつとに「名有りて形無し」と指摘した、解剖学的実体をもたない三焦は、はじめから除外してよい。残り十臓は、だが『周礼』の九臓に抵触する。注釈家はどう説明してきたか。後漢の鄭玄《じょうげん》は「九蔵」に注していう、「正蔵五、又た胃・旁胱・大腸・小腸有り」。唐の賈公彦《かこうげん》の疏はそれをこう解説する。

正蔵五と云うは、五蔵の肺・心・肝・脾・腎を謂う。並びに気の蔵する所なり、故に正蔵の称を得たり。……又た胃・旁胱・大腸・小腸有りとは、此れ乃ち六腑中此の四者を取り、以って五蔵に益して九蔵と為すなり。

さらに六腑から胆と三焦を除き、この四者を採った理由を『難経』を引いて説明するのだが、ここに紹介する必要はあるまい。

「九蔵」という語には、東洋はあえて無視しているが、じつは『周礼』以外にもうひとつ典拠があった。『素問』巻三・六節蔵象論篇および巻六・三部九候論篇である。そこには「形蔵四、神蔵五、合して九蔵と為す」とみえる。唐の王冰《おうひょう》は後者につぎのように注する。

形蔵四とは、一に頭角、二に耳目、三に口歯、四に胸中なり。形分かれて蔵を為す、故に以って名づく。

神蔵五とは、一に肝、二に心、三に脾、四に肺、五に腎なり。神 内に蔵す、故に以って名づく。

「神 内に蔵す」とは、五臓には右の順に魂・神・意・魄・志という精神的作用がそなわっている、と考えられていたことをいう。

後世の『周礼』の注釈家は、鄭玄・賈公彦と王冰のいずれかの説に従った。たとえば宋代の注釈家たち、王昭禹の『周礼詳解』は王冰の注に依り、易祓《えきふつ》の『周礼総義』は「正蔵五、府蔵四」と記すだけだが、王興之の『周礼訂義』は鄭玄と賈公彦を引き、細字で王冰説を注する。王冰説はここでは問題にならないが、易祓のいう「府蔵四」については、いずれにしろ「胃・膀胱・大腸・小腸」とする以外の説はない。ところが東洋は、それを「胃・胆・膀胱・腸」と解釈したのである。

この九蔵観は実に東洋の創説であった。別のことばでいえば、東洋の新しい眼であった。ひとは物がそこにあるから見るのではない。ひとはその眼に見える物しか見ない。あえていえば、見たいものしか見ない。これまで見えなかった物、ほかのひとが見なかった物を見るには、それまでとは異なる新しい眼を獲得しなければならない。東洋にとってはその新しい眼が、小腸を拒けて代りに胆を入れた独自の九臓観だったのである。

東洋ははじめ獺の解剖をとおして小腸の存在に疑いの眼を向けたのだが、その後、徂徠学に眼を開かれ、秦漢、さらには先秦の文献を歩獵する。そして腸の大小を区別しない、『書経』盤庚下の「今予《わ》れ其れ心腹腎腸を敷き、歴《ことごと》く爾《なんじ》百姓《ひやくせい》に朕《わ》が志を告げん」、『列子』湯問篇の「内は則ち肝胆心肺脾腎腸胃、外は則ち筋骨支節皮毛歯髪」、といった文章に出会す。しかし決定的ともいえる発見は、『国語』鄭語の「九紀を建てて以って純徳を立つ」にたいする呉の韋昭の註、

九紀は九蔵なり。正蔵五、又た胃・膀胱・腸・胆有り。……周礼に曰く、九蔵の動、と。

であった。そこには『周礼』の「九蔵」にたいする、東洋が望んでいたとおりの解釈が示されている。千歳の定論を破るに足る説はやはり存在していたのだ。その説は復活していまや東洋の眼となった。そしてその眼が見たものは、

腸は、上は胃を戴き、下は肛門に走り、白色に淡紅を帯び、屈盤纏繞し、其の長さ四丈許《ばかり》。(『蔵志』)

であり、「九蔵連なる所」の風景であった。東洋は見るべくして九臓を見たのである。

それから四年後の宝暦八年(一七五八)、弟子の栗山文仲が萩から人体解剖の報告を送ってよこした。それは東洋の眼で人体を見た記録だった。[32] 東洋の観蔵への意欲はもういちど燃えた。

忽ち足下に此の挙有りと聞き、伏櫪の情、以って已む可からず。乃ち再び諸《これ》を官に請い、社中の諸子をして親しく九蔵の厳然たるを見せしめんと欲す。是れ風に聞きて興る者に非ずや。(「栗文仲に復す」、一七五八・一〇)

東洋の解剖を「風に聞きて興」った者は、ひとりその門下にとどまらなかった。[33] 東洋の主観的意図を超えて、疑いもなくその快挙が、観臓ではない人体解剖への道を開いたのである。

9　職業および学問としての医学

東洋はおのれの職をくりかえし賎と書いている。「仮令《かり》に其の伎は賎且つ小なりとも、亦た聖代の棄てざる所なり」(「医則」六)、「賎伎」(「東洋洛語」)、「賎職」、「夫れ吾が伎の如きは陋且つ賎と雖も」(「梁田蛻巖に復す」)、「髠形賎職」(「東洋説」)、「賎事に迫られて奔走旁午す」(「服南郭に与う」)、「不佞尚徳、家伎は賎人なり」(「服南郭に復す」)。この反復される卑辞は、じつは『周礼』に規定される医職への高い矜持《きょうじ》の裏返された表現であった。

　毉の業為《た》る、技を以って職を奉ず。王公は弄臣《なぐさみもの》を以って視、士大夫は之れと歯《なかま》せず。其の賎や固《いや》し。然りと雖も、上は天子より下は庶人に至るまで、死生廃起の権は一に其の手に属す。其の責は重からずと謂う可からず。豈に慎まざるを得んや。(「業を論ず」、一七五八・九)

東洋が生きた十八世紀の前半は、職分の思想が澎湃として興り、民衆のあいだに浸透していった時代であった。[34] 徂徠によれば、社会は定められた職分による分業体制によって成り立つ。

　世界の惣体を士農工商之四民に立候事も、古の聖人の御立候事にて、天地自然に四民有之候には無御座候。農は田を耕して世界の人を養ひ、工は家器を作りて世界の人につかはせ、商は有無をかよはして世界の人の手伝をなし、士は是を治めて乱れぬやうにいたし候。各其の自の役をのみいたし候へ共、相互に助けあひて、一色かけ候ても国土は立不申候。……満世界の人こと〳〵く人民の民の父母となり給ふを助け候役人に候。(『徂徠答問書』上)[35]

商人出身の思想家石田梅巌もおなじくいう。

士農工商は天下の治る相《たすけ》となる。四民かけては助け無かるべし。四民を治め玉ふは君の職なり。君を相るは四民の職分なり。士は元来《もとより》位ある臣なり。農人は草莽の臣なり。商工は市井の臣なり。臣として君を相るは臣の道なり。商人の売買するは天下の相なり。細工人に作料を給るは工の禄なり。農人は作間を下さる丶ことは是も士の禄に同じ。（『都鄙問答』巻二）[36]

そして言明する、「我教ゆる所は商人に商人の道あることを教ゆるなり」（同）[37]

東洋もまたおなじ思想の流れに立って、医の職分論を展開する。

疾を除くは、其れ毉の本為《た》るか。周公は諸を天官に属《ゆだ》ね、毉司の官有り、食・疾・獣・瘍の四医を隷《したが》え、伎を以って職を養《おさ》む。

其の命ずる所を考うるに、海内平らかならざるは其の憂に非ず。四民平らかならざるは其の憂に非ず。百官脩まらざるは其の憂に非ず。痼癖《ながわずらい》祛《さ》らず、夭枉《わかじに》救う無き、是れ其の憂のみ。故に仲景氏は、汗・吐・下を以って邪を除くの務と為し、軽重緩急、其の深浅に随い、方を処し剤を作り、質実簡粋、都《すべ》て奥妙高華の文の其の伎を飾ること無し。周の遺典、蓋し此こに在るか。（「東洋洛語」）

東洋はここで三つのことを主張している。第一に、医は聖人によって制定され、病をとり除く仕事を委ねられた職である。「固より君子は屑《いさぎよ》しとせざる」（「山縣周南に復す」）ところとはいえ、医もまた聖人の道の担い手でありうる。「何ぞ必ずしも儒と称して後、先王の道を修むる者と為さん」。第二に、その職分は政治を憂うることにはない。救う手立てのない患者をさえ救おうと努めることにある。治病への職分のこの厳しい限定は、手段である医学の規範のこれまた厳しい限定に対応している。すなわち第三に、医学は張仲景にのっとらなければならぬ。東洋の理解では、それは医学の内実を薬物療法に限定すること、しかも汗・吐・下の方法に依拠することを意味している[38]。

東洋は職業および学問としての医から、その眼には夾雑物とうつった一切のものを、排除しようとする。いまや東洋の眼となった『周礼』の眼には、医学の純化は不可欠の課題である。同時に、「周官の命ずる所」にしたがうことは、先王の道を修めることであり、高い道徳性を要求される。医業にたずさわる者が医学を純化しつつみずから道徳的存在となること、それをとおして職業および学問としての医を自立的存在たらしめること、その具体的な方途を模索したのが、『蔵志』に収められた「業を論ず」である[39]。そのなかで東洋は、医の三綱として、学・術に先立って質を掲げた。忠・廉・明・達、それを質として体現することを、東洋は医に求めたのである。

東洋は『周礼』を絶対座標に置くことによって、職業および学問としての医の自立をはかった。『周礼』を疑う者を東洋は許さなかった[40]。だからこそ、九臓説は観臓によって「実験」されなければならなかったのである。たしかに東洋は『蔵志』に、「嚮《さき》に蛮人作る所の骨節剮剥の書を獲」たと書いており、その書を所蔵していたと推測される[41]。解剖への動機のひとつがそこになかったとはいえぬ。あるいは来たるべき医学の方向への予感がなかったともいえぬ。しかしそれらはいずれにしろ、重要な要因でもなければ決定的な要因でもなかった。確立されなければならないのは、絶対座標としての『周礼』の位置であった。そして東洋の復古の事業は確実に、職業および学問としての医を自立へと導いていったのである[42]。その歴史的な展開の枢要な一支点に、思想史的にみれば、『周礼』の権威を確証しようとする東洋の観蔵に源を発した解剖学が位置していたのは、歴史を創造する歴史の逆説であった。東洋の提唱する九臓説が間もなく「実験」によって否定されたこと、東洋が医に課した狭隘な非政治的立場がやがて政治変革にとびこむ医師たち、政治変革のために医学の門をくぐる青年たちによって乗り越えられていったことが、医学における古学が担った歴史の逆説を証している。

（1）富士川游『日本医学史』（日新書院、一九四一）四〇四―四〇九頁、小川鼎三『明治前日本解剖学史』（『明治前日本医学史』第一巻所収、日本学術振興会、一九五五）一八四―九二頁、内山孝一『明治前日本生理学史』（『明治前日本医学史』第二巻、一九五五）一〇二―一三二頁、京都府医師会編『京都の医学史』（思文閣出版、一九八〇）五二八―五四三、九五七―九七〇頁、近世漢方医学書集成13『後藤艮山・山脇東洋』（名著出版、一九七九。以下『東洋』と略記）解説（大塚恭男）、一九―三四頁。

（2）『蔵志』。なお本稿第2節（本書九六―九七頁）を参照。

（3）鶴冲元逸『醫断』臓腑（近世漢方医学書集成12『吉益東洞』、一九八〇）二〇頁。なお小川前掲書、九四―九五頁参照。

（4）富士川前掲書、四〇八―四〇九頁。

（5）『形影夜話』（『杏林叢書』第一輯、吐鳳堂書店、一九二二）九八頁上段。

（6）小川前掲書、八六―八七頁参照。

（7）『形影夜話』九七頁下段。

（8）同、一〇二頁上段。

（9）内山前掲書、一二二頁の引用による。同書、一二一―一三〇頁、および小川前掲書、九二―九四頁参照。

（10）艮山がなぜ臓に関心を抱き、獺を解剖したかは明らかでない。しかし、おそらくかれの治療法にかかわっていた。『東洋洛語』によれば、「其の術は質を貴ぶ。艾灥温泉熊胆の攻、豕鹿鶏雉獺鼈の餌、都て閭里の獲り易き者を采り、才に従って用を為」したからである。動物を解体して薬餌をつくることから生じた関心であったろう。

(11) 以下引用する東洋の著作は、とくに注記しないかぎり、前掲『東洋』による。そこには『養寿院医則』(「医則」・付録、一七五二)と『蔵志』(「蔵志」・付録、一七五九)、それに「東洋洛語」(著者不詳、一八二一)が収められている。『医則』・『蔵志』ともに文集の体を成しており、日付けの無いのが前者、有るのが後者からの引用である。ただし、「飜刻外台秘要方序」のみは例外である。

(12) 註(1)の諸文献を参照。

(13) 浅田宗伯『皇国名医伝』巻中・山脇東洋に「香月則真・稲生宜義・香川修徳等と相共に討究し、又た後藤達に就きて己が所見を質す」とみえる。

(14) 滝浦文彌「山脇東洋に及ぼせる徂徠の影響」(『日本医史学雑誌』第一二九六号、昭和一六年一〇月)四三三—四三九頁を参照。

(15) 前掲『東洋』五四三頁、「与服南郭」(一七五二・八)。

(16) 『形影夜話』九八頁上段。

(17) 『醫断』毒薬、二九—三〇頁、および攻補、四四—四五頁。

(18) 山田慶兒『夜鳴く鳥』(岩波書店、一九九〇)一〇八—一〇九頁、および *Hippocratic Writings*, ed. with an introduction by G. E. R. Llogd, p.16, Penguin Books, 1983.

(19) 日本思想大系36『荻生徂徠』(岩波書店、一九七三)弁道、一二—一六頁。

(20) 同、一四—一五頁。

(21) 同・学則三、一九二頁。

(22) 同・学則四、一九三頁。

(23) 丸山眞男『日本政治思想史研究』(東京大学出版会、一九五九)、第一章第三節「徂徠学の特質」。なお徂徠学と山脇東洋の関係については、浅井允晶「徂徠学における医学」、『日本洋学史の研究』Ⅳ、創元社、一九七七、三—四頁、阿知波五郎『近代日本の医学』、思文閣出版、一九八二、九九—一〇三頁などに、すでにその指摘がある。

(24) 『金匱要略方論』に記載されている二〇九処方を、使われている味(薬物)数で分けると、次表のようになる。味数五以内の処方が七二%を占めており、張仲景の処方は一般に「剤簡」といえるだろう。しかし、たとえば味数八以上の処方を一概に後世の増補にかかるといえるかどうかは別問題であろう。後漢初期の『漢代武威医簡』には、一〇種以上にのぼる薬物を用いた処方がみえる。

味　数	処方数
1	20
2	35
3	42
4	26
5	28
6	18
7	16
8	5
9	9
10	2
12	4
13	1
14	1
21	1
23	1
処方総数209	

(25)「後の毉者は、陰陽経絡、以って宗源と為し、神仙補益、以って柱石と為し、且つ謂えらく、毉は意なり、と」(「服南郭に与う」)。なお「医の言為《た》る意なり」は『後漢書』郭玉伝にみえることば。

(26)『呂氏春秋』応同篇が鄒衍の説の一部であることは、郭沫若『十批判書』(『中国古代の思想家たち』下、岩波書店、一九五七、一三九頁)に指摘されている。

(27)前掲『荻生徂徠』徂徠集、五二二頁。なお『弁名』下の「陰陽・五行」に、「医書の五運・六気のごときは、支干を借りて天地の気の人に感じて疾を生ずるを明らかにするのみ。声色臭味も、また五行を借りて以て蔵府の紀となすのみ。故に医の、五業に拘る者は、病を療すること能はず」(同、一六〇頁)。この議論は「芳幼仙に復す」に詳細を展開されている。

(28)「東洋自立方のほか、山脇家の経験方をはじめ諸家の薬方」については、宗田一「山脇東洋『養寿院方函』から(その1・2)」(『医薬ジャーナル』一九九四年一一、一二月号)を参照。

(29)『東洋洛語』によれば、東洋が艮山に向かって二陰二陽説を論じたとき、艮山はこう諭した。「子の説や、微は則ち微なり、然れども救世の侍に非ず。夫れ法を学び術を習うは、歓(勧?)業の切務なり、理を推し蘊を探るは、体道の遠謨なり。志彼れに向えば則ち此れに背くは、勢の必ず至る所なり。今子は力を用いて此れにも猶お且つ堪えざらん。而して況んや脆弱の稟を以ってして無限の理を究めんと欲するおや。庸《いずく》んぞ神敝え力分かれ、能く両成する莫きを識らんや。問う所の者は、恐くは今の急に非ず、後に自から之れを知らん」。東洋は蹙然として、「請う之れを志して、終身奉行せん」、と答えたという。

(30)『毉断』治法、一三―一四頁、を参照。

(31)東洋は子の東門と弟子の永富独嘯庵を良筑の門に学ばせた。『東門随筆』(『杏林叢書』第三輯、一九二四)五頁上段、を参照。

(32)小川前掲書、九六―一〇二頁参照。

(33)小川前掲書、一〇二―一三一頁、内山前掲書、一三五―一四六頁、『京都の医学史』九七一―九七九頁参照。

(34)石井紫郎『日本人の国家生活』(東京大学出版会、一九八六)一八〇―一八三頁、を参照。なお、テツオ・ナジタ『懐徳堂――18世紀日本の「徳」の諸相』(子安宣邦訳、岩波書店、一九九二)2・哲学的環境、をもあわせて参照。

(35)『荻生徂徠全集』1(みすず書房、一九七三)四三〇頁。

(36)『日本思想闘諍史料』(東方書院、一九三〇)五六―五七頁。

(37)同、五七頁。

(38)『傷寒雑病論』にはもともと汗・吐・下・温・灸・刺・水・火の八法が含まれていることについては、山田慶兒「『傷寒論』――体系化の二つの道・八法と六経病」(『ベルメディコ』六六号、一九九六・五)を参照。現存する『傷寒論』にも鍼灸療法が少数ながら記載されている。

(39)『礼記』儒行篇に、「儒に席上の珍有りて以て聘を待ち、夙夜強《つと》めて学びて以って問を待ち、忠信を懐いて以って挙を待ち、力めて行いて以って取ることを待つ。其の自立すること、此《かく》の如き者有り」。

(40)『東洋洛語』のなかで東洋は香川修庵を、「聖人は医を知ると謂うが如きは則ち誣《いつわり》なり。周礼は聖人の作に非ずと謂うに至っては則ち益ます甚し」、と論難した。

(41)内山前掲書、一一二―一一三頁、を参照。

(42)後の世代の東洋評価の一例として、伊沢蘭軒(一七七七―一八二九)が東洋の処方集『養寿院方函』に寄せた序文を、読み下して引いておこう。東洋の書の序文という性格を考慮するとしても、古医方諸家の医術の特質を簡潔に摘出し、東洋の学問の内容を手際よく要約したその言葉には、肯綮に当たるものが多い。蘭軒が解剖家としての東洋にちらとも言及しないのは、注目に価する。おそらくこれが当時の一般的な見かたであったのだろう。

養壽院方函序

金馬玉堂は、吾れ其の光明を知り、蓽門圭竇《ひつもんけいとう》は、吾れ其の鄙陋を知る。故に言行修整なれば、則ち紳笏の士と為し、舉措庸妄なれば、則ち耒耜の人と為す。是れ衆人の一見して知り易き所なり、吾が医に於けるも亦た斯の別有り。

近代古医方を称し、京師に鳴る者数人、曰く名古屋玄医、曰く後藤艮山、曰く香川秀庵、曰く吉益東洞、曰く東洋山脇先生、是れ其の巨擘なり。今其の迹を考うるに、玄医は学問浅薄、術胸臆に任《まか》せ、末年遂に斗火の癖有り。艮山は謂《おもえら》く、素問は治に益無く、薬石は病に利あらず、唯だ温泉・灸艾有るのみ、之れ除きて功を全うする能わず、と。秀庵は書を著し論を立て、自ら一家を為し、謂く、我自り古を剏《はじ》む、即ち聖賢儒中の医なり、と。東洞は謂く、萬病一毒、唯だ当《まさ》に證を論ずべく、当に因を論ずべからず、と。又た謂く、命天に在る有り、医何ぞ死生を知らん、と。斯の四子は、病を察するに精ならざるに非ず、方を處するに效あらざるに非ず。然れども、心を主として径行し、敢て先賢に律せられず。其の謂《い》う所の古医方は、安《いず》くに在りや。惜む可し難倫の才、反って蔽を為すこと少なからず。且つ四子、身は庶人為り、術も亦た人を以って薬を試みるより出で、其の心或は衣食を営為するに急なり、故に験を一時に取らざるを免れず、而して何ぞ遠く慮ること之れ有らん。野人の医と謂う可し。

東洋先生は特《ただ》に然らず。其の治を施すや、仲景を主張し、模範を差《たが》えず、其の三承気を用うるや、識者は以って構思数十年、枯髯嘔血の得る所と為す。其の医則を著すや曰く、古の書に非ざれば則ち講ぜず、古の術に非ざれば則ち行わず、謹んで先賢の法を守り、以って諸を当世に行う、と。其の弟子を教うるや曰く、須く多く古書を読み古人と晤言して、以って胸間の汚穢を蕩除すべし、と。其の外台秘要を校刻するに至りては、実に一大盛事にして、沢を修学に被ること、優且つ渥と為す。序言に曰く、吾が儕《さい》、俯して其の法を奉ずることを得ば、則ち幸なり、何の暇にか蘊奥を探り根元を窮むることを之れ為さん、と。嗚呼、先生は世業を保守し、終に官班に列す。言辞温良、文学富贍、君子の医と謂う可し。

是れ金馬玉堂に周旋する所以にして、彼の野人の衣食に奔走するの徒と、固より年を同じうして論ず可からざるなり。詩に云う、言君子を念う、温として其れ玉の如し、孔子曰く、信じて古を好む、と。其れ東洋先生の謂か。

今茲《ここ》に友人榎本俊策、東洋方函を校刻し、序を余に求む。此の書は、先制平常用いし所にして、門人の録する所なり。方凡そ百有余道、之れを古籍及び諸家経效の方に取り、其の自製せる者は絶えて少なく、亦た先生学術の端を観る可きなり。因って嘗《つね》に議する所を述べて以って序と為す。

文化十二年乙亥蜡日

福山侯人伊澤信恬識

反科学としての古方派医学——香川修庵・吉益東洞

1　古方派・後世派・明代医学

日本人が中国の学問、その思想と方法をほぼ消化・吸収して、独自の学問的営為を開始するのは、江戸時代中期、十七世紀末から十八世紀にかけてである。近世の朱子学を批判し、先秦の古典に帰って新しい儒学の体系を打ち立てようとした、伊藤仁斎（一六二七—一七〇五）、荻生徂徠（一六六六—一七二八）らの古学、『万葉集』・『古事記』をはじめとする日本の古典研究の世界を切り開いた、賀茂真淵（一六九七—一七六九）らの国学が、その輝かしい道標を刻んでいる。科学・技術の領域では、渋井春海（一六三九—一七一五）の『貞享暦』（一六八四）、宮崎安貞（一六二三—一六九七）の『農業全書』（一六九六）、貝原益軒（一六三〇—一七一四）の『大和本草』（一七〇九）に、その先駆をみることができる。そして、中国の医学とは大きく異なる日本の医学を成立させたのが、仁斎・徂徠の影響のもとに、近世の理論的な医学を排し、漢唐の経験的な医学に復帰しようとした、すくなくともその主張の下に、尖鋭な説を唱え、また実践した京都の医師たち、後《ご》藤艮山《とうこんざん》（一六五九―一七三三）とその門下の香川修庵（一六八三―一七五五）・山脇東洋（一七〇五―一七六二）や吉益東洞（一七〇二―一七七三）らであった。

かれらは一般に、いわゆる後世《ごせい》派にたいして、古方派と呼ばれている。[1] 京都の曲直瀬道三《まなせどうさん》（一五〇七―一五九四）にはじまる後世派の医師たちは、中国医学を習得し研究し、多様な学説を折衷・統合するとともに、理論的な斉合性を追求し、日本の風土や文化、日本人の体質や嗜好に合った医療の技術を確立しようと、真摯な努力を重ねていた。かれらが向き合っていたのは、ほとんど同時代とみなしていい明代の、もっとも先端的な医学である。

漢唐医学とは一線を画する、宋代以後の近世医学は、中国医学の範型を確立した古典、『黄帝内経《こうていだいけい》』（素問＋霊枢）、『難経《なんぎょう》』、『傷寒論』（後漢・張仲景撰）などの理論的・体系的な研究から生まれた。その学説を発展させ、欠陥を正し、欠落を補い、新しい分野を開拓して、医学の面目を一新したのである。[2] 革新の火蓋を切ったのは、熱病の理論と治療法に新生面を開いた、金の劉完素（一一二〇ごろ―一二〇〇）であり、その系統から元末に朱震亨《しゅしんこう》（丹渓、一二八一―一三五八）があらわれる。それにたいして旧来の医学を発展させたのは、劉完素と同時代の金の張元素（?）である。内傷（飲食・房事などをふくむ内因性の病）の治療を特色とするその医学は、金末元初の李杲《りこう》（東垣、一一八〇―一二五一）に継承される。明代に入ると、朱震亨の流れを汲む丹渓学派と李杲の系譜を引く東垣学派という二大学派が形成されるが、この両学派は対立しつつも、たがいにその長所をとりいれ、折衷的傾向を強める。そしてやがて諸学説の長所をすべて包摂し、「外邪に張仲景、内傷に李杲、熱病に劉完素、雑病に朱震亨」という、まさに折衷主義の立場を標榜する大きな流れが生まれてくる。

明代医学は、しかし、金元医学のたんなる折衷と総合にとどまっていたのではない。李時珍（一五一八―一五九三）の『本草綱目』（一五九三）に代表される本草学の発展は特筆する価値があるだろうし、人痘法の発明も忘れてはならないだろう。

近世医学を漢唐医学から分かつものがもう二つある。一つは、宋代（およびそれ以後）における解剖学の新たな展開である。(3)古代解剖学の成果を収録している『難経』の研究も、解剖学への関心を高めた。もう一つは基礎理論としての運気論（五運六気説）の導入である。(4)『素問』に挿入された、いわゆる運気七篇によって登場してきたこの新しい理論は、外界の大気と身体および病気との関係を重視し、五運と六気の運動と作用によって、大気の年間変化（太陽暦に本づく気象変動）の法則を把握しようとする。五運（五行）とは、時間とともに変化し循環する気の五つの相、木・火・土・金《ごん》・水であり、六気とは、気の六つの性質ないし作用としての、寒・熱・湿・燥・風・火である。北宋末からにわかに脚光をあびたこの気象学的医学説は、一種の徹底した合理論のゆえに、すみやかに基礎理論としての権威を獲得していった。

江戸時代前期、十七世紀の後世派の医師たちは、主として明代の医学を、あるいは明代の医書を介して中国医学を、学んでいた。たとえばかれらが『黄帝内経』（以下『内経』と略称）を理解したのは、馬蒔《ばじ》（?）の『素問註証発微』・『霊枢註証発微』（一五八六）と張介賓《ちょうかいひん》（一五六三―一六四〇）の『類経《るいけい》』（一六二四）によってであった。学説では、曲直瀬道三がいちはやく折衷主義の立場を明らかにしていた。後世派は折衷派だった。しかしながらかれらは、統一的な理論への、あるいはすくなくとも統一的な理解への、強い願望につき動かされていたようにみえる。それを妨げる要素は、たとえ古典にみえる説であっても、さりげなく斥けたのである。そのみごとな一例を、京都の饗庭東庵《あえばとうあん》（一六一五―一六七三）とその学派の、運気論のあつかいかたにみることができる。(5) 東庵は、道三の後を継いだ曲直瀬玄朔（一五四九―一六三一）に師事したといわれる、後世派の「巨星」（安西安周の評語）である。

運気七篇については、北宋代の注釈がすでにつぎのように指摘していた。すなわち、この七篇はほかの篇とちがっていずれも長篇であり、またその内容も『素問』のほかの篇とほとんど共通性がない、と。漢代の諸篇と内容的に大きく異なっているのは、だれの目にも明らかだった。東庵は『経脈発揮』（一六六八）を著したとき、『内経』・『難経』その他から、臓腑の解剖学と生理学にかんする重要な文章を集め、巻頭の経脈の章に収めたが、運気諸篇からは一言半句も採らなかった。東庵の再伝の弟子、浅井周伯（一六四三―一七〇五）は、その私塾養志堂において、「病症ノヲコルトコロヲ知ラセンタメ」に、病機撮要と題する講義をおこなった。「内経ノ中ノ要語ヲ書アツメ」たそのテキストは、生理学と疾病論の二部構成だったが、そのいずれにも、運気諸篇のことばは一つも引かれていない。この塾では、同時期に並行して素問講義もおこなわれており、そのなかで講師は運気論を解説して「暦家」の説と呼んでいる。同時に、それを理解し、常用暦の簡単な計算にも習熟する必要性を強調した。いいかえれば運気論を、医学理論としては排除しながら、科学の基礎教科（天文学・気象学）として学習するよう求めたのである。(6) そこには新しい医学教育の芽生えがあり、運気論に依拠しない医学理論への模索があった。

古方派は、後世派が学んでいた近世医学を真向から否定して、漢唐の古法に帰ろうとする。後藤艮山はこう述べている。

療治ヲスルナレバ、八十一難〔難経〕ノ正語、漢唐ノ医書ヲ見ル。法トハ医法也。霊素〔霊枢・素問〕ハ陰陽五行ノ類ナリ。八十一難デハ脈ノ類、治方ハ漢唐ノ医書ノ法ヲトルナリ。……分配区々ノ弁ニマドワヌコトヲシリテ、而後ニ法ヲ霊素・八十一難デトルナリ。陰陽五行ノ説デモトリテ害アレバ不取也。所謂正語ヲトル、コレナリ。薬法デモ針デモ皆医法ナリ。[7]

「分配区々ノ弁」とは、陰陽・五行を「人間ノ府蔵ニ分配シテ、イロ〱区々ノ説ヲワリツケ[8]」たもの、要するに陰陽・五行に本づく理論であり、そのもっとも複雑煩瑣な極にあるのが運気論であった。艮山は医学における陰陽・五行「分配」説を斥けたが、いわばそれに汚染されていないところは、『内経』・『難経』であっても「正語」とみなした。しかしその弟子たちの世代は、あるいは『内経』・『難経』を否定し、あるいは本草を否定し、あるいは鍼灸を否定し、そしてあらゆる医学理論を否定し、山脇東洋を除けば、解剖学も無用と説くにいたる。

この徹底的な否定への道を踏み出したのが、香川修庵であった。

2 香川修庵の中国医学批判と身体・疾病観

香川修庵（名は修徳）は、主著『一本堂行余医言』（一八〇七刊。以下『行余医言』と略記）の自序によれば、十八歳のとき伊藤仁斎に師事、五年後、医を志して後藤艮山の門を叩いた。それから三年、

古今の医籍、渉猟殆《ほと》んど尽くすも、予が心に当る者無し。再び素問・霊枢・八十一難ヲ取リ、始終縦横、誦読数遍、乃ち書を擲ちて憤起して曰く、邪説なる哉。[9]

修庵はたいへんな読書家であり、『行余医言』のなかに、漢代から明代にいたるおびただしい医書を引用し

ている。右のことばを疑う理由はない。『内経』・『難経』は使いものにならぬと、つぎに手にしたのが張仲景の『傷寒雑病論』（傷寒論＋金匱要略）である。数年間くりかえし熟読し、古今の医書中、抜群にすぐれていると思ったが、残念ながら、

その論全く素問に出で、陰陽者流を混ずるを免れず、且つ一、二の謬妄有り。[10]

以後、晋から唐にいたる諸家もすべて同じ考えかたであり、「宋元以下、益ます議論に堕し、取るに足る者無し」[10]。こうして独自の医学を構築するにいたったという。

「聖賢儒中の医」といい、儒医「一本の宗旨」と称し、「我より古を作《な》す」と豪語する、修庵の医学の理念には、ここでは触れない。ただ、

吾が門の医説は、実に古今の医流の未だ嘗て言到せざる論、即ち聖賢の平常説く所の修身の意なり。[11]

（田辺南甫に復する書）

『論語』・『孟子』に説かれている人の生きかた、そのモラルないしエトスがわたしの「医説」だ、ということばを紹介するにとどめる。わたしがとりあげようとするのは、中国医学理論への批判である。

田辺南甫からの来信に答え、京都の医学派について修庵はこう書いた。

京都は固《もと》より医の淵藪なること正に高論の如くなるも、しかも医流はただ五行六経、運気勝復の邪説を知るのみ。[12]（同）

「六経」は、六つの経脈（後述）という普通の意味のほかに、修庵にあっては、医学に独特の陰陽概念である三陰三陽（太陰・少陰・厥陰《けっちん》・太陽・陽明・少陽）を指す場合がある。「五行六経」とは耳慣れない言葉だが、おそらく五運六気になぞらえて、医学に用いられる陰陽五行をそう表現したのであろう。「それ五運六気の

妄を観て、以って五行六経の邪説なるを知る可し」[13]（再び田辺南甫に復する書）と述べているように、極論としての五運六気説に重ね合わせることによって、医学の陰陽五行説一般の虚妄性を髣髴させようとするレトリックである。「勝復」は運気論の重要な概念。

もし東庵学派を念頭に置いているとしたら、この後世派批判は当を得ていない。修庵は後世派の医学を中国近世医学とまったく同一視している。実際には、医学説からの運気論の排除をはじめ、日本医学に独得の診断法である腹診、あるいは日本人の生物《なまもの》好みに合わせた、薬材の生物主義といった、いくつもの要素を古方派は後世派から受け継ぐのだが、その意味では、古方派は後世派が敷いた路線の延長上をたどってゆくのだが、修庵にとって、さしあたりそれは問題ではない。修庵は既存の医学の否定者として立っている。そのかぎりかれの批判の要点は、「田辺南甫に復する書」の短いことばにほぼ尽くされている。

修庵はそもそも自然界を、もっと限定していえば、人体の構造や作用、そして病気を、陰陽・五行・六経などの概念によって説明することを拒否する。そして、これらの概念を対象に適用することを、艮山にならって「分配」、すなわち概念装置への対象の割付け、と呼ぶ。それはすべて「仮合・付会」であり、この「陰陽家の邪説」は戦国の『素問』・『霊枢』より起こり、漢代に次第に盛んになり、下って宋代には「理数の分配」に凝り固まるにいたった[13]（再び田辺南甫に復する書）、と修庵はいう。

陰陽・五行概念のこの拒否は、さらに概念的、分析的思考そのものの拒否へと向かう。対象はあくまで一挙に全体として把握されるべきものであり、それを認識する心も一つでなければならない。たとえば三陰三陽の六経脈は、手と足に合わせて十二経脈とされ、さらに八脈を加えられ、経脈から枝分かれした脈は絡脈と呼ばれ、それにも大・小があり、六でとどまるどころの話ではない。しかしながら、意《おも》うに人身は一経絡〔血管系。後述〕なるのみ。上に絡《むす》び下に絡び、内に属し外に属し、左に転じ右に転じ、或は別れ或は合し、究竟《つまるところ》一網羅の如し。(14)〔再び田辺南甫に復する書〕

べつに「唯だ是れ一機軸」(15)〔養庵後藤先生の七十を寿ぐ序〕ともいう。全身の血管系を単一の網、単一のしくみとみなすこの捉えかたは、つぎの病気の見かたとみごとに符合している。

おおよそ疾病の人に在るや、全体に係る。豈止《あにた》だ一陰一陽、一臓一腑の偏《ひとり》受くる所ならんや。表病めば裏感じ、内患《わずら》えば外応ず。蔵府相通じ、上下相須《ま》ち、一所和せざれば、周身随いて順ならず。蓋し満腔子〔全身〕は一箇の元気〔生命の根元をなす気〕、何ぞ相離る可けん。唯だ浅深・久近・軽重、緩急の同じからざる有り、故に為す所一ならざるのみ。(16)〔五たび田辺南甫に復する書〕

一経絡に対応するものは一箇の元気であり、さらには一つの心である。

『内経』には、五つの精神作用が一つずつ五つの臓に宿っている、という考えかたがあった。たとえば『素問』宣明五気篇にいう、

心は神を蔵し、肺は魄を蔵し、肝は魂を蔵し、脾は意を蔵し、腎は志を蔵す。

それを生命活動力にまで広げる考えかたも生まれた。おなじく調経論によれば、

夫れ心は神を蔵し、肺は気を蔵し、肝は血を蔵し、脾は肉を蔵し、腎は志を蔵して、此れ形を成す。

「形を成す」とは、身体のはたらきを成り立たせるということ。精神作用ないし生命活動力のありかを五臓に求める考えかたは、部分的な修正や異見はあっても、後世まで受け継がれた。これは古代ギリシアのガレノス説に対比することもできよう。アリストテレスによれば、生きているものには植物的な霊魂〔栄養的能力〕と動物的な霊魂〔運動および感覚的能力〕と人間的な霊魂〔思考的能力〕があり、人間だけがその三つを備

えている。[17] ガレノスはこの三つの霊魂ないし生命活動力が一つずつ、消化系と呼吸系と神経系の内臓に場所を占めていると考えた。[18] 修庵は『内経』以来の説を斥ける。

> 喜怒・哀楽・驚恐・憂患・思慮・決断・愛憎・志意、挙げて皆な心《しん》より出づ。内に省《かえり》み自ら反《かえり》みるに、全く是れ心中の神識の作用運動なり。[19]（養庵後藤先生の七十を寿ぐ序）

中国医学は心臓にもっとも枢要な精神作用の場を委ねたが、ほかの四臓にも役割を分担させた。修庵によれば、それは「医書強いて分配を為し、妄《みだり》に傅会《ふかい》を作《な》」した[20]（同）のである。すべての精神作用を担うのは、あくまで単一の心臓でなければならない。その「神識作用」が対象を一挙に全体として把握させるのだ、という修庵の主張については、あとで述べる。

陰陽・五行・六経・五臓・六腑さらには五運・六気を張りめぐらせた中国の医学理論を読むことは、修庵には、ほとんど耐えがたい行為だったにちがいない。富士川游によれば、修庵は「生剋配当の説は、予常に之を聞くを厭《いと》い、嘔を発せんと欲するに幾《ちか》し」と告白しているという。[21]「生剋」は五行相生・相剋説、ここではとりわけ運気論を指しているとみていいだろう。残念ながらわたしはまだこのことばの出典を確認できないでいるが、そこには多分の真実がふくまれているように思われる。修庵はくりかえし『内経』・『難経』を繙いた。しかしその理論的な部分は、おそらく精読しなかったし、研究もしなかった。関心はもっぱら疾病の記述に向かっていた。疾病論である『行余医言』には、古典はもちろんさまざまな医書から、疾病の症候その他を具体的に記載した文章が、丹念に集められている。

そこでも修庵の思考法は一貫している。さまざまな名称で記述された、よく似た症候の疾病を比較検討し、それらを「濫名」として、一つの病名にまとめてゆく。病因はなんらかのかたちの気の「鬱滞」である。

夫れ朝暮、水穀胃中に入りてより、精華純粋の気を蒸出し、血と為り精と為り津液と為り、以って百道運輸・発達し、周身を営養・滋潤す。某は這の所に往き、某は那の所に往き、機発迅速、斡旋神巧、直に胃中従り、活潑に流行す。唯だ一元気の作用に頼りて、自然にして然《しか》ならざるを得ず。[22]（行余医言・巻二・癥）

なんらかの理由でなんらかの場所に元気の鬱滞がおこると、ある病を生ずる。たとえば、

斯《こ》の気の纔微《わずか》に充たざるや、腸臓の間、始めて罅隙《かげき》を成して、沍濁《ぎんだく》聚る。此れ即ち是れ癥《ちょう》塊の根基なり。……既に癥塊を結べば、則ち腹裏の気は快運する能わず。気快運する能わざれば、則ち鬱滞を為さざるを得ず。気既に鬱滞すれば、則ち諸患は因りてして萌生す。[23]（同）

「それ人の生きるや、一元気のみ」（柳川に答うる書）と主張する師の後藤艮山は、こう語っていた。

凡《おおよそ》病ノ生ズル風・寒・湿ニヨレバ、其気滞《とどこお》リ、飲食ニヨルモ滞ナリ。七情ニヨルモ滞也。皆元気ノ鬱滞スルヨリ成ル也。故《ゆえに》其サ、ユルモノハ大概如此《かくのごとく》チガヘドモ、其相手ニナリ滞トコロハ一元気ナリ。[24]（師説筆記）

一元論的病因論といい、肉食・灸治・温泉のすすめといい、修庵は師説に忠実であった。

単一の血管系、単一の元気、単一の病因、単一の心的作用、修庵の思考を貫いている、この強烈な一元論的志向に注目しよう。[25]

3　兎には脾がないという話

香川修庵の学問と思考の方法をあざやかに表現している文章が、『一本堂薬選』（一七二九年序刊。以下『薬選』と略記）下編・兎の弁正の条にある。兎に脾はないという本草の記述を確かめるために解体・観察して、その事実を確認したのち、脾のない兎と脾のある牛馬・犬猫とで糞のこなれ方（腐熟）に違いはないのを理由に、脾が食物の消化・排出にかかわっているとする（正確にいえば、修庵がそう理解した）医書の説を否定した一文である。そのねらいは中国医学の生理学説を、さらにいえば中国医学理論そのものを、全体として否定するところにある。そこにみられる医書の説のとりあげかた、理解のしかた、体内の器官の作用にたいする見かた、観察のしかた、思考の運びかた、そのいずれも、古方派の学問の性格を明らかにするためには、これをくわしく検討することがぜひとも必要だ、とわたしは考える。学問の方法としてのいわゆる親試実験の意味もそこにおのずと浮かび上がってくるだろう。

まず全文をいくつかの段落に分けて引用しよう。(26)

> 予は三十年来、常に医籍の説の迂怪妄誕、抛りて信ず可からざるを疑う。その言に曰く、「食気は胃に入りて、精を肝に散らし、気を筋に淫《うるお》す。濁気は心に帰し、精を脈に淫す。脈気は経に流れ、経気は肺に帰す。飲は胃に入りて、精気を遊溢し、上に脾に輸《おく》る。脾気は精を散らして、上に肺に帰す。水道を通調し、下に膀胱に輸る。肺は百脈を朝せしめ、精を皮毛に輸す」、と。嗚呼、妙知識と謂う可し。然りと雖も古人もまた人なり、固《もと》より神に非ず、また鬼に非ず。安《いずく》んぞ能く人の腹裏に飛び入りて、親しく蔵府・気脈の作用・運輸を観て、一一識りて之を陳《の》ぶるを得んや。蓋し想像の見のみ。若《も》し想像を以って言えば、則ち予は憶う、飲食胃に入れば、則ち脾に輸し肺に輸し、升降往来、是《かく》の如く迂遠なるに暇あらずして、胃中の元気、直《ただち》に胃中より、活運健輸、百道通行、機発迅速、斡旋神巧、

然るを期せずして、自ら然らざる能わず。此の事、言を以って喩説し尽くす可からず。若し予が言を以って想像の言、取りて信ず可からずと為さば、則ち古人の言う所もまた是れ想像の言、何ぞ取りて信ず可けん。元《も》と是れ腹裏の運動・作用、既に外面の升《のぼ》るを視て升ると為し、降るを降ると為し、前《すす》むを前むと為し、却《しりぞ》くを却くと為すが如くなる能わざれば、則ち倶《とも》に同じく想像なり。孰《たれ》か能く虚実・然否の訟を析断せん。

一日兎一頭を得て、将に宰割せんとす。予之を止めて曰く、姑《しば》らく待て。嘗て本草を読むに云う、「兎は脾無し」、と。未だ真妄を験せず、此れまた研窮の一事、請う試みに之を視ん、と。腹を剖きて観るに及べば、則ち果して脾無し。因って謂《おも》うに、兎脾無しと雖も、其の屎は則ち腐化至って熟し、復た完物無し。夫れ牛馬狗猫の脾有る者、其の屎の腐熟彼の如くにして、兎の脾無きも、また腐熟此の如くなれば、則ち脾無しと雖も損と為さず、而して牛馬狗猫の脾有るも、また更に一倍の極熟を成さざれば、則ち脾有ると雖も益と為さざるなり。是れに由って益ます信ず、人の脾臓もまた当《まさ》に化熟・運輸を司《つかさど》らざること、以って類証するに足るべし、と。

蓋《けだ》し意《おも》うに、腹裏の臓腑、高下・前後・左右の位置、唯《た》だ是れ此《かく》の如き安排、自然にして然り。一一皆な官職主司有ること、素問の論の如くなる可からず。唯だ是れ一心の神識作用、以って周身の気運と為すのみ。其の他は聖人と雖もまた知らず。存して論ぜずして可なり。

以下段落を追って、問題点を一つずつ具体的に明らかにしてゆこう。

4　生理学と解剖学の一般的な学説

最初の段落の「　」でくくった引用文は、『素問』経脈別論の一節である。原文は「食気」と「飲」にかんする、独立の二つの文から成っているが、引用では「飲」の文を、「食気」の文の「気肺に帰す」と「肺百脈を朝せしむ」の間に、挿入している。馬蒔は、「食気」(飲物をふくむ食物)と「飲」(飲物)との混同をきびしく批判したが[27]、どちらも飲食物にかんする文とみるのが、一般的な理解だった。

問題はそれよりも、明の注釈家呉崑山が、篇名に「経脈別とは論ずる所常譚の外に出づる有るを言うなり[28]」と注し、浅井周伯塾の素問講義が、「常ニカワリタル義ヲ論ズルトイフコ、ロデ別論ト題スルナリ。……別トハ異ノ字ノココロナリ[29]」と述べているように、「常譚(普通の説)の外」にある「異」説だったことである。事実、それは『内経』のなかでもこの篇にしかみえない、孤立した説であった。

『内経』は中国医学の形成期、おそらく西暦紀元前後二〇〇年にわたって書かれた文章を集めた、一種の文集である。形成期に特有の混沌たる状況を反映して、文章は形式も内容もきわめて多様であり、そこにはいくつもの立場や主張が混在している。文章間に継承・展開、批判・否定といった関係がみられることもあれば、内容的にほかの文章とつながらない、経脈別論のような例もある[30]。

このように『内経』は、一概には論じられない多様性に満ちているとはいえ、そこにはむろん、一般的に受け入れられることになる、共通の概念や考えかたも生長していた。そういうものとして、生理学説でいえば、まず臓腑説の根幹の部分を挙げることができよう。内臓を実質器官の五臓(心・腎・肺・肝・脾)と中空器官の五腑（胃・小腸・大腸・胆・膀胱）に分ける考えかたである（普通これに三焦を加えて六腑というが、三焦はきわめて特異な概念であり、くわしくはあとで述べる）。経脈別論が異説であることを明らかにするために、まず一般的な臓腑の説を述べることにしよう。

臓と腑の作用はつぎの定義によってあたえられる。

五臓は精神・血気・魂魄を蔵する所以《ゆえん》の者なり。六腑は水穀を化して津液を行《めぐ》らす所以の者なり。（霊枢・本臓。霊枢・本神では、血気・魂魄を血脈・営気に作る）

五臓と精神作用の関係にはすでに触れた。「血気」ないし「血脈・営気」との関係については、『霊枢』本神に、

肝は血を蔵す……脾は営を蔵す……心は脈を蔵す……肺は気を蔵す……腎は精を蔵す……。

とみえる。「蔵す」には包含するのほかに制御するといった意味もふくまれている、と考えておけば分かりやすいだろう。血は血液ないしその中の赤い成分。営は営気。一応血液と考えていいが、飲食物から抽出された、血液に変化する栄養分も、営気と呼ばれる。脈は血管。気は呼吸の気。発生的に深くつながっている泌尿器官と生殖器官を、中国医学では同じ腎の名称で記述した。ここで「精を蔵す」というのは、生殖作用について述べたのである。泌尿作用についてはべつに、「腎は……津液を主る」（素問・逆調論）といい、また二つの作用を関連させて、「腎は水を主り、五臓六腑の精を受けて之を蔵す」（素問・上古天真論）ともいう。後世は、泌尿器官を腎、生殖器官を外腎と呼んで、両者を区別するようになる。「水穀」は飲食物。

五臓と五腑は一つずつ対をなし、「合」すなわち表裏の関係に立つとみなされる。

肺は大腸に合す。大腸は伝道の府。心は小腸に合す。小腸は受盛の府。肝は胆に合す。胆は中精の府。

脾は胃に合す。胃は五穀の府。腎は膀胱に合す。膀胱は津液の府なり。（霊枢・本輸）

五腑の定義は明確である。張介賓（『類経』巻三・蔵象類）によれば、「大腸は小腸の下に居て、糟粕を出すを主る。故に腸胃変化の伝道と為す」、胃と小腸が変化させた食物のかすを伝導する。「小腸は胃の下に居て、胃中の水穀を受盛して清濁を分かつ。水液此に由って前に滲《し》み、糟粕此に由って後に帰《ゆ》く」、胃のなかでこなれた飲食物を消化・吸収して、清んだ水分と濁った食物のかすに分け、水分を前のほうに吸収し、かすを後のほうに送り出す。「滲」は吸収作用を指す語である。胆は、ほかの腑とちがって、「清浄の液を蔵す」るから「中精の府」と呼ばれる、と張介賓はいう。

「合」関係に置かれた臓と腑のうち、腎と膀胱の泌尿作用のほかに、肝と胆には、位置関係に加えて、たとえば「五十歳、肝気始めて衰え、肝葉始めて薄く、胆汁始めて減ず」（霊枢・論痛）、年齢とともに肝臓のはたらきが衰えると胆汁が減るというように、作用上の実際のつながりを認めていた。問題は肺と大腸、心と小腸、脾と胃の三対であるが、脾はもともと、「胃と膜を以って相連ぬ」（素問・太陰陽明論）という位置的な隣接関係によって、胃と結びつけられたのだろう。残りの二対は五行のいわゆる分配以上になんらかの根拠があったかどうか、よく分からない。しかし、いったん「合」関係を設定した以上、そこにある種の作用的なつながりを想定しようとする考えが生まれるのは避けられなかった。大腸と合をなす肺に「水道を通調し、下に膀胱に輸《おく》る」はたらきを帰した経脈別論の場合が、おそらくそれだった。大腸・膀胱をふくむ下焦（後述）に、「泌を済《な》し、汁を別つ」（霊枢・営衛生会）泌尿作用がある、と考えられていたのだから。

このように、形式的な関係づけや誤りがいくつかあるとはいえ、臓腑の生理学的作用について、漢代の医師たちがほぼ正鵠を失わない認識に到達できたのは、古代解剖学の裏づけがあったからである。(31)『霊枢』には人体の解剖学的記述およびそれに直接依拠した論文が五篇収録されている。そのうち腸胃篇は欠落があり、いっそう完全な記述は『難経』四十二難のほうに収められているが、そこには肝・心・脾・肺・腎・胆・胃・小腸・大腸（迴腸）・膀胱・口（唇・歯・会厭・舌をふくむ）・咽門・喉嚨・肛門（広腸）の順で、重さ・形状・大きさ・長さ・容量などが記載されている。脾は「血を裹《つつ》むを主る」、「胆は肝の短葉間に在り」といった、興味深い記述も散見する。憂恚無言篇は、「咽喉は水穀の道なり。喉嚨は気の上下する所以の者なり」と、食道と気道の別を明らかにしたうえで、発声機構を正確かつ簡明に記述する。そのほか骨度篇には骨の長さ、脈度篇には脈の長さ、平人絶穀篇には胃腸と肛門の容量に本づく飲食物と生命維持の関係が記されている。臓腑の生理学的作用のほぼ正確な定義は、このような解剖学的知見なしにはまず不可能であった。もちろん、山脇東洋の『蔵志』（一七五九）が指摘したような、個々の臓器についての観察の誤りはあった。[32]しかしそれは生理学説を展開するための妨げとなるようなものではなかった。

臓腑説とならぶもうひとつの共通の考えかたは、脈と営気・衛気の説である。脈とは血脈、すなわち血管を指す脈の組織は、「経脈を裏《うち》と為し、支《わか》れて横たわる者を絡と為し、絡の別るる者を孫と為す」（霊枢・脈度）というように、内部を走る幹の経脈と側枝の絡脈と終枝の孫脈から成る。脈の考えかたは戦国時代に生まれ、鍼灸療法の発達にともなって、漢代に手足・三陰三陽の十二経脈説として完成された。それぞれの経脈は、五臓に心包絡（おそらく心囊）を加えた六臓と、五腑に三焦を加えた六腑の、いずれか一つととくに深い関係があるとみなされ、その名をつけて呼ばれた（たとえば肺手大陰脈、略して肺脈というように）。『霊枢』経脈に、各経脈とその絡脈のくわしい記述がある。

この脈内をめぐる体液が営気、脈外の筋肉から皮毛にいたる全身を満たす体液が衛気であった。「その浮

気の経を循らざる者を衛気と為し、その精気の経を行る者を営気と為す」（霊枢・衛気）。もうすこしくわしくいえば、

経脈は血気を行《めぐ》らせて陰陽を営《おさ》め、筋骨を濡《うるお》し、関節を利する所以の者なり。衛気は分肉を温め、皮膚を充《み》たし、腠理を肥《こ》やし、関闔を司《つかさど》る者なり。（霊枢・本蔵）

血気は血液。分けていえば、赤い血にたいして気はその清んだ成分をいう。動詞としての営は、『内経』では、おさめる、またはめぐらせる、という意味で使われる。この「営」は、すぐあとの文章で「営覆」と言い換えられているから、営と覆は似た意味をもっていなければならない。覆すなわち復は、『内経』では、動詞としては、回復する、という意味でのみ用いられる。したがってその一句が指しているのは、体内の陰陽の気のバランスを保たせる、あるいは回復させるはたらきであろう。筋骨は、ここでは筋と骨でなく、骨に重点を置いた表現であり、腎脈は「骨髄を濡す者なり」（霊枢・経脈）というのに等しい。利は滑らかに動くようにすること。骨髄液と関節の滑液。とすれば、営気は血液のほかにリンパをふくむ概念ということになる。

いっぽう、分肉は筋に同じ（日常語の筋肉にあたる）。もっとも、張介賓は「肉中の分理を言う[33]」と注する。これだと意味は腠理に近くなる。腠理は、張仲景の『金匱要略』に、「腠は……血気の注ぐ所と為す。理は皮膚・臓腑の文理なり」（臓腑経絡先後病脈証）とみえる。「血気の注ぐ所」についてはあとで述べる。いずれにしろ、臓腑や筋の表面、皮膚の裏面などにあるすじ、文様が腠理であり、あとで述べる谿谷もそれにふくまれる。「腠理を肥やす」とはどういうことかよく分からないが、腠理のはたらきを活潑にすることにはちがいあるまい。関闔は、ほかにまったく用例のない語であり、意味はむろん不明。文脈からあえて推せば、

分泌物を排出する管をもつ腺の類を指すか。要するに衛気は、皮膚や筋などの組織を満たす体液をひっくるめてそう呼んだのであろう。

胃腸で消化・吸収された飲食物の栄養分は営気と衛気として全身に送られる。営気を送る血管系は、たとえばつぎのように記述される。

> 脾足太陰の脈は、大指の端より起こり、指の内側の白肉の際を循《めぐ》り、核骨の後を過《よ》ぎり、内踝前廉に上り、踹《かかと》内に上り、脛骨の後を循り、交《こも》ごも厥陰の前に出《い》で、膝股内の前廉を上り、腹に入り、脾に属し、胃に絡《つな》がり、膈を上り、咽を挟み、舌本に連なり、舌下に散ず。その支《わか》るる者は、また胃より別れて膈を上り、心中に注ぐ。（霊枢・経脈）

散とは抹消部の血管網をいう。どの血管系もいくつかの臓腑につながっている。たとえば肺脈は「中焦（胃）より起こり、下って大腸に絡がり、還《ま》た胃口を循り、……肺に属し、肺系より横に……」、心脈は「心中より起こり、出でて心系に属し、……小腸に絡がる。……その直なる者は、また心系より却《しりぞ》きて肺に上り……」。系はその臓とほかの器官をつなぐ血管系、直は縦に走る支脈。胃脈は支脈の一つが「胃に属し、脾に絡がる」。肺脈と心脈と心主（心包絡）脈を除けば、記述はすべて四肢の末端と頭部からはじまっている。そしてその順路が、営気の流れる向きとみなされる。

このような記述のしかたを、アリストテレスが『動物誌』のなかに引用している、ヒポクラテス学派のディオゲネスらの記述と比較してみるのもおもしろいだろう。(34) 古代ギリシア人は人体解剖をやっておらず、アリストテレスによれば、「そのためにヒトの性質に近い他の動物の体の内部に戻って調べなければならな」かった。(35)『内経』には動物解剖を匂わせることばはない。しかし、解剖の知識なしにできるような記述ではない。それは一面では、人体解剖がすくなくとも一回はおこなわれたこと、他面では、比較解剖学の考えかたや方法は成立していなかったことをしめしている。

これまで述べた人体の記述は、いくらか推測が混じってはいるものの、ほとんどは解剖による外からの観察に本づいて認識できるもの、そして実際にそうして認識されたことが確実な事柄であった。飲食物の摂取・消化・排出と呼吸の作用および器官ははっきりしていた。しかし、外からの観察では決して分からない作用がある。そのひとつは、飲食物の栄養分の今日風にいえば吸収にかかわるはたらき、『内経』に即していえば抽出と輸送および変化である。それはどこで抽出され、どこを通ってどこへ輸送され、どこでたとえば血に変化し、どこから全身に送り出されるのか。さらに血液についていえば、多くの血をふくむ三つの臓、肺・心・脾があることを解剖は明らかにしていたが、どれが造血器官でどれが送出器官か、ほかに造血の器官ないし場所はないのか。こうした問題群が第一の難問を形づくっていた。第二の難問は体内の運動にかかわっていた。血液を血管中で移動させる力ないし作用はなにか、食物をこなして送る胃の運動を引き起こすものはなにか。

これらの問題に答えようとすれば、解剖学的知識のうえに立って、推測に推測を重ねるほかはない。驚嘆すべき精緻な観察をおこなったアリストテレスでさえ、答えていないか、もしくは誤って答えた問題である。解答はつねにいくつもありえた。とうぜんそこに、修庵のいう「想像の見」が入り込む。逆に、こうした問題意識があればこその、目覚しい解剖学的発見もあった。しかしいくつもの説が併存し、誤りと混乱が生まれるのは避けられなかった。

臓腑が水穀の気を胃から受け取るという点には異論はなかった。

胃は五蔵六府の海なり。水穀皆な胃に入り、五蔵六府皆な気を胃より稟《う》く。（霊枢・五味）

ある論者は、水穀の気はまず肺に伝わる、と主張した。

穀胃に入り、乃ち之を肺に伝え、中に流溢し、外に布散す。精専なる者は、経隧を行《めぐ》る。（霊枢・営気）

中は臓腑、外は筋や皮膚など。経隧は臓腑をつなぐ血管系、隧はトンネルないし小路。

五蔵の道は皆な経隧より出《な》〔成〕り、以って血気を行らす。（素問・調経論）

経隧は五蔵六府の大絡なり。（霊枢・玉版）

中を流れ経隧をめぐるのはむろん営気、外にゆきわたるのは衛気である。この考えかたは『霊枢』営衛生会にうまくまとめられている。

人は気を穀より受く。穀は胃に入り、以って肺に伝与す。五蔵六府、皆な以って気を受く。その清なる者を営と為し、その濁なる者を衛と為す。営は脈中に在り、衛は脈外に在り。

営気も衛気も肺を経過する、これがほぼ一般に受け入れられた考えかたとみていいだろう。衛気には特異な性質が付与された。

栄〔営〕は水穀の精気なり、……衛は水穀の悍気なり、その気は慓疾滑利。（素問・痺論）

悍も慓疾もすばやく動くこと、滑利はなめらかなこと。脈内の空洞を移動する営気とちがって、中味のつまった筋や皮膚などにあまねく滲透する衛気の性質を、そう想定したのである。

胃から上に送り出されるのは営・衛だけではない、という考えも提出された。『霊枢』邪客にいう。

五穀胃に入るや、その糟粕・津液・宗気は分かれて三隧を為す。

糟粕は腸に送られ排出されるかす。営気と衛気はここでは津液として括られている。新たに導入されたのは宗気である。

宗気は胸中に積み、喉嚨に出で、以って心脈を貫きて、呼吸を行らす。

この呼吸作用にかかわる気についてはあとで触れる。

消化・吸収・排出に呼吸の作用までからめて説明しようとする考えかたは、一般に三焦説と呼ばれる。三焦、分けていえば上・中・下焦は、腑の一つに数えられるが、器官ではない。飲食物を処理する、単一の器官を超えたはたらきの場、作用域であり、上焦は胃の上口と咽喉・胸中、中焦は胃の本体（と小腸）、下焦は大腸と膀胱をふくむ区域とされる（霊枢・営衛生会）。そして「営は中焦に出で、衛は上焦（原文は下焦に作るが、伝写の誤り）に出づ」（同）。中焦は営気をつくり、上焦は衛気をつくる。つくる場とつくられる物が一対一に対応しているから、場の名称がそのまま物をあらわすことにもなる。たとえば「血脈は中焦の道なり」（霊枢・五味）というように。

消化器の最終部と泌尿器から成る下焦は、作用もはっきりしているから省略して、中焦の説明を引用しよう。

此の所《ところ》気を受くれば、糟粕を秘し、津液を蒸し、その精微を化し、上りて肺脈に注ぎ、乃ち化して血と為し、以って生身に奉ず。（霊枢・営衛生会）

飲食物を栄養分の津液とかすに分離し、かすを少しずつ大腸に送り出し、残った津液をあたため、微細な成分を蒸発させて、肺に送り、肺脈に注いで血に変える。なお、津液がどこで血液に変わるかについては、張介賓は、食物の栄養分がまず脾に送られ、「黄・白に由りて、而《すなわ》ち変じて赤と為る」[36]と解釈する。黄は脾、白は肺、この二臓が造血にかかわっていたとみていたのである。

説明があまりはっきりしないのは上焦である。血管を通る営気とちがって、体内に浸透する衛気は説明が難しいためであろう。

上焦開発し、五穀の味を宣《の》べ、膚を熏じ、身を充たし、毛を沢《うるお》すこと、霧露の漑《そそ》ぐが如し。是れを気と謂う。（霊枢・決気）

張介賓は、「上焦は胸中なり。開発は通達なり。宣は布散なり」、と注する。むろん気は肺を経過するとみているのである。しかも、「気は人身の大気、名づけて宗気と為す」として、衛気と宗気を同じものと解釈する。(37) これによれば、衛気は熏膚などと呼吸の二つの作用をおこなうことになる。

このひろく受け入れられた三焦説にたいして、三焦の概念によりながら、解剖学的観察に本づいて、肺の「造血」作用に代わる、斬新な説を提唱したのは、『霊枢』癰疽《ようそ》篇の著者であった。上焦＝衛気の説明は一般の説そのままである。

腸胃穀を受け、上焦気を出だし、以って分肉を温めて骨節を養い、腠理を通ず。

むろん肺に送られるのを前提していよう。ところが中焦から出る営気は肺へは向かわない。

中焦は気を出だすこと露の如し。上りて谿谷に注ぎて孫脈に滲み、津液和調し、変化して赤く、血と為る。血和すれば則ち孫脈先に満ち、溢れて乃ち絡脈に注ぐ。皆盈れば、乃ち経脈に注ぎ、陰陽已《すで》に張《ふく》〔脹〕れ、息に因りて乃ち行る。

営気は蒸気でなく、露状すなわち水滴状の液である。この表現は胃腸壁から滲出する液を示唆している。上るというのは、下る糟粕に対比した言い回しである。

営気の液の滲み出してゆく谿谷とはなにか。『素問』気穴論篇に、「孫絡・谿谷」に触れたのち、「谿谷の会」を説明していう。

肉の大いに会するを谷と為《い》い、肉の小《すこ》しく会するを谿と為う。分肉の間、谿谷の会、以って栄衛を行らし、以って大気を会す。

筋束がたがいに接触してできる大小の凹みのある部位。「分肉の間」と「谿谷の会」は要するに同じこと、張介賓は「皆な栄衛の大気を行らす所以の者なり[38]」と注し、また谿谷を「気血の会[39]」とも呼ぶ。その部位を営・衛の気が流れてゆく。

癰疽篇にもどれば、谿谷まで滲透してきた営気は、ここで孫脈すなわち血管の終枝に滲み込む。あとの文章からみて、この孫脈は末梢部の血管網を指すと考えていい。「津液和調す」、「血和す」は、営気ないし血が正常にはたらいていること。営気は孫脈内で血液に変化する。孫脈が先にいっぱいになると、血液は分枝の絡脈に流れ込み、絡脈がすべていっぱいになると、本流の経脈に流れ込む。「陰陽」は陰陽十二経脈。陰脈も陽脈もすっかり血液で脹らむと、気息の力でそれは脈内を循行する。

孫脈の血が集まって絡脈へ、さらに経脈へと流れ込むという記述は、末梢部にまでいたる血管系の観察に本づいて、血液の流れを想定したものであろう。そして筋に滲透した栄養分が血管網に滲み込み、そこで血液に変わる、と想像したのである。それでは、血管内の栄養物が筋へ滲み出すという、逆の流れは考えつかなかったのだろうか。臍の両側を上行して胸中に分散する（難経・二十八難）とされる、衝脈という特定の脈についてではあるが、それを示唆する短い文章がある。

衝脈は経脈の海なり。谿谷に滲灌するを主る。（素問・痿論）

「経脈の海」というのは、衝脈は子宮より起こり、子宮には「十二経の精血」が集まる（張介賓）、と考えられていたからである。

『内経』には十二経脈の気が全身を循環するという思想があった。

陰脈はその蔵を栄《おさ》め、陽脈はその府を栄め、環の端無きが如く、その紀〔端緒〕を知るなく、終りてまた始まる。その流溢する気は、内は蔵府に漑ぎ、外は腠理を濡らす。（霊枢・脈度）

十二の経脈の始点と終点を結び、中焦にはじまる全身循環の径路を描いてみせて、その思想を完成させたのは、『難経』二十三難であった。こうした循環思想を支えていたのは、脈度篇が解剖論文であることに示唆されているように、血管系とその末梢部の観察であったろう。

癰疽篇の文章の末尾に「息に因りて乃ち行る」ということばがあった。血管内の血液移動の原動力を気息に求めたのである。この説では血液移動に脈搏がからんでいてややこしく、説明は混乱している。

そ〔胃〕の清気、上りて肺に注ぎ、肺気〔営気〕は太陰〔肺脈〕に従いて行る。その行るや、息を以って往来す。故に人一たび呼《は》けば、脈は再動し、一たび吸えば、脈もまた再動し、呼吸して已《や》まず、故に動きて止まず。（霊枢・動輸）

呼吸による規則の往復運動が原動力ならば、血液の移動も往復運動になるはずである。アリストテレスによれば、エンペドクレスは逆に血液が原動力の場合を考えた。すなわち、血液には上下に動く性質があり、下がるときには空気が入ってきて気息の吸い込みが起こり、上るときには呼《は》き出しが起こる、と。[40] しかし『内経』では血液の移動と脈搏を同一視し、しかも呼吸数にたいする脈搏数の割合を一対二としているのだから、往復運動の考えはなかった。それでは呼吸はどうして血液の一方向への運動を引き起こすのか。まえに引用した『霊枢』邪客の、「糟粕・津液」とならんで「三隧」の一つをなす、「宗気」の説明にその示唆があるようにわたしにはみえる。

　宗気は胸中に積み、喉嚨に出で、以って心脈を貫いて、呼吸を行う。

「胸中」別名「気海」（霊枢・五味）はどこにあるのか。「大気」（同）とも呼ばれる「宗気」はどこを経過して胃から胸中へ行くのか。胸中から「肺に出で、喉咽を循る」（同）とあるから、気道から心臓へはむろん肺を経過し、経脈を通って送られるのであろう（ちなみにアリストテレスは、気息が血管を通って肺から心臓へ送られる、と考えていた[41]）。はっきりしないことが多すぎるが、いずれにしろ、飲食物から抽出された宗気に呼吸作用を起こさせる力がそなわっており、その作用には心臓がかかわっている、と考えていたのは間違いない。「諸血は皆な心に属し、諸気は皆な肺に属す」（素問・五蔵生成論）とされる心臓と肺の役割と関係について、それ以上の説明は、『内経』からはついに聞くことができない。

　しかしながら、中国医学はいつまでも『内経』の段階にとどまっていたのではない。宋代には、公式に記録されているだけでも、三回の解剖がおこなわれた。その後、明代にいたるまで、解剖の形跡はいくつか残されているし、野ざらしの戦死者や餓死者の臓腑を観察する機会はいくらもあった。解剖学的知識の豊富さはもはや漢代の比ではなかった。ここでは、張介賓とならび称せられた折衷派、明初の趙献可（？）の『医貫』（一六八七刊）の説を引用しよう[42]。記述は咽・喉からはじまる。

　臓腑の内景は、各おの区別有り。咽・喉は二竅《きょう》〔孔〕、……。喉は前に在りて出づるを主り、咽は後に在りて呑むを主る。喉系は堅空、連なりて肺の本に接し、気息の道を為す。……咽系は柔空、下りて胃の本に接し、飲食の道を為す。……二道は并行し、各おの相犯さず。……

この正確な記述がすでに、中国の近世解剖学の水準を物語っている。『蔵志』の記述と比較しよう[43]。

喉下を肺と為す。……虚なること蜂窠の如く、下に透竅無し。故に之を吸えば則ち満ち、之を呼けば則ち虚《むな》し。一呼一吸、之を本《つかさど》るに源有り、窮り有ること無し。乃ち清濁の交運、人身の橐籥《たくやく》なり。

肺胞を蜂の巣にたとえ、呼吸作用の原動力についてはただ「源有り」と言うにとどめる。「清濁」は吸気と呼気。「交運」は代わるがわる動かす、移すこと。「橐籥」はふいご。呼吸作用をふいごのはたらきに譬えたのは、アリストテレスと同じである(44)。

肺の下を心と為す。心に系絡有り、上りて肺に系《つら》なる。肺は清気を受け、下して乃ち灌注す。その象《かたち》は尖長にして円く、その色は赤く、その中の竅数は多寡各おの異なり、迥《はる》かに相同じからず。

「系絡」は臓器間をつなぐ血管。肺が心臓に「下して灌注す」るのは、むろん血液である。「清気を受け、下して……」という表現は、清気とその血液のあいだになんらかの関係がある、という考えを暗示する。心臓から出る管の孔の数が人によって異なるというのは、宋代、多数の人にほどこした解剖の報告書に依ったもの、多様な孔を見誤っていたのである。

心の下に心包絡有り、……心は即ちその中に居る。……凡そ脾・胃・肝・胆・両腎・膀胱、各おの一系有り、包絡の旁に系《つら》なりて以って心に通ず。

「心包絡」は、「象は仰盂《ぎょうう》〔鉢〕の如し」という形容がやや気になるが、おそらく心嚢であろう。中国では今日、それを心包と呼んでいる。「一系」は大動脈から岐れたそれぞれの動脈を指すか。しかし趙献可は、血液の移動や循環には、まるで関心をしめしていない。

このすぐあとに、「此の間に宗気有り」として、「胸中に積み……呼吸を行う」という、『霊枢』邪客の文章を引く。いかにも唐突な印象を受けるが、引用の意図がどこにあるにしろ、これ以後、臓腑の説明に『霊枢』・『難経』に由来する表現が増えてくるのは、近世解剖学の限界のせいか、それとも趙献可が展開する特異な生理学説のためか。ここで献可の説く脾と胃の関係をみるまえに、『内経』の説を振り返っておこう。

解剖学は脾が「血を裹《つつ》むを主る」ことを明らかにしていた。脾は「孤蔵」すなわち無対の器官であり、そのはたらきは「以って四傍に灌ぐ」(素問・玉機真蔵論)ところにあった。胃との関係では、「脾は胃に合す」とされ、「脾胃・大腸・小腸・三焦・膀胱は倉稟の本」(素問・六節蔵象論)というように、脾胃がしばしば一括りにしてあつかわれた。その作用は、

脾は胃の為にその津液を行《めぐ》らす者なり。(素問・厥論)

というのであった。脾のはたらきは胃の津液を四肢にめぐらすことにあるというこの説には、しかし、ただちに疑問が出された。

脾は胃と膜を以って、相連なるのみ。しかるに能く之が為にその津液を行らすとは、何ぞや。(素問・太陰陽明論)

論者の客は、脾脈と胃脈に気を送るためという、質問からみればいささか見当はずれのものであった。それ以上の説明は、経脈別論を除けば、『内経』にはない。脾が胃のために津液を行らせるとはどういうことか、ついに明らかでない。

『内経』にみえるこの脾胃関係の説に、間違っていたとはいえ、ともかく決着をつけたのが趙献可であった。脾胃間の経脈を介した、いわば内的な流通関係をきっぱり否定し、まったくべつの関係を導入したのである。

膈膜の下に、胃有り盛んに飲食を受けて、之を腐熟す。その左に脾有り、胃と膜を同じうして、その上に付す。その色は馬肝の如く赤紫、その形は刀鎌の如し。声を聞けば則ち動き、動けば則ち胃を磨し、

食乃ち消化す。

「声を聞く」とは音声に反応すること。なんの音を想定しているのか分からないが、音響によって振動するという脾は、胃壁をこすって蠕動させる、外的物理的な動力装置となったのである。肺のふいごの比喩といいこれといい、機械になぞらえる考えかたは注目に価する。それはともあれ、「消化」が胃壁の蠕動によるというのは、まったく新しい説であった。この説を張介賓は『類経図翼』（一六二四）に採り入れるが、(45)そのさい、蠕動運動によって飲食物は「運化」する、輸送され変化する、と解釈していたように思われる。いずれにしろ、「腐熟」作用を担わされたのは、『内経』以来もっぱら胃であった。

これが修庵によって全面的に否定される、『内経』ないし中国医学の生理学と解剖学の内実である。経脈別論にみえる異説に移ろう。

5　異説経脈別論とその解釈

香川修庵が引用した『素問』経脈別論の文章は、はじめに述べたように、もともとは分離した二つの文章を一つに合成したものだった。まずその文章を確認しておこう。

食気は胃に入りて、精を肝に散らし、気を筋に淫《ひた》〔浸〕す。食気は胃に入りて、濁気は心に帰し、精を脈に淫す。脈気は経に流れ、経気は肺に帰し、肺は百脈に朝せしめて、精を皮毛に輸《おく》る。

飲は胃に入りて、精気を遊溢し、上に脾に輸る。脾気は精を散らして、上に肺に帰す。水道を通調し、下に膀胱に輸る。

やや文脈をたどりにくいから、飲食物の栄養分の流れを図示すれば、こうなる。

食気→胃→精→肝―(気)→筋
　　　　→濁気→心―(精)→脈＝脈気→経気→肺―(精)→皮毛

飲→胃→精気→脾―(精)→肺―(水道)→膀胱

一見して、これまで述べてきた一般的な説との違いは明らかであろう。「穀は胃に入り、乃ち之を肺に伝う」（霊枢・営気）という一句と対比するだけで十分だ。

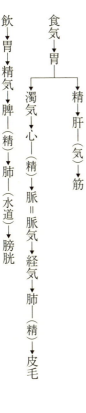

この異説にたいする注釈家たちの注は、ほとんど説明の体をなしていない。むろん、はっきりさせようと努力しているところはある。馬蒔によれば、「食気は穀気」であり、「その已《すで》に化するの気は、精気と曰うと雖も、穀気より生ず。故に名づけて濁気と為す可し」[46]。これでは「精」と「濁気」の区別がなくなる。張介賓は、「穀を受くる者は濁り、気を受くる者は清し」（霊枢・陰陽清濁）ということばを引き、「濁は食気の厚き者を言う」[47]と注する。肝が「気を筋に淫す」、肺が「精を皮毛に輸す」が、「肝は筋を主る」、「肺は皮を主る」（素問・宣明五気）という、五行の分配説に本づくのは、ほとんど注するまでもなかった。それ以外は本文をそのままくりかえすだけである。「飲」の文にいたっては、唐の王冰も張介賓も、胃が精気を「脾に輸る」のは中焦、脾が精を「肺に帰す」るのは上焦、肺が「水道を通調し」て「膀胱に輸る」のは下焦のこと、と逃げている。要するにお手上げなのだ。

原典に則して原典を解釈しなければならない注釈家とちがって、理論家ははるかに自由であった。たとえば李杲は、『脾胃論』のなかで件の二つの文章を、ただし「水道を通調し、下に膀胱に輸る」を省略して引き、こう述べている。

夫れ飲食は胃に入りて、陽気は上行し、津液と気は心に入り、肺を貫き、皮毛を充実し、百脈に散る。脾は気を胃に受けて、四旁に澆灌し、気血を栄養する者なり。(48)

この解釈はもはや伝導の径路に重きを置いていない。そして、すくなくとも脾の本来の作用について、『内経』の説の合意を的確に抽き出している。また元末明初の王履（一三三二—?）は、『医経溯洄集』（一三六八）においてつぎのように論じた。

蓋し胃は受納の府たり、大腸は伝化の府たり。食は胃に入りて、濁気は心に帰し、飲は胃に入りて、精を脾に輸るは、胃の能く納れ、大腸の能く化するを以ってのみ。腸胃既に病めば、則ち受くる能わず、化する能わず、心脾何《いずれ》に資《と》る所ありや。心脾既に資る所無ければ、則ち運化して精血を生ずる所無し。(49)

胃腸の受容・消化のはたらきと、その栄養分をえたのち輸送し変化させる心脾のはたらきとの関係に力点を置いて、自由に読んでいる。そして李杲も王履も、脾の作用は血液にかかわる、と見なしていたのである。

まえに述べた饗庭東庵とその学派は、経脈別論にたいしても注目すべき見識をしめした。東庵の『経脈発揮』と浅井周伯の講義用テキスト『病機撮要』はいずれも、『内経』から集めた臟腑の説のなかに、経脈別論の文章を採録していない。(50) のみならず、浅井塾の内経講義は、経脈別論の文章を文脈にそって解説したあとで、こうつけ加えた。

コレハ溯洄集ニツマビラカニイフタゾ。考へ見ル可キナリ。(51)（漢文表記は読み下す）

自由な解釈の余地を学生に示唆したのである。

この異説を香川修庵は批判の俎上に載せた。第二段落以下の修庵の言説を追ってゆこう。

6　香川修庵の理解と観察と主張

中国古代医学にたいする香川修庵の批判は、解剖学的観察とそれに本づく臓腑の生理学的理論の全体に向けられている。そしてその全体を、「想像の見のみ」として、一蹴するのである。その根拠は、解剖して観察しても、臓器や体液の「作用・運輸」を「一一識る」ことはできない、というところにある。しかしそれは、解剖学的認識には限界がある、というのではない。生体のはたらきは一切の知的認識を超えている、というのだ。かれはその信念をかれ自身の「想像」として、「古人」の「想像の見」に対置する。

飲食物が胃に入ったとき、消化・吸収した栄養分を臓器から臓器へ、時間をかけて「升降往来」させるようなまだるっこいことは、生体はしない。胃のなかの「元気」は、直接に胃から、勢よく力強く運ばれて、もろもろの径路を通り、弩の引金が矢を放つようにすばやく、人知のおよばぬ巧みさで全身を周回する。まえに引用した『行余医言』の文には、飲食物が胃のなかに入り、純粋なエッセンスの気を蒸発させ、それが血となり、精となり、津液となり、もろもろの道を運ばれて、全身を養い潤す。あるものはここへ、あるものはあちらへと、すばやく巧みに、直接に胃から、活潑にあまねく行き渡る、とあった。そうしようと思ってそうなるのではなく、ただ「一元気の作用」のおかげで、自然にそうならざるをえないのである。この生体のはたらきを言語ですみずみまで説明する、いいかえれば、知的にはっきり認識することはできない。

人体の生理学的作用は、胃から直接に、あらゆる通路を通って（たぶん全身に張りめぐらされた、単一の経路の網状組織を通って）ほとんど瞬時に全身に行き渡る、飲食物の純粋なエッセンス＝元気のはたらきに帰せられる。

これは神秘主義である。科学的探究の道はここでは完全に閉ざされている。修庵ははじめからそれを拒否している。わたしの言が「想像の言」で信用できないというなら、古人の言も「想像の見」で信用できない。臓器の「運動・作用」を知るのは、外からその上下・前後の位置関係を見るのとわけがちがう。だからどちらも同じ想像であり、その真偽を分析し判断することはだれにもできない。

説明は想像でしかありえないのだから、解剖学的研究は無意味である、と主張するにこれは等しい。そして実際にかれは兎を解体・観察して、その無意味さを証明してみせる。

ある日、兎が一匹手に入る。料理にかかろうとする家人を止めて、修庵はいった、「いつだったか本草を読むと、兎には脾がないと書いてあったが、まだ真偽を験《ため》したことがない。これも研究のうちだ。ひとつ試《ためし》に視てみよう」。腹を剖《ひら》いて観察すると、確かにその通り脾がない。

この話は李時珍の『本草綱目』巻五十一・兎の集解の項にみえる。じつをいえば、いま『本草綱目』を読んでいちばん面白いのが集解である。ここには生物学的な記述のほかに、民俗・俗説・言伝えなど、いろいろ奇抜なことが書いてある。百合の根はからみ合ったみみずの変化したものだの、狐は人に化け、尻尾でたたいて火を出すだの、牝猫は牡がいなくても、竹箒で背中を数回掃けば孕むだの、やれ嘘だいんちきだと一一めくじらを立てていては夜も日も明けぬ。李時珍が引いているのは、類書（一種の百科全書）の『事類合璧』（宋・謝維新編『古今合璧事類備用』か？）の文である。兎は「上唇欠けて脾無し」、と。いきなりでは戸惑うかも知れないが、話の由来ははっきりしている。「脾は口を主《つかさど》る」（素問・陰陽応象大論）、「その栄は唇なり」（同・五蔵生成論）。栄は花、植物になぞらえて、唇を脾が外に咲かせる花に見立てた、例の分配説である。要するに、唇は脾の花、唇がないからには脾もないという、兎唇にひっかけて医説をひねった、他愛もない小話なのだ。かねて分配説を蛇蝎のように嫌っているわが修庵先生、『素問』のそんな箇所など、あるいはろくすっぽ読んでもいなかったか、まんまと乗せられた。おまけに解体までして、話は本当と証明したのだから、これはもう様にならない。修庵先生不勉強の報いというほかはあるまい。

それはさておき、兎の脾は見つけにくいのかも知れないが、まさか兎だけないということはあるまい。しかし修庵は疑わない。ほかの兎を解体したり、身近な小動物の獺《かわうそ》や鼬《いたち》などと比べてみたりしようともしない。先人の書にみえることを実物に当たって「試に視」て、記載通りかどうか確かめる。確かめたら、「研窮」はそこで終る。そしてそこから修庵のいかにも乱暴な推論がはじまる。脾がなくても兎の糞は完全に「腐熟」していて、食物の元の形は残っていない。牛馬・犬猫の糞はあの通り、兎もこの通り、脾があろうとなかろうと、「腐熟」の度合になんの違いもない。

たとえば馬糞と牛糞のこなれかたが同じだとは、わたしには到底見えないが、それはいいとしよう。修庵はどうして、『内経』がもっぱら胃に帰した「腐熟」を、脾がつかさどると主張していると思い込んだのだろうか。もういちど経脈別論の文章を読んでみよう。

脾気は精を散じて、上に肺に帰す。水道を通調し、下に膀胱に輸る。

問題は下二句の主語である。飲食物の気の流れに沿って順送りに書いてゆく文章の作りからみて、脾が肺に送った精気すなわち肺気が「水道を通調し」、と読むのが自然だろう。疑問があるなら注を見ればいい。どの注も肺としている。しかし修庵は注に当たらなかった。そして脾が上は肺、下は膀胱に輸送する、ととったにちがいない。「食気」と「飲」を区別せずに飲食物とみなし、「食気」の文のあいだにこの「飲」の文を挿入したとき、修庵の理解は、簡略化してしめせば、つぎの図のようになるだろう。

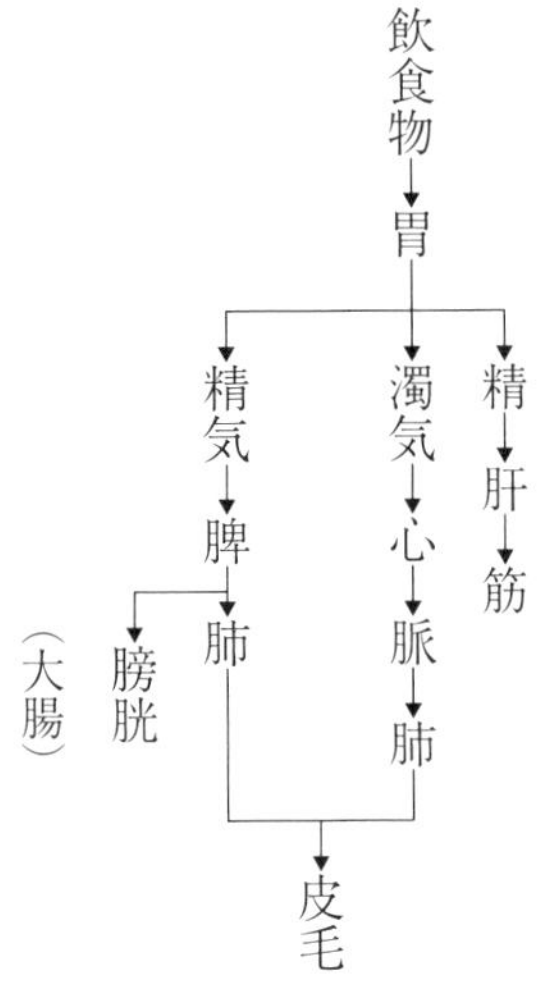

もともとは飲物だから脾の左下に膀胱がきているが、飲食物なら同じ位置に大腸も並ぶはずだ。こうして脾が「化熟・運輸を司る」という構図になる。

誤読から導かれた誤解のうえに立ち、間違って確認した獣の例を「類証」として、修庵は、だれひとり主張したことのない、脾臓の化熟・運輸説を否定する。そしてそれを身体機構の見かたそのものにまで拡大する。器「官」という言葉が示唆しているように、中国医学では対象を認識したり関係を規定したりするのに、よく官僚制モデルを用いる。修庵の表現を使えば、『内経』では、臓腑は「一一皆な官職・主司〔職掌〕を有す」る。しかし、「臓腑の高下・前後・左右の位置」があいう配置になっているのは、自然にそうなっているのだ。『内経』の説のような機構ではありえない。こう述べて、修庵は主観的唯心論の立場から、身体の知的認識は不必要だと主張して、この文章をしめくくる。すなわち、心の「神識作用」、その不思議なはたらき、人知を超えた認識のはたらきが、全身にあまねくゆきわたる気の運行として、臓腑の活動を把握させるにすぎぬ。それ以外のことはだれにも分からぬ。それをありのままに受け入れるまでのこと、あれこれ論じなくてもよろしい、と。

これほど完全な科学の否定、反科学の立場があるだろうか。

7　技術の方法としての親試実験

経脈別論の読みかたは、香川修庵の学問がどういうものであったかを、はっきり教えてくれる。修庵には理論的関心がまったく欠けている。かれはおそらく経脈別論が異説であることにも気づいていなかったろう。一般的な学説を理解していれば、脾が食物の「腐熟」作用をおこなうという帰結に導かれるような誤読をするはずがない。そしてそのことがこの異説を、『内経』批判の対象に選ばせることになったのであろう。修庵の目に映った理論とは、基本的な諸概念のあいだの論理的ないし形式的な関係、かれのいう分配だけであり、その外皮に包まれている実質はすっぽり抜け落ちていた。

修庵を突き動かしていたのは、〈医学は技術に徹せよ〉という根本的な要請であった。医学は病気を治す（療病）、あるいは病気にかからないようにする（養生）という現実の課題にとりくむのだから、技術を第一義とするのは当然のことである。しかし修庵にとって、技術に徹することは理論を排除することと同義だった。理論はおおかた「空論」であり、技術を妨げこそすれ、それに役立つものではない。修庵の思考は、積み重ねた経験的事実を一般化して法則ないし理論を抽出するという方向へは、いいかえれば科学へは向かわない。かれの医学の方法を簡潔に述べた文章がある。

善く本草を読み、明らかに薬物を弁じ、審かに性味・功能を識り、親しく試して験有る者を撰び取り、又た古今の医籍を渉猟し、唯だ的実正当、以って信《まこと》を徴《ただ》すに足り、養生・療病に裨《たすけ》有る言を取る。(52)（養庵後藤先生の七十を寿ぐ序）

その意味するところをすこし具体的にみてみよう。

本草は薬物学と生物学（植物学・動物学・鉱物学）という二つの顔をもつ。貝原益軒の『大和本草』はほとんど薬物学を棄てて生物学へ向かい、日本における本草研究の一つの大きな流れをつくりだした。修庵の目はもっぱら薬物学に注がれている。生物学にはまったく、あるいはほとんどまったく、関心をしめさない。『薬選』では、記載は薬効と薬材の良し悪しの判別法に終始し、獺の項の「江湖・渓間に多く之れ有り、狗に似て短足、水居して魚を食らう(53)」という生物学的な記述などは、まれな例外に属する。『薬選』は本草研究のもう一つの大きな流れのなかにある。

中国には「薬を売る者は両眼、薬を用いる者は一眼、薬を服する者は無眼(54)」という諺があった。古来、売薬業界は偽物といんちきの横行する世界である。医師の「先務」は薬を知ること、その「美悪・真偽」を弁別することにある。(55)真物の、しかも「精新熟実なる者」を選ぶこと。橘皮・枳実などは古いものが良いとされてきたが、修庵はそれを退ける。修庵もまた薬材の生物《なまもの》主義者であった。

本草では薬の性質として、甘・苦・辛・酸・鹹の味、寒・熱・温・涼・平の気、それに毒の有無を記載する。しかし修庵は、気も味も口に入れたときに感じる性質にすぎないとして一括し、しかも気味は功能とは無関係と、『薬選』には記載しない。とはいえ気味は料理の「塩梅《あんばい》」と同じこと、患者の口に合う薬を調合するのに役立つ。だからかならず薬物をなめて、気味を識っておかなければならない。毒の有無も記載しない。「おおよそ薬は皆な毒有り。ただ大小・軽重の分有るのみ」。修庵の創見ではないが、ひとつの見識である。

> 故に吾が門の薬物に於ける、専ら気味と有毒・無毒とを主とせず、唯だ勉めて某の薬の某の疾を治するを知るを要と為すのみ。強いて然る所以《ゆえん》の理を鑿《さく》する勿れ。

「然る所以の理」は物事の根拠、「鑿」は穿鑿、分析。「過鑿は卒《つい》に愚昧に陥る」（『薬選』桂・弁正[56]）とは、かれがある元代の医家の議論を批評したことばであった。

薬の主治、どんな病気に治療効果があるかについては、「軽身・益寿・延年・不老」といった、神仙道教の方士の邪説を載せる漢代の『神農本草経』は棄て、

> 今はただ、唐・宋・元・明諸家本草の録する所、明白的実、施用して験有る要語と、吾が門の毎《つね》に試して効有ると、相符する者を挙げて取る。

最初の勅撰本草である『新修本草』（六五七）以下、唐以後の主な本草の記載もおおむね『本草綱目』に収録されており、修庵はもっぱらそれに依っている。

このように、修庵の薬物学は、治療に役立つかどうか、実際に効くかどうかを唯一の基準として構成されていた。どうしてそうなるかは一切問わぬ、穿鑿は不必要、ただ特定の薬が特定の病に治療効果があるのを知ることだけが肝要とされる。本草あるいは臨床医学書に先人が記載しているその特定の事柄を、間違いなくそうだと確認し、有効なものとして選択する方法が、「親しく試して験有る者を撰び取る」、いわゆる「親試実験」である。

すでに見た兎の脾の事例とは逆に、こんどは、本草の記載を否定した解剖（正確にいえば開腹観察）の事例を挙げよう。『本草綱目』巻五十一・水獺《すいだつ》・肝の項に、蘇頌（一〇二〇―一一〇一）の『図経本草』（一〇六二）の文章が引かれている。

蘇頌が曰く、諸畜の肝葉は皆な定数有り。惟《た》だ獺肝は一月に一葉、十二月に十二葉、その間にまた退葉有り。之を用うるには須《すべか》らく形を見て乃ち験す可し。爾《しか》らざれば偽多し、と。

修庵は『薬選』獺肝・弁正でこれをとりあげた。

此れ妄言なり。李は之を挙載するも、曾《すなわ》ち弁を致さず。意《おも》うにその親しく験視せざるに因りて之を信じ、その然らざるを知らざるか。(57)

李時珍はたしてどこまで信じていたか。というのは、『図経本草』には同じ類型の話がほかにもあり、『本草綱目』もそれを引いているからだ。すなわち巻三十五・梧桐・集解に、「頌曰く」として、

遁甲書に云う、梧桐は日月正閏を知る可し。十二葉を生じ、一辺に六葉有り。下より数えて一葉を一月と為し、上に十二月に至る。閏有れば十三葉、小余は之を視れば、則ち閏は何月かを知る。

小余とは、暦法では一年の日数の端数をいうが、ここでは十三葉以外の小さな葉の数を指すのだろう。それを数えて、閏月は何月かを知るというのである（当時の暦法では置閏の月は一定していない）。遁甲書は一種の占星術書。「経史および方書・小説」の類まで「旁引」したと編者の序にいう『図経本草』の注は、『本草綱目』の集解の先駆をなしている。つぎの話も、巻五十一・象・集解にみえているが、『政和本草』巻十六・象引図経のほうがすっきりしているから、そちらを引いておく。

或ひと曰く、象は十二種の肉有り、十二辰（十二月）に配す。……また胆は肝に付せず、月に随いて諸

肉の間に在り、と。
李時珍によれば、出典は唐の陳蔵器（八世紀）の『本草拾遺』。ちなみに、この話は象の「肝臓に胆嚢がない」（アリストテレス）[58]ことの説明である。
『薬選』に戻ろう。『本草綱目』水獺・胆・正誤によれば、宋のある本草家は獺肝にまつわるある言伝えを疑い、「嘗て之を試すに験せず。蓋し妄伝のみ」として、実際に起こる現象を書きとめた。修庵もまた獺肝を「親しく験視」する。

予は獺腹を剖《さ》きて親しく之を見ること、およそ三十余。或は冬、或は春夏、雄有り雌有り、老大幼小有るも、その肝は皆な是れ七葉、未だ嘗て月に随いて漸増し、多少進退の異有るを見ず。間《ま》ま五葉大に二葉小に、或は四葉大に三葉小の同じからざる有りて、左右・三四もまた定位無し[59]。

この記述はじつは、『難経』四十二難の「肝は……左三葉、右四葉、およそ七葉」にちょっと手を加えただけである。やがて山脇東洋は、「肝は右に位し、濃紫色、襞一[60]」と観察し、獺解剖と人体解剖の両方の知見に本づいて、『難経』の文を引きながら、「肝は右四葉、左三葉……の類も、また何ぞ獺の蔵に肖《に》るや」（蔵志[61]）、と書くだろう。そのとき、修庵の批判者だった東洋（後述）の脳裏を、『薬選』の記述が過ぎっていなかったかどうか。要するに修庵は、おのれの目でなく、『難経』の目で獺肝を見ていた、そして、『難経』の記述をほぼ確認したにすぎぬ。
獺にはもうひとつ、修庵が観察した箇所があった。『薬選』獺・弁正にいう。

嘗て本草綱目を読むに、李時珍が曰く、或いは云う、猵獺《ひんだつ》（水獺）は雌無し、と。此の言、大いに妄なり。予は親しく獺を殺すを観ること三十余頭、牝に遇うごとに必ず自ら臨みて腹を刳《さ》かしめ、審《つまびらか》にその子宮・前陰の路径・位置を観察し、子弟・門人に指し示し、視て以って徴と為さしむ。已に雌獺を見ること、歴歴として是《かく》の如し。何ぞ牝無しと謂うを得んや。医家の妄誕、毎毎《つねづね》此の如し。必ず信拠する勿れ[62]。

元の話は水獺の集解にみえる。

或いは云う、獱獺は雌無く、猨《さる》を以って雌と為す、故に云う、猨《さる》鳴けば獺候《うかが》う、と。

獺の人目を引く動作が生んだこの話は、巻五十一・獼猴《さる》・集解に出てくる、

玃〔老猴〕は……純牡にして牝無し。……善く人の婦女を摂《と》り、偶《つがい》と為りて子を生む。

と同じ類型の民間説話である。「医家の妄誕」と息巻くような話ではない。

それはともかく、獺の開腹観察の状況はこれでかなりはっきりする。「およそ獺肝は、自ら取る者に非ざれば、信じ用う可からず」（獺肝・撰修[63]）と書いているから、薬にするために殺したのである。後藤艮山もしきりに獺を解体した。三十余頭という数はそれで説明がつく。修庵が自分で解体したのではない。取り出された肝を観察したのだ。肉は、「人宜しく食らうべし」（獺・試効）とあるから、むろん食べた。獺は毛皮が上質で、そのため乱獲されて、日本ではほぼ絶滅してしまった動物である。毛皮はもちろん加工された。ただ雌の生殖器はそのまま捨てるものだから、「研窮」のために自分で立会って解剖させた。たぶんそんなところだろう。

兎の脾にはあれほどこだわりながら、獺の脾について一言半句の言及もない理由も、これで分かる。第一に、かれは内臓全体を見ていない。臓腑の配置を見てもなにも分からぬ、一般解剖学は不必要、というのがかれの主張であった。第二に、その関心はあくまで書物にみえる特定の記載の、ただそれだけの確認に限定

される。対象を同種または異種の類似した事例にまで広げて比較し一般化し、ある種の法則性を見出す比較解剖学的視点が、かれにはまったく欠けている。そのふたつが、解剖ないし開腹観察という折角の試みを、まったく実《みのり》ないものに、解剖そのものを否定する結果に、終らせてしまった。いや、もうひとつある。修庵のある種の知識ないし理解力の欠如である。かれが中国の生理学と解剖学の成果をもっとよく研究し理解していたら、そして本草の記載、とりわけ『本草綱目』の集解の性格をもっとよく把握していたら、そもそもあのような対象を親試実験の材料には選ばなかっただろう。

薬物学における修庵の親試実験については、わたしには判断できない。しかし、そこで解決しなければならない問題は、一つひとつの個別的、具体的な薬が、一つひとつの個別的、具体的な病に効くかどうかを確かめることなのだから、先人が書き残した指示にしたがって薬を調合し、試験的に投与してみて、効果もその記述どおりかどうかを確かめる親試実験は、実際に役立つ方法にちがいない。

親試実験は技術の方法である。それも日常経験の範囲にとどまっているかぎりでの技術、原理的な研究がおこなわれるようになる以前の技術の方法である。

それは職人が普段やっていたことではないか。親方が残した覚え書どおりに弟子が作ってみる。うまくゆけばそれでよし、ゆかなければ材料や部品の形や組み合わせや作業のやりかたなどにちょっとした工夫を加え、それを覚え書にしておく。次の世代がまたそれを試みる。その繰り返しと積み重ねが、技術の歴史ではなかったか。医学の場合も事態に変わりはあるまい。すぐれた医師たちが覚え書としてしたためた薬物書や処方集が、数多く残されている。その内容は、先人の書にみえるものであれ、それに手を加えたものであれ、一歩進めてみずから工夫したものであれ、すべて自分で試して実際に験《ききめ》があったものであろう。かれらはそれを使って治療するだけでなく、学生の教育もおこなった。こうして師の覚え書が弟子に継承され、また試験される。修庵のいう「唐・宋・元・明諸家本草の録する所」も、その核心的な部分はそうして成立したものにちがいない。だれも親試実験とは呼ばない親試実験が、臨床医学の歴史の核心を形づくってきたのである。ただ職人が物を作る場合とちがい、病気はきわめて複雑な現象であり、診断にも治療法にも、多くの混乱や誤謬、さらには欺瞞が入りこむのは避けられなかった。だから平素実践する、後藤艮山のことばをかりれば「日ニ用イ月ニ試ミ」(64)(校正病因考叙)る、やりかたであるとはいえ、それを自覚的にとりだして、親試実験といった類の名称をあたえ、意識的に適用して、病の症候と薬の効能のあいだの関係を確かめてゆくことは、まちがいなく有効だったにちがいない。方法としての親試実験の誕生である。

親試実験は、修庵にあってはまだ、有効性が局限されている。それが認識の方法でないことは、兎脾と獺肝の開腹観察のほとんど戯画的な結末が証明している。親試実験は、全体的な観察と比較と一般化へ、そしてなんらかの法則性の発見へと向かわないかぎり、日常経験的な技術の方法という狭隘な限界を打ち破り、科学の方法へと接近することはできない。修庵の親試実験は、その言葉が連想させがちな、近代科学へ向かう最初の道標などではない。修庵の限界を乗り越えること、それはさしあたり山脇東洋に残された課題であった。

最後に修庵が主として依拠した医書に触れておこう。『行余医言』巻一・処方にこう述べている。

凡そ方書を読むには、専ら傷寒論・金匱方論を以って主と為す。晋より唐初に及びて、その間に名医数輩有り。方法取る可きも、書の存する者無く、尽《ことごと》く王燾《おうとう》の外台秘要中に在りて之を収む。故に此の書は読まざる可からず。千金方は差《や》や煩雑に渉る。読むもまた可《よ》し、読まざるもまた可し。殊《こと》に宋以下の書を読む勿れ。宋の局方行われてよりして元・明以来、医家者流皆な事を斯《これ》に従い、曾《かつ》て範囲を抜け出して、別に正説を持する者無し。故に読むに足らず。[65]

『金匱（要略）方論』は『傷寒論』とともに張仲景の書。唐の王燾（八世紀）の『外台秘要』（七五二）は、魏晋から隋唐にいたる臨床・鍼灸医学の成果の集大成、のちに山脇東洋が校訂出版する。唐の孫思邈《そんしばく》（五八一―六八二）の『千金方』（七世紀中葉）も同様の書。「局方」は『太平恵民和剤局方』（一〇七八―一〇八五）。政府の太医局が編纂・刊行した、世界最初の薬局方。大きな影響をあたえたが、元末にいたり、朱震亭が『局方発揮』（十四世紀）を著して真向から批判した。『局方』の処方は明代にもよく用いられているが、使用処方中に占めている比率はそれほど大きくないように思われる。修庵はここでも、とくに明代医学についての、勉強不足を露呈している。おそらく『局方発揮』を手にしたこともなかったのだろう。

ともあれ香川修庵は『内経』医学と近世医学、陰陽五行説に本づく理論的医学の全面的な否定者として立ち現れる。そして『傷寒論』を軸とする漢唐医学を継承し、技術としての医学の確立を目指す。香川修庵が切り開いた道のうえを、山脇東洋と吉益東洞がさらに先へ歩いてゆくだろう。

8　山脇東洋の観臓

香川修庵は伊藤仁斎の門に学び、山脇東洋（名は尚徳）は荻生徂徠に私淑してその学徒となった。師にしたがって、修庵は『論語』・『孟子』を、東洋は『周礼《しゅらい》』を、経典と仰いだ。東洋は修庵をきびしく批判したが、その最大の理由は、修庵が『周礼』を「疑うらくは聖人の作に非じ[66]」と主張したからであった。にもかかわらず、おなじ後藤艮山門下の二十歳若い東洋は、まぎれもなく修庵の後に随った。いま引用した、中国の医書にたいする修庵の評価は、ほとんどそのまま東洋の評価でもあったとみていい。

東洋はその医学の方法を、中風偏枯説と題する文章のなかで具体的に例示している。[67] かれが求めたのは「経験の実」である。「その実を経験す」ること、実際に自分でやってみて確かめることである。「実」とは、逆に、「常々経験する者」（気厥説[68]）ということもできよう。病気では「因と証」、病因と症候を把握する必要がある。病因には「内外の因」、外因（感染症）と内因（飲食・性の過剰による病と精神疾患）がある。まずそれを明確に弁別したうえで、病名を正す、いいかえれば、ある病名で呼ばるべき症候群を確定する。そしてその症候群に有効な薬を選び、その「実を試す」。要約すればこうなるだろう。

この論説にいう「実を試す」、「その実を経験す」は、内因と外因の二つの病を同一視している過去の記述の混乱を正すことを目指していて、修庵の「親しく試して之を験す」とはやや適用のしかたが異なるが、方法論としては同じ地平にあるといえよう。この地平から一歩抜け出したのが、そして科学の方法に一歩接近したのが、東洋の「観蔵」であった。

儒教の五つの古典の一つ『周礼』天官に、医職（医師・食医・疾医・瘍医《ようい》・獣医）の規定がある。そこに書かれている職掌は、東洋によれば、聖人である先王によって定められたものであり、そこに医の本来のありかた、履《ふ》み行うべき道がしめされている。「職を疾医（内科医）に奉ずる」（蔵志[69]）東洋は、『周礼』の疾医の規定を忠実に実践しようとする。規定にない「神仙・陰陽は吾が術の学ばざる所なり、鍼石・経路は吾が職の習わざる所なり」（傷寒論会業引[70]）。とうぜん『素問』・『霊枢』・『難経』は、秦漢道家の神仙・養生・陰陽の説を雑え、経路説と鍼灸療法を説くにすぎないとして退けられる。なかでも東洋が鍼灸を医療技術と認めなかったことは、やがて大きな意味をもつことになる。

疾医の規定のなかに「九蔵」という言葉が出てくる。注釈家たちはそれを、五臓に胃・膀胱・大腸・小腸を加えたもの、と解釈してきた。六腑から三焦と肝に付属する胆を除いたのである。かねて医書の臓腑説に疑問を抱いていた東洋は、『蔵志』によれば、師の良山にすすめられて獺を解剖する。そして、肺・心・肝・胆・腎・脾・胃・膀胱・腸の「九域儼然たる」を見た。しかし、

独り怪む、所謂小腸なる者を見ざるを。数《しば》しば試みて益ます疑う[71]。

そして先秦の書のなかに、いま挙げた九つの臓器の記載を見つけ、これこそ先聖の説を伝えるもの、『周礼』にいう「九蔵」だと確信する。東洋はこうして囚人の屍を官に乞い、「観蔵の挙」を実行して、まさしく小腸がないのを確認したのである。

この「観蔵」を修庵の兎・獺の開腹観察と比べては、東洋に気の毒だろう。それは比較を絶している。第一に、観察しなければならないのが九臓だから、当然といえば当然だが、骨から内臓まで全体を観察し、臓器間のつながりにも目を向けている。きわめて不十分とはいえ、一般解剖学の誕生をそこに見ることができよう。第二に、動物解剖との比較の意味に気づいている。

そもそも獣の蔵を以って類推するか、はた知らずして妄作するか、是れ異なる可きなり[72]。

比較解剖学的視点の萌芽である。第三に、確かな認識は一般に物の観察から生まれることを理解している。

理を先にして物を後にすれば、則ち上智も失無き能わず。物を試して言をその上に載すれば、則ち庸人も立つ所有り[73]。

東洋が一歩踏み出した道の先には、まちがいなく科学があった。しかしながら東洋は、ついに修庵の立場を

乗り越えることができなかった。

「医の業為るや、技を以って職に奉ず」（論業）[74]。東洋もまた技術に徹しようとする。技は「法（あるいは方）と術」（山県周南に復す）[75]につきる。法は治療法、方は処方、「良医の方を習いて、事に施し危きを救う」（論業）[76]のが術である。「先聖の遺法」は張仲景によって伝えられた。

仲景は古訓に率由《したが》い、法を存し術を伝うるのみ。長沙氏（仲景）の没後、述べて作らざる者は、それ唯だ王氏の外台秘要か。上は晋漢に泝《さかのぼ》り、下は当時に及び、経験の方術、網羅して遺《のこ》す無し。[77]（翻刻外台秘要方序）

「述べて作らず」は『論語』のことば、祖述すること。先聖の遺法を祖述した後漢の張仲景から唐の王燾《おうとう》にいたる名医たちの方に、学ぶべきすべてがある。その場合、東洋のいう仲景の方術とは、汗・吐・下剤を用いる、強い作用の治療法であった。

東洋の観臓は、日常経験的な技術の方法である親試実験の域を脱して、科学的研究へ向かおうとしていた。しかし、先人の書にみえる事柄を確認するというその本来の性格から、東洋もまた自由ではありえなかった。小腸をふくまぬ、とかれが解釈した『周礼』の九臓を観るために人体を解剖し、実際にそれを確かめた、つまり小腸を見なかった。兎の脾を見なかった修庵の轍を東洋は踏んだのである。ひとはそこに物が在るから見るのではない、見たい物を見るのだ。見たい物でなく、在る物を見るには、見ることについての方法的自覚が必要である。東洋にはそれはなかった。もっともかれは一回の観臓では満足しなかった。門弟からの人体解剖の報告に接した東洋は、もう一度、観臓への意欲に燃えた。しかしそれはあくまで、「社中の諸子をして親しく九蔵の厳然たるを見せしめんと欲す」（栗文中に復す）[78]るからであった。

主観的意図がどうあれ、山脇東洋の観臓によって解剖学の時代は幕を開けた。しかしながら、東洋にたいする後世の眼は、もっぱら観臓の壮挙（反対者からみれば愚挙）か観察の疎略さに向けられ、『蔵志』の内包する科学が直接掘り起こされることは、ついになかったようにみえる。すでに西洋解剖学の足音がひたひたと迫っていたのである。

9　否定者吉益東洞

香川修庵が歩きはじめた否定者の道をつっ走り、行けるところまで行ったのが、吉益東洞（名は為則）である。

吉益東洞は無学の人、あるいは、こういったほうがよければ、独学の人であった。儒教の古典や諸子百家の書、史書、医書など、古代の典籍三十部あまりから医学にかんすることばを書き抜き、それに漢文で評語を加えた、『古書医言』と題する一種の読書ノートがある。その勉強ぶりをしめす、東洞の自筆本が残されているが、評語の文章の多くはほとんど漢文の体をなしておらず、なかにはなにを言おうとしているのか、意味の汲みとれない文もある。本当に内容を理解しているのか、小首をかしげたくなる評言も、一、二にとどまらない。このノートは、東洞に漢学の素養が欠けていたことを、はっきり物語っている。東洞の漢文の著作は、弟子への口述筆受方式をとるか、でなければ、弟子たちが師の文章に手を入れて仕上げたにちがいない。事実、この自筆本にも、別人の筆跡による、漢文を修正した丹念な書き込みがみられる。

ちなみに、わが国の産科学の基礎を築いた賀川玄悦（一七〇〇―一七七七）の『産論』（一七六五）は、病気を病候・測法（病因）・治法の三項目によって記述した、きわめてすぐれた臨床医学書である。山片蟠桃（一七四八―一八二一）によれば、「此人無学ニシテ、書ヲアラハスノオナシ。其草稿ヲ以テ皆川氏（淇園、一七三四―一八〇七）ノ書ク処ト云」[79]（夢ノ代・雑論）。無学であることは、すぐれた臨床家であることを妨げるものではない。しかし、医学理論の理解となれば、そうはゆくまい。

ともあれ、「古書の医言」を東洞は、山脇東洋から継承した疾医対陰陽医の図式で裁断し評価した。ただし疾医の規定は、『周礼』をそのまま採用した東洋とは、大きく異なっていた。司馬遷の『史記』巻一百五・扁鵲倉公列伝にみえる、春秋時代の伝説的な名医扁鵲に、東洞は疾医の理想像を見出していたからである。

東洞の心を捉えたのは、つぎのように語る扁鵲であった。疾の腠理に居るや、湯熨《とうい》〔薬湯《くすりゆ》と温湿布〕の及ぶ所なり。血脈に在るは、鍼石《いしばり》の及ぶ所なり。その腸胃に在るは、酒醪《しゅろう》〔薬酒〕の及ぶ所なり。その骨髄に在るは、司命〔生命をつかさどる神〕と雖も之を奈何《いかん》ともするなし。

東洞の解釈によれば、扁鵲は病の所在（腠理・血脈・腸胃）を見極めて、それに応じて治療法（湯熨・鍼石・酒醪）を選ぶ。具体的な治療のやりかたは病状によって決めるが、「病応は大表に見《あらわ》る」、症候群はかならず体の表面にあらわれるから、それによって判断する。これが疾医だ、というのである。そして扁鵲の薬方を伝えたのが、ほかならぬ張仲景だと確信する。いっぽう、扁鵲と対極的な陰陽医像を東洞は、扁鵲倉公列伝のもうひとりの主人公、前漢の太倉公淳于意に見出す。

こうして東洞は『医事或問』の冒頭に、医学の流れの、つぎのような、独断的な図式を呈示する（漢文表現は読み下して引用）。

古昔、医者三あり。曰《いわく》、疾医、曰、陰陽医、曰、仙家医是《これ》なり。周礼に謂う所の疾医は、病毒の所在を見定、其毒に方を処《つけ》て病毒を取去……。扁鵲・仲景のする所是なり。陰陽医は、病の所在を見ず、唯陰陽・五行相生相剋・経絡等を以《もつて》病を論ず。……漢の太倉公是なり。仙家医は気を煉《ねり》、或は煉丹を服し、人をして造化にひとしくせん〔不老長生にする〕事を学ぶ……。葛洪・陶引景・孫思邈〔いずれも道教徒〕是なり。

そして東洞は結論する、今日の医者は陰陽医に仙家の方を混じえたものを尊信しており、疾医の道は絶えて久しい、と(80)。病毒の所在を見定め、その毒に処方して病毒を取り去るとは、東洞が自負しかつ誇示した、かれ自身の医学の定義であった。

中国医学理論すなわち陰陽医の説を、東洞がどこまで理解していたか、それをうかがうに足ることばを、かれは一つも残していない。聞くことができるのは、治療の役に立たぬ、という拒絶のことばだけである。『医断(81)』(一七五四)を読んでみよう。まず「臓腑」は、

仲景は未だ嘗て論ぜず。病を治するに益無ければなり。……要するに〔五臓六腑は〕皆な治疾の用に非ず。

これは解剖学無用論である。「経絡」は、

人身の気脈通行の道路を言い、医家の重んずる所なり。然れども治に用うる無し。可からず。

「栄衛」は、

気血の別称なり。いわゆる栄は脈中を行り、衛は脈外を行る……、また理のみ。疾医の用に非ず。従う

「陰陽」は、

天地の気なり。医に取る無し。……唯だに治に益無きのみに非ず、反って以って人を惑わす。

「五行」は、

素問・難経は、是に由って以って天下の衆理を総《す》べ、人身の百病を窮めんと欲す。……然りと雖も、要は皆な論説の言のみ。いまその説を執りて、之を匕術《ひじゅつ》に施せば、則ち謬を千里に致す。

「運気」は、

五運六気は病に験無し。……要するに是れ陰陽家の言なり。奚《なん》ぞ疾病医に取らんや。

東洞はこのように、中国医学理論の基本概念をすべて斥ける。それだけではない。東洋とちがって、東洞は「病因」も語らない。かれの信念によれば、「万病唯一毒」だからである。

吉益東洞の万病一毒論はひどく単純である。

夫れ人生まれて後、形体中に入る者は飲食なり。……夫れ飲食二便に通利せざれば、則ち糟粕内に溜滞し穢物を為す。之に命《な》づけて鬱毒と曰う。是れ即ち病なり[82]。(古書医言)

腹中この一毒が動いて、万病を発病させる。頭にあれば頭痛、腰にあれば腰痛、足にあれば痿躄《いざり》と、その病気のさまは「千変万化、あげて数うべからず」(医事或問・巻下)[83]、「千変万怪、名状す可からず」(医断・病因)[84]。病因という言葉を使えば東洞の意に反するだろうが、万病一毒論は要するに一元論的病因論にほかならぬ。これが後藤艮山のいわゆる一気溜滞説の変形であることは、すぐに見当がつく。東洞によれば、積もったり結ぼれたり凝ったりするのは、形の有るものにかぎられる[85]。毒は物であり、形があるが、気には形がない。こうして一気溜滞説は、毒物すなわち穢物溜滞説へと遷移し、万病一毒論が誕生する。

東洞にとっては、しかし毒は病因ではなく、病気そのものである。たしかに病因がないとはいわない。

「もし止むを得ずして之を論ずれば、則ち二つ有り、飲食・外邪是れなり」（医断・病因[86]）。しかしながら、

　万人同じ風〔外邪〕にあたれども、傷《やぶ》るゝもあり、傷られぬもあり。又同《またおなじ》物を食しても食傷する人もあり、せぬ人もあり。是皆《これみな》傷らるゝにあらず。天の気に感じて腹中の毒動《うごく》故なり。……風も食も傷る物にあらず。腹中の毒、動て気をわずらわしむるといふ事を知るべし[87]。（医事或問・巻上）

外邪も食物も「天の気」として、毒を動かす引金として、作用するにすぎない。のみならず、「邪は外より来たると雖も、その毒無きときは入らず」。いずれにしろ腹中に毒がなければ決して病気にはならない。だから「因無しと言うと雖もまた可」（医断・病因[88]）であり、病因を語らず、それを治療の根本ともしない。あくまで「見証を以って治本と為す」（同[89]）、現われている「証」によって治療を施す、それが東洞の医学の基本的な立場である。

　東洞の医学には、だから病因がないだけでなく、病名もない。すくなくとも病名を必要としていない。「何となれば則ち名に因りて治を為す可からざればなり」（古書医言[90]）。たとえば「痘瘡《ほうそう》の証」がはじめて記載されたのは後漢の初めだが、「その病為《た》るや、始めより癰瘍《ようよう》〔化膿性の腫物〕と異なること無し」（医断・痘瘡[91]）。同じ「証」にはすべて同じ治療法を施す。「吾党の小子は、蓋し病名・医論に惑う勿れ」（古書医言[92]）。その場合、「証」とは扁鵲のいう「病応」、すなわち体表にあらわれる症候群である。

　蓋し疾医の若《ごと》きは、毒の所在を以って方を処するも、若《も》し証変ずれば則ち方変ず。乃ち扁鵲の所謂《いわゆる》「病応は大表に見る」是れなり[93]。（同）

東洞はそれを「外証」ともいう。処方を具体的に決めるのはその外証である。

　ここには、「目に見えぬ事はいはず」（医事或問・巻下[94]）という、東洞の立てた思想的格率がはたらいている。

目に見えぬというのは、もっと一般化して、感覚知覚によっては捉えられぬ、と言い換えてもいいだろう。東洞はたとえば目に見えない臓腑については語らない。

肺癰は肺に癰を生じ、腸癰は腸に癰を生ずるといふは臆見なり。皆腹中の事にて知《しれ》ぬ事なり。

毒も腹中にあって見えぬものだから臆見ではないか、という問いに答えていう。

毒も腹中の事なれども、是は腹を按《おさえ》て毒のつく所を候《うかが》ひ、その毒の形状見《みゆ》るゆへ臆見にあらず。[95]（医事或問・巻下）

按腹すなわち腹診法は、曲直瀬道三によって開発され、いろいろな流派の医師たちが発展させた、日本医学に独自の診断法である。[96] 腹診によって病気の所在と形状が「見える」と称する東洞にとって、それは診断法の第一の要諦であった。「病を診るには必ずその腹を候い、外証之に次ぐ」（医断・腹候[97]）。それでは脈診の位置づけはどうか。「証を先にして脈を先にせず、腹を先にして証を先にせず」（同・脈候[98]）。

香川修庵は『行余医言』の冒頭で「診候」をとりあげ、かれのいう六診（望形・問証・聞声・切脈・按腹・視背）のやりかたをくわしく解説し、「按腹を以って六診の要務と為す[99]」と述べたが、中国医学でもっとも重んじられてきた切脈すなわち脈診も、ほぼそれと同じくらいの比重で記述していた。しかし東洞は、古くから二十七種あるとされてきた脈象、すなわち脈動の波の形を、手首に三本の指をあてて判別できるとは信じない。近代医学は同意するだろうが、脈診は強弱・遅速・整不整を弁別できるにすぎない（同・脈候[100]）、とかれはいう。だから「脈は病の多少を知る」、あるいは「毒の動静を考う」ものであり、「病を知る者に非ず」（古書医言[101]）。東洞の目に映った、脈動の波の形の判別不能な複雑さ、脈象と病気との対応関係の曖昧さは、「目に見えぬ」事柄に属していたのである。

東洞のもうひとつの思想的格率は、天事と人事との峻別である。

　夫れ陰陽・五行は天事なり、人の法則と為す可からず。疾は人事なり、天事を以って測るに可からず。[102]（古書医言）

同じことをつぎのようにも書いている。

　蓋し陰陽・五行は造化の事にして人事に非ず。何を以って是れを人の疾病の法則と為さんや。[103]（同）

ここには明らかに、天地の法則を明らかにしようとする理論をそのまま人体に適用することはできない、と主張した荻生徂徠の影響が認められる。しかし徂徠は、天地と人体にはそれぞれべつの認識の枠組を適用すべきだと論じただけであり、人体の構成や作用は認識できないと考えたのではない。ところが東洞の思考はここで屈折し、べつの方向へ偏《そ》れてゆく。

　すなわち一方では、陰陽医は陰陽・五行を「規矩準縄と為す」あるいは「定則と為す」といい、この天地の法則である陰陽・五行の「理を以って之〔病〕を言う」のは「造化を以って人事に混ず」（古書医言[104]）、自然の造化の法則を人の行為によって生じた現象に適用することになる、と主張する。人が食物を摂取して腹中にたまった毒が病だからである。

　ところが他方では、陰陽医は「実事をとらず、規矩準縄なき陰陽の理をもて教るゆへ、歴代各見識かは」る（医事或問・巻下[105]）、と批判する。ここにいう「規矩準縄なき理」は法則ではない、理論である。陰陽・五行の法則に本づいて人体や病気を説明する理論である。

　五蔵六府・四肢百骸〔人体〕の論は、諸書各おの異なる。理を以って之を権《はか》〔量〕るは、論説の辞なり。

人体の構造や作用を天地の法則である理によってあれこれ推量する。論者ごとにそれぞれ異なる論説の辞が、そこに生まれる。これは天事で人事を測ることはできないとう原則の適用であるかにみえる。ところがつづけて意外にも、いや、当然にも、人体は天事だ、と東洞はいう。

蓋し五蔵六府・四肢百骸九竅《きょう》は、皆な造化の所為《しわざ》なり、人の所為に非ず。

人体が「造化の所為」ならば、「造化の事」である陰陽・五行の理によって説明可能なはずだが、東洞の考えはそちらへは進まない。

然るに陰陽・五行の理を以って之を論じ、之を療して寸効無し。臆なり。疾医は然らず、造化を以って人事に混ぜず。(106)（古書医言）

理に本づく人体の理論は、それに依拠する治療が効果をもたないがゆえに、臆見だというのである。これは端的に、治療の役に立たないから理論は要らない、というのに等しい。

以上の文脈から推して、最後の文章の「造化」は人体、「人事」は病を治療する行為、すなわち医学と解釈すべきだろう。医学から人体を排除するというと奇妙に聞こえるが、この解釈が誤りでないことは、つぎのことばによって立証される。

夫れ営衛・気血は造化の致す所、故に疾医は論ぜず、論ずるも人事に益無し。(107)（同）

天事と人事を峻別するという徂徠風の格率は、造化の所産である人体すなわち脈・臓腑・経絡・営衛を排除するための原則として使われていたことが分かる。この第二の格率と目に見えない事を排除する第一の格率とは、一枚の貨幣の表裏にすぎなかったのである。

こうして東洞は、法則の存在を肯定しながらも、理論の構築は否定するという、特異な立場を表明することになる。

夫れ理は定準無く、疾は定証有り。豈《あ》に定準無きの理を以って、定証有るの疾に臨まんや。故に吾党はその已《すで》に然る者を論じて、未だ然らざる者を論ぜず、またその然る所以の者を論ぜず。

そもそも理論には、すべての理論がしたがう一定の準則がない。病気には、それぞれの病気にあらわれる一定の症候群がある。病気の確かな症候群にどうして不確かな理論を適用できよう。だからわれわれは、すでに現象している事柄だけを論じ、まだ現象していない事柄は論じない。なぜそういう現象が生じるか、その根拠ないし理由も論じない。

蓋し事理は相依りて離れざる者なり。故《もと》より事は為して之を得《え》、理は黙して之を識る。(108)（医断・理）

ここにいう「理」は理論でなく、法則である。考えてみるに、事物と法則は引き離せない相互依存関係にある。もともと事物は行為によって実現するもの、法則はその行為を通して会得するものなのだ。

行為を通して法則を会得するもの、それは技術である。吉益東洞は科学を否定し、「医の学は方のみ」、医学は技術（処方）以外の何物でもない、と繰り返す。

夫《それ》医者は病を治するものなり。病を治するは方なり。故に医の学は方のみといふ。(109)（医事或問・巻下）

「方」は処方。東洞の治療法は、瞑眩《めんげん》する（目がくらむ）、強い作用の薬の投与である。

治に四有り、汗・吐・下・和是れなり。その法為《た》るや、毒の所在に随いて、各おの処方を異にす。之を用いて瞑眩すれば、その毒は従いて去る。是れ仲景の為《しわざ》なり。……尚書〔説命《えつめい》〕に曰く、もし薬瞑眩せざれば、その病は瘳《い》えず、と。観る可し、仲景の術は三代〔夏・殷・周〕の遺法なることを。(110)（医断・治法）

東洞はその瞑眩する「駿剤」を「老人・小児又は甚疲たる病人」にも一切区別なく用いた。「彼大毒の薬を用ひ、直に死するものあり。それにても薬にて死したるにあらざるか」という疑問に、かれは答えた、「薬にて死したるにはあらず。死ぬべき時期に死にたるといふものなり」（医事或問・巻上）[111]。

この治療法に用いる処方を、東洞は『傷寒論』と『金匱要略』より抜き出し、『外台秘要』などから数方をつけ加えて、処方集『類聚方』（一七六二自序）を編んだ。その編纂は、東洞の自覚においては、扁鵲の遺方を確定する作業であった。

是《こ》こに於いて、傷寒論中扁鵲の遺方を論定して、類聚方を作る。朝に考え夕に試して、方極を作る[112]。（古書医言）

『方極』（一七五五自序）は、『類聚方』に先立ち、仲景の方を精選して、適用すべき症候群を短い文章にまとめた書。方の極致と自負するだけの自信作だったのだろう、のちにそれを初心者向けに解説して、『方機』（一八一一序刊）を著した。薬材の功能を確定しようと試みた『薬徴』（一七七一自序）は、「本草は妄説甚だ多し」（医断・本草[113]）として、材料を張仲景の両書に求め、『本草綱目』と対比している。『千金方』・『外台秘要』はほんの参考にしたにとどまる。方法論的にいえば、仲景の書にみえる処方とそれを適用する症候群とから、個々の薬材の功能を厳密に帰納することは不可能だから、決め手は結局、実際の「試功」だったのだろう。ただ香川修庵や山脇東洋とちがい、東洞は方法論を語ることはなかった。

中国医学には二千年にわたる歴史的な発展と蓄積があった。その人体と病気にかんする研究と理論のすべてを、東洞は医学に無用と切って捨てた。「万病一毒」という単純極まる一元論的病因論、それがどうやら理論（?）の匂いのする、東洞のただ一つの主張であった。臨床医学の分野では、東洞はその広い沃野を、「見証」による診断と張仲景の「方法（処方と治療法）」、それも『傷寒論』にみえる八種の「法」のうちの三種、汗・吐・下剤の投与に局限した。つけ加えたのは按腹だけである。多面的な豊かな要素を削ぎ落とされ剝ぎ取られて、つきつめていえば、その思い込みの所産である、いわゆる「扁鵲の遺法」にまで痩せ細った医学、それが吉益東洞の後世に残した遺産であった。

むすび

古方派の医師たちによって日本医学は中国医学の重圧から、とりわけ陰陽・五行説に本づく、容易にはなじめない複雑な理論と、指先の微妙な感覚にたよる、修得するのが難しい脈診法の重圧から、解き放たれた。かれらは『素問』・『霊枢』・『難経』を経典の座から引きずり下ろし、『傷寒論』をそこに据えた。山脇東洋は鍼灸療法を医学の領域から追放した。中国医学体系は解体され、医学はいまや純然たる技術、対症療法としての処方の集成となった。

古方派はしばしば実証主義といわれる。しかしかれらはその精神において、実証的 positive でなく、逆に否定的 negative であった。[114] かれらは中国医学の陰陽・五行説に本づく合理論的な学説を拒絶したが、それに代わる学説は提出しなかっただけでなく、医学における理論の存在意義そのものを否定した。もちろん、理論（とりわけ合理論的な）と臨床技術との乖離は避けられなかった。西洋においても、臨床医学が近代科学的な基礎づけを獲得するのは、ようやく十九世紀の後半になってからである。しかしながら、ひとつの医学体系のなかでの臨床技術は、決して純然たる経験の産物ではない。それは理論的思索によって方向づけられ、全体の枠組のなかに位置づけられている。理論的な支えを失えば、臨床技術はばらばらな断片の無秩序な、そして恣意的な適用を許す、集まりにすぎなくなるだろう。

古方派医学は、中国医学理論を完全に否定することによって、西洋医学への道を掃き清めた。人体解剖に科学への萌芽をしめした山脇東洋はともかく、香川修庵と吉益東洞は、科学そのものをも完全に否定していたが、時代はそれを問題としなかった。空白になった医学理論のノートには、ただちに西洋医学の理論を書き込むことができたからである。

中国医学は解体され、たんなる処方集成となることによって、皮肉にも近代医学への適合的な形態を獲得する。近代医学の理論と診断法に本づいて、その技術を自由に効果的に使用できるからである。明治政府は、一方では、近代医学の訓練を受けた医師に漢方すなわち薬物療法による治療を認めるとともに、他方では、鍼灸療法を医学の世界から追放した。その政策の土壌は遠く古方派によって培われていたということができよう。

古方派の単純かつ強烈な、強引かつ独断的なメッセージは世人を震撼し、一世を風靡した[115]。近代医学の露払いとして古方派が果たした役割に、近代日本は賛辞を捧げてきた。だがそれはあくまで西洋近代医学の立場、原則として中国医学を排除しようとする立場からの話である。漢代に確立された範型を基礎に持続的な発展を遂げてきた中国医学、一九六〇年代以後再評価を受けている中国医学の立場からみれば、どうか。

中国医学理論を迷妄と断じ、医学をたんなる技術に貶めた古方派は、日本医学を矮小化しただけでなく、学問的に荒廃させた。安西安周によれば、浅井周伯の医学の系譜を引く酒田の伊藤鳳山（一八〇六―一八七〇）は、吉益東洞とその信奉者たちをこう批判したという。すこし長いが、あえて引用することを許していただきたい。

本朝慶元以前の医家は皆素霊の書を研究せしなれども、その後天運の不幸にて吉益為則などの聖経を知らず、只満《ママ》強き愚医が世に出て傷寒論を己れが意に任せ削補改竄《かいざん》して其書のみ正然と唱へて世人の耳目を塗せしより……。纔《わず》かに方函・類聚方を読み事理も分らぬ薬徴などを知れば医学出来たりと定め甚だ簡便に似たる故《ゆえ》当今の医生無学に安んじ其流派を汲崇し、適《たま》に素霊を読むも古代の聖経なれば其《その》旨遠く其味深くして己れが力にては咀嚼《そしゃく》し難く、但《ただ》外聞悪き故素霊は治療の用に立たず唐人の寝語《ねごと》たりなど遁辞にすべらし口に任せて己が門人弟子などの無学文盲の徒に物知顔して弁ずる輩多くなり大息すべきことなり。(116)

このことばをどう読むか、反吉益派の罵詈雑言と見るか、そこに一掬の真実を認めるか、それは読者におまかせしよう。今日、日本の鍼灸・漢方は、近代医学のたんなる補助療法に甘んじるか、診療の理論と技術の体系的再構築を目指すか、その岐路に立っているように、わたしには見える。

わたしはかつて『医心方』(九八四)をとりあげ、「理論不信・可視(可触)信仰・単純原則志向・規格化志向」を内実とする「編者丹波康頼の技術的思考」を指摘した。(117) 規格化志向を除き、古方派医学にはほかのすべての要素が備わっている。いや、このもっとも日本的な医学は、日本最古の医書にはやくも萌していた技術的思考の、究極的な発現形態でさえあるだろう。日本の学問が克服してゆかなければならなかった課題がそこにある。

(1) ここでは古方派という名称を、本文で述べた意味で使用する。かれらが実際に処方に古方を用いたかどうかは問わない。

（2）范行准『中国医学史略』、中医古籍出版社、一九八六、第八、九章、を参照。
（3）渡辺幸三「現存する中国近世までの五蔵六府図の概説」、杏雨書屋編『本草書の研究』、武田振興科学財団、一九七七。
（4）詳しくは、山田慶兒『気の自然像』、岩波書店、二〇〇二、をみよ。
（5）饗庭東庵学派の医学については、石田秀実「劉医方という誤解」、山田慶兒・栗山茂久編『歴史の中の病と医学』、思文閣出版、一九九七、一一九―一四五頁、を参照。
（6）山田慶兒「浅井周伯の養志堂の講義録」、吉田忠・深瀬泰旦編『東と西の医療文化』思文閣出版、二〇〇一。
（7）『師説筆記』、日本思想体系63『近代科学思想』下、岩波書店、一九七一、三九二頁。
（8）同、三九〇頁。
（9）近世漢方医学書集成65『香川修庵』㈠、名著出版、一九八二、二二二頁。
（10）同、二二一―二二三頁。
（11）『一本堂薬選』付録・復田辺南甫書、前掲『香川修庵』㈤、三一二頁。なお、修庵の儒医一本論については、安西安周『日本儒医研究』、龍吟社、一九四三、四八―五四頁、をみよ。儒医一本論を擁護した、その再伝の弟子に、山県大弐がいることも、つけ加えておこう。同、三二五頁参照。
（12）同、三一一頁。
（13）同、三一六頁。
（14）同、三一七頁。
（15）同、三四一頁。
（16）同、三三七―三三八頁。
（17）『霊魂論』、『アリストテレス全集』6、岩波書店、一九六八、第二章、四二―四四頁。
（18）メイスン『科学の歴史』上、岩波書店、一九五五、五六―五七頁。
（19）『香川修庵』㈤、三四二頁。
（20）同。

(21)『日本医学史』、日新書院、一九四一、三五一頁。
(22)『香川修庵』(一)、一二四頁。修庵の「元気」は天地から人までを含む広い概念である。「夫れ天地の間は一元気のみ。人は即ち小天地、また唯だ一元気のみ」(『一本堂薬選』中編・艾・弁正)、「夫れ元気の物為る、天に在りては則ち煦煦生生の気なり。地に在りては則ち蒸蒸津潤の気なり。人に在りては則ち温温活動の気なり。……元気は他に非ず、即ち人温是れなり。故に人人比の温温の気無ければ、則ち寒くして死す。以て徴す可し」(同)。『香川修庵』(五)、一〇—一四頁参照。
(23)『香川修庵』(一)、一二四—一二五頁。
(24)『近世科学思想』下、三八五頁。なお、「答柳川書」の文は、近世漢方医学書集成13『後藤艮山・山脇東洋』名著出版、一九七九、二二一頁。
(25)誤解を生じないようにつけ加えておけば、『行余医言』には、先人の書からの引用とその検討だけでなく、修庵自身の病気観察もくわしく述べられており、とくに精神疾患の記述には高い評価があたえられている。『香川修庵』(一)、山田光胤解説、二五—二六頁をみよ。わたしが取り上げているのは、あくまで理論的な問題である。
(26)『香川修庵』(五)、二二一—二二四頁。
(27)『素問註証発微』、寛永五年和刻本、巻三、三二葉表。
(28)丹波元簡『素問識』、皇漢医学叢書、大新書局、一九七五、一一〇頁。
(29)『内経素問講義』、松岡玄達録、龍谷大学大宮図書館写字台文庫所蔵、巻三・経脈別論、一葉表。
(30)山田慶兒『中国医学はいかにつくられたか』、岩波新書、一九九九、第六章、を参照。
(31)中国古代解剖学について詳しくは、山田慶兒『中国医学の起源』、岩波書店、一九九九、第七章、あわせて第六章九節、を参照されたい。
(32)『蔵志』、前掲『後藤艮山・山脇東洋』、四五八—四五九頁。
(33)『類経』、江戸刊本、巻七・経絡類・三三葉表。
(34)『動物志』(上)、岩波文庫、一九九八、一〇八—一一二頁。

(35) 同、五〇頁。
(36) 前掲『類経』巻四・蔵象類、一八葉裏。
(37) 同、一七葉裏―一八葉表。
(38) 同・巻七・経絡類、四二葉裏。
(39) 同・巻八・経絡類、二七葉裏。
(40) 「呼吸について」、前掲『全集』、三〇五―三〇七頁。
(41) 前掲『動物誌』(上)、五五頁。
(42) 以下の引用は、『医貫』、人民衛生出版社、一九五九、巻一・内経十二官論、二―四頁、による。
(43) 小川鼎三『明治前日本解剖学史』、日本学士院『明治前日本医学史』第五巻(増訂復刻版)、一九七八、八七―八八頁は、つぎのように指摘する。「「気道前にあり、食道後に隠る」とあるのは従来の経緯から我が国の解剖学として重大な断定である。……心臓が上部は「気道に系す」という文は今日の解剖学から理解し難い……。尤も東洋等は気管より入る空気が直接に心臓に達すると考えていたことはほぼ確かである」。
(44) 「呼吸について」、前掲『全集』、三〇八頁。なお沢庵(一五七三―一六四六)の「理気差別論」(日本哲学全書、第七巻、『仏教家の自然観』、第一書房、一九三六、一三五頁)に、「根本の元気と申すもの」が「臍の下にあり」、「この気のあふぐ、橐籥の風のごとく也。此の気のあふぐに、身の血が波の立つごとくに、一寸づつさきへ、はこびめぐり候、是を脈と申し候」、という興味深い記述がみえるが、ふいごの比喩をつかったこの説がなにに本づくのか、詳かにしない。
(45) 『類経図翼』、人民衛生出版社、一九五八、巻二・経絡(一)、七八頁下段。
(46) 前掲『素問註証発微』巻三、三一葉表。
(47) 『類経』巻三・蔵象類、三四葉表。
(48) 『脾胃論』、東垣十書本、万暦刊、巻一・脾胃虚実伝変論、一五葉表―裏。
(49) 『医経溯洄集』、同、巻二・二陽病論、二九葉裏。
(50) 浅井周伯の講義は、森島玄勝編著『内経病機撮要弁証』(一七〇六)として出版されている。

(51)『内経素問講義』巻三・経脈別論、三葉表。
(52)『香川修庵』(五)、三四四頁。
(53)同、二四五頁。
(54)『本草綱目』巻一・序例上、神農本経名例・採造時月生熟注。
(55)以下の記述は『一本堂薬選』、『香川修庵』(四)、凡例、三一九―三四二頁、による。
(56)『一本堂薬選』同、上編・桂・弁証、三六二頁。
(57)『香川修庵』(五)、一五五―一五六頁。
(58)『動物誌』(上)、八九頁。
(59)『香川修庵』(五)、一五六頁。
(60)『後藤艮山・山脇東洋』、四五六―四五七頁。
(61)同、四五九頁。
(62)『香川修庵』(五)、二四五―二四六頁。
(63)同、一五五頁。
(64)『校正病因考』、一八四一、巻上・宝暦七年叙、一葉表。
(65)『香川修庵』(一)、四七頁。
(66)「寿養庵後藤先生七十序」、『香川修庵』(五)、三三六頁。なお、山脇東洋の思想について詳しくは、山田慶児「医学にとって古学とはなんであったか」、『歴史の中の病と医学』、四五七―四八七頁、を参照。
(67)『蔵志』付録、『後藤艮山・山脇東洋』、四七三―四八二頁。
(68)同、四九二頁。
(69)同、四五二頁。
(70)『養寿院医則』付録、同、三二八頁。
(71)同、四五三頁。
(72)同、四五九頁。

(73) 同、四六一頁。
(74) 『蔵志』付録、同、四九六頁。
(75) 『養寿院医則』付録、同、三五五頁。
(76) 同、四九七頁。
(77) 『養寿院医則』付録、同、三三四—三三五頁。なお、東洋の観臓の反響については、杉立義一「江戸時代解剖の事跡とその反響」、『歴史の中の病と医学』、五〇三—五四二頁、を参照。そこに詳しい資料がある。
(78) 『蔵志』付録、同、五八八頁。
(79) 日本思想大系43『富永仲基・山片蟠桃』、岩波書店、一九七三、五頁下段。皆川淇園が書いた玄悦の墓碣銘には、「翁の論を著すや、愿〔淇園〕為に艸を視る」、とみえる。近世漢方医学書集成106『賀川玄悦・賀川玄迪』、名著出版、一九八四、杉立義一解説、一六—一七頁、を参照。
(80) 前掲『近世科学思想』下、三四五頁。
(81) 『医断』は門人の鶴元逸が記録・編集した吉益東洞の言説であるが、東洞が自著とみなしていたことは、『医事或問』巻下の、「夫万病一毒といふ事、医断に著したるは既二十年ばかり以前の事なり」、ということばにうかがうことができる。以下の引用は、近世漢方医学書集成12『吉益東洞』㈢、名著出版、一九八〇、一九—二四頁、による。
(82) 『古書医言』、吉益東洞自筆本、順天堂大学医学部医史学教室所蔵、一三葉表。
(83) 前掲『近世科学思想』下、三六五頁。
(84) 前掲『吉益東洞』㈢、三八頁。
(85) 『古書医言』一三葉表、一六葉裏、ほか。
(86) 『吉益東洞』㈢、三七頁。
(87) 『近世科学思想』下、三六五頁。
(88) 『吉益東洞』㈢、三八頁。感染症が主要な病気のほとんどを占めていた時代に、東洞の医学には感染症に相当する概念がない。感染症がカテゴリーとして存在しないのである。

(89) 同、三六頁。
(90) 『古書医言』、二六葉表。
(91) 『吉益東洞』㈢、四四頁。
(92) 『古書医言』、三二葉表。
(93) 同、一四葉裏。
(94) 『近世科学思想』下、三六六頁。
(95) 同、三六七頁。
(96) 大塚敬節「近世前期の医学」、『近世科学思想』下、五三六頁、廖育群「初期腹診書の性格」、前掲『歴史の中の病と医学』三四三―三六九頁、を参照。
(97) 『吉益東洞』㈢、一九頁。
(98) 同、一八頁。
(99) 『香川修庵』㈠、三六頁。
(100) 『吉益東洞』㈢、一八―一九頁。
(101) 『古書医言』、二六葉表―裏、三五葉表。また、「脈の動静に因りて、毒の多少を知る」、三八葉裏。
(102) 同、一四葉表―裏。
(103) 同、一六葉裏。
(104) 同、一四葉表、一六葉表、二〇葉裏。
(105) 『近世科学思想』下、三六三頁。
(106) 『古書医言』、九葉裏。
(107) 同、一一葉表。
(108) 『吉益東洞』㈢、二五頁。
(109) 『近世医学思想』下、三七〇頁。
(110) 『吉益東洞』㈢、三八―三九頁。山脇東洋の汗・吐・下に和を加えているが、これは『傷寒論』の八法、汗・吐・下・温・火・炙・刺・水に代えて、清の程国彭が提唱した汗・吐・下・和・温・清・消・補に由来する。前掲『中国医学はいかにつくられたか』、一七五頁、を参照。

(111) 『近世科学思想』下、三五五―三五七頁。

(112) 『古書医言』、三一葉裏。

(113) 『吉益東洞』㈢、二七頁。

(114) コントは『実証精神論』(世界の名著36『コント』、中央公論社、一九七〇、一七九頁上段)において、「実証的」という語の第五の意味に、「否定的」の反対語として用いられる場合を挙げ、「その場合、この語は、真の近代哲学が、その本性上、破壊することではなく、「組織すること」を特に目標とする点を表わすことによって、この哲学の最も優れた特質の一つを明示している」、と述べている。

(115) 一八〇〇年前後に流行した、アメリカのB・ラッシュ(一七四五―一八一三)その他の「体系」家の学説は、古方派の主張といちじるしい現象的類似をみせている。R・H・シュライオックによれば、「医学の学説はすべて誤謬」とみなすラッシュは、「古今独歩の、単純にして矛盾のない」と自負する「医学体系」を創り出したが、「この学説は、すべての病気は帰するところ単一の病気に過ぎず、治療法も矢張り同じことであるといふ病理説」に本づいていた。「熱病」の原因は「全循環系の過度の緊張」であり、すべての病は「熱病」の一種であって、「これらの病気は悉く、この一個の疾病が様々に形を変へたものである」、というのだ。「その治療法なるものは主に瀉血と下剤(水銀剤)の使用とから成」っていた。「この業績は当時の人々に深い感銘を与へ」、「一八一三年にラッシュが死んだ時、彼はその国が生んだ最大の医師であると内外に喧伝せられた」。

シュライオックはこう指摘する。「「体系」のもつ一般的な特色は一元論的病理説である。大抵の体系学者は凡ゆる病的現象の根底に横たはる一つの「直接」原因、万病を「説明する」病的状態なるものを想定する」。「この一元論に第二の特色……すなわち不完全な観察、特別に選択されて他には適用できぬ資料の利用、緊密ならざる推論、根拠のない主張、性急、神秘主義及び恣なる思弁」が結びついている、と。

「体系」学説は、しかし、古方派の説とはまったく異なる歴史的、社会的背景から生まれた。まず第一に、ラッシュがみずからその貢献をニュートンになぞらえたように、かれらが目指したのは医学におけるニュートン力学であり、一元論的病理説はいわば万有引力の理論だったのである。医学の体系化への性急な欲求から生まれた「体系」学説のベクトルは、あらゆる理論を拒けた古方派とは逆向きである。詳しくはシュライオック『近代医学発達史』、創元社、一九五一、一、二章をみよ。またラッシュの医学の社会的背景、その治療法の適用とそれによる死者の増加、公衆衛生運動への貢献などについては、さらに三—六章、八章を参照。

(116) 前掲『日本儒医研究』、六二六頁。

(117) 山田慶兒「日本医学事始」、前掲『歴史の中の病と医学』、三—三三頁。

＊吉益東洞自筆本『古書医言』の閲読の便をはかってくださった、順天堂大学酒井シヅ教授にお礼を申し上げる。

現代日本において学問はいかにして可能か——富永仲基

1

現代日本において学問はいかにして可能か。三十一年の短い生涯をかけてこの問いをつきつめていったひとりの思想家があった。そのばあい、現代日本において可能な学問とは、現在という歴史的時間、日本という風土的空間において存在意義をもつ学問を意味している。そのような学問がいかにして可能かと問うことは、この思想家にとって、外国の学問の翻訳や翻案、応用や組換えでなく、過去の学問の墨守や信奉、折衷や組合せでない学問はいかにして可能か、と問うにひとしかった。こうしてかれは既成の学問、儒教・仏教・神道の三教をすべて俎上にのせて批判的に解剖し、その存立の根拠を否定し、それをとおして、まさしく今、此処で、おのれの頭脳で考えぬいた学問が可能であることを、立証してみせたのである。現代とは十八世紀前半期、思想家の名は富永仲基（一七一五—一七四六年）、その学問の方法は言説批判であった。

2

富永仲基の言説批判は伝統的な意味での古典注釈学、フィロロジーではない。フィロローグは、かつて言説が言表されたとき、それが真になにを意味していたかを解明し、その真なるものを確定しようとする。そこで確定された真なるものは、フィロローグにとって多くのばあい、言説が言語学の研究のたんなる素材にすぎない場合などをのぞいて、かれが真なる存在と考えるものの言語的表現にほかならない。いや、動機論的にいえば事態は逆であろう。真なる存在の言語的表現がそのなかにあると確信するからこそ、その言説の真に意味していたものを解明し確定することに、フィロローグは情熱を傾けるのである。そのかぎりフィロロジーはフィロソフィーを、古典注釈学的研究は存在論的確信を離れてはありえない。そのような学問として、仲基の前に伊藤仁斎（一六二七—一七〇五年）の古義学や荻生徂徠（一六六六—一七二八年）の古文辞学があったし、仲基の後に本居宣長（一七三〇—一八〇一年）の皇国学がくるだろう。日本の学問を打ち樹てたとされるこれらの思想家たちにとって、存在論的に真なるものを言表した言説はすでに実在していた、仁斎や徂徠には中国の古代に、宣長には日本の古代に。それがかれらの言説のゆるぎない立脚点であった。だが、それだけではない。存在論的に真なるものは同時に、かれらにとって価値論的に善なるものであった。それは道徳と宗教の源泉であり、したがってあらゆる行為の基準であった。かれらの言説のもつ力、信奉者にたいする吸引力と社会的な影響力は、真にして善なるものを絶対的基準として措定したところに生まれた。

仲基の言説批判においては、言説が真なるもの、善なるものの言表であるかどうかは、さしあたって問題ではなかった。仲基が俎上にのせたのは言説そのものの成り立ちである。言説はいかにして発生するか、そのようにして生まれた言説はいかなる言語表現あるいはレトリックによって構成されているか。それが仲基の問題だった。学問的言説の発生論および表現論といってよい。言説を存在＝価値の空間から引き剝し、言語記号の空間へ移行させて分析したのである。それは伝統的なフィロロジーの否定であり、フィロロジーを武器とする学問の破壊であったが、そのことによって逆に今日的な意味でのフィロロジーを、いや、あえていえば人文学（humanities）を、成立させることになる。

仲基の人文学を構成する要素には言説の発生論と表現論のほかに、言説の効用論と習俗論にささえられた風土特性論とがあった。言説における説得の効用はいかにして生ずるか。言説を発生させる風土の相違、もっと厳密にいえばそこに住む人びとの気質と習俗の相違は、言説にいかなる特性を付与するか。その特性は逆に言説の効用をいかに風土的に限定するか。

仲基の学問を構成する諸要素、発生論・表現論・効用論・風土特性論ないし習俗論、そのいずれも学問的言説を相対化せずにはおかない。仲基の人文学の立場は徹底した相対主義であった。思想家たちが儒教・仏教・神道あるいはその折衷に絶対的な価値基準を求めた時代にあって、仲基はひとり相対主義者として立っていた。今日ならなんのへんてつもないが、十八世紀前半において完全な相対主義者であるというのは、驚くべき事態だった。それは学問の世界における既成の権威の否定を、また当時の学問の在りかたから必然的に、道徳と宗教における「偶像破壊」（加藤周一、テツオ・ナジタ）を、意味していたからである。だが、それは返す刃で仲基にのっぴきならぬ問題を突きつけずにはおかない。相対主義はなにに立脚しておのれの言説を真であると主張できるか。いいかえれば、相対主義者はその言説の根拠としての真にして善なるものをどこにみいだすのか。それとも相対主義者の言説はついに相対的な言説にとどまるのか。認識者として捨てた存在＝価値の平面に実践者として立ち返り、相対主義の逆説に立ち向うこと、そして人文学の存在意義を問うこと、それが仲基の究極の問題だった。

仲基の学問的関心が同時代人の共有するところとならなかったのは、むしろ当然であろう。ついに佚われた儒教批判の書『説蔽』（一七三〇年ごろ）によって儒学の門を追われ、仏教批判の書『出定後語』（一七四五年）によって一部の仏教学者の激怒と一部の国学者の絶賛を買い、神道批判をふくむ学問の全体的構図と実践の立場を略述した『翁の文』（一七四六年）にほとんど世人の反響はなかった。

近代はこの「失われた思想家」を発掘し、とりわけ学問方法論の独創性と仏教の歴史的研究の創始とに惜しみない称賛をおくった。だがその学問の全体像がどれだけの共感をもって迎えられたか。言説が言表しようとするものにでなく、言説そのものの成り立ちに向けられた仲基の学問的関心は、今日はたしてどれだけ共有されるところとなっているか。

わたしはここで仲基の主著『出定後語』と『翁の文』を批判的に分析し、その人文学を歴史的にでなく理論的に再構成しようと思う。それをとおして、仲基における学問の在りかたはある意味できわめて今日的であったこと、仲基がぶつかっていた問題は今日われわれが当面している問題と等質のものであることを明らかにしよう。仲基の人文学のなかには、学問が科学であろうとすることと思想であろうとすることとのあいだに引き裂かれるとき避けがたく生ずる逆説が、簡潔な構図を描いて現象している。仲基の学問の解剖は、わたしの意図において今日の人文学の解剖、歴史的距離を借りた一種の自己解剖でもある。

3

学問的言説の発生論は加上説として知られている。仲基によれば、最初の学問的言説は、世俗に支配的な思潮をなんらかの意味で乗り越えようとして、発生する。ひとたび言説が形成されると、それは後にくる思想家にとって、超克すべき対象とならずにはおかぬ。こうして最初の言説のあとに第二の言説、第二の言説のあとに第三の言説と、つねに前説を超克しようとする言説が、踵を接してあらわれてくることになる。仲基はその現象を漢語で「加上」、和語で「上を出る」と呼んだ。

加上は学問的言説の発生の法則である。それは継起するふたつの言説のあいだにつねに成り立つ、通時的な法則である。いまここに複数の言説が発生の時間的先後関係を明示しないままに、共時的にあたえられているとしよう。あたえられたn個の言説のうち、いずれか2個の言説は加上の法則によって直接に結ばれている。したがって、加上の法則を（n－1）回適用すれば、n個の言説を一つの時系列にならべることができる。実際には、一つの言説にたいして複数の言説が加上されることもあれば、その逆のばあいもありうるから、ずっと複雑な様相を呈するだろうけれども、原理的に変りはない。こうして発生の法則としての加上説がそのまま、学問史ないし思想史研究の発生的方法論となる。仲基の学問が近代においてとくに高い評価をうけ、また影響をあたえたのは、思想史研究の方法論としての加上説においてであった。

仲基は『翁の文』において、儒仏道三教の発生と展開の軌跡を素描した。そこに要約された加上説を分析し、言説のいかなる成り立ちにたいして加上の法則が適用されているかを、まず明らかにしておこう。

4

孔子が「堯舜を祖述し、文武を憲章し」て王道を説いたのは、春秋の覇者たちのおこなっている覇道の上を出たのであり、墨子がおなじく堯舜を尊び、夏の道を主張したのは、孔子の上を出たのである。楊朱が帝道を唱えて黄帝などを崇び、さらに許行が神農を、荘子・列子の一派が無懐氏らの世を説いたのは、すべてその上の上を出たのである（図1）。

これはその言説の究極的な価値の根拠を、いっそう古い時代の、多くは伝説的な聖王に求めた加上であり、そこに価値体系を異にする諸学派が発生した。この型の加上は、いうまでもなく、過ぎ去った時間の彼方にユートピアを置く歴史観のうえにのみ成り立つ。これを価値基準移行型の加上と呼んでおこう。

それとまったく異なる型の加上もある。孔子の死後、おなじ儒家の内部で起こった、人間本性論の分岐がそうだ。世子の説く「性に善有り悪有り」の上を出て、告子《こくし》が「性に善無く不善無し」と説き、孟子がその上を出て性善説を唱え、さらに荀子が性悪説を立てて孟子の上を出た。これを対立命題定立型の加上と名づけよう。仲基はまたべつに、楽正子が『孝経』を書いて、道徳の根本を孝の一点に帰着させた例を挙げているが、これは中心論点移行型の加上といってよかろう。

要約すれば、仲基が中国古代思想のなかにみいだした加上には、

無懐
葛天──神農──黄帝──堯──舜──禹（夏）──文王・武王（西周）──五覇（春秋）
鴻荒

図1

1　価値基準移行型
2　対立命題定立型
3　中心論点移行型

の三つの類型がふくまれており、第一の類型は異なった学派の形成を、第二・第三の類型は同じ学派内における分派の成立を導いた、とみていたのである。

仲基の立場からすれば、これら諸子百家の言説のいずれも、他の言説に対立し、それを超克しようとして発生した、相対的な言説にすぎず、したがってその価値は、並立する他の言説との関係のなかで、相対的に捉えられなければならない。多様性を拒け、いずれかひとつを価値論的に優越させる根拠は、そこにはない。仲基は指摘する、宋代の儒者たちは儒家のさまざまな言説のなかに本質的同一性をみいだし、伊藤仁斎は孟子だけを孔子の正統とし、ほかをすべて邪説とみなし、荻生徂徠は孔子の道とはそのまま先王の道にほかならず、子思や孟子はその道にもとるという。だが、こうした主張は「皆大なる見ぞこなひの間違たる事どもなり」、と。朱子学派も古学派もおしなべて、存在論的および価値論的な絶対的基準をさししめした言説がすでにあると主張する同時代の儒教諸派を、仲基は切って棄てたのである。

だが、そこにとどまってはいなかった。加上説の内的論理の導くままに、仲基は最後の帰結へと突っ走ってゆく。

5

仲基は『翁の文』において、一方ではおのれの言説を相対化し、他方ではおのれの立場を宣明するという、二重の操作のための装置を工夫している。『翁の文』はある翁の著作であり、仲基がその説に共感して筆写したもの、という形式をとる。著者を仮託するのは、しばしば自己韜晦の手段である。しかし、仲基は序文に「吾家の教ともなし、又人にも伝へむ」としるしているのだから、ここではそうではない。仲基がこの形式を選んだのは、翁の自注および仲基の注という二種類の注が、いま述べた二重の操作を許したからにちがいない。

加上説の含意する論理的帰結を、仲基は注にこう書きつけている。「もしも又翁の言のごとく、わざと巧みてその上を出たるものならば、釈迦・孔子とても皆とるにはたらざるものといふべし」、と。他の言語に対立し、それを超克しようとすることは、「わざと巧みてその上を出」んとする言語上の巧偽（偽＝人為）にほかならず、そうして生まれた言説は主観的意図にかかわりなく、他の言説との水平的・並列的な関係において把握さるべきもの、その意味で孔子や釈迦の言説といえどもとりたてて「とるにはたらざるもの」であった。加上説が含意するのは水平的な相対化であることを、仲基は正確に認識していたのである。

それでは価値序列にもとづく垂直的な相対化は不可能であろうか。実は注のいま引用した文章に先立って、仲基はこう論じていた。孔子が王道を説いたのは、覇道が「功利をのみ崇びて、事皆偽りに馳るを患へて」のこと、釈迦が生死を離れよと説いたのは、先行する「外道共の皆真実の道に非ざるを患へて」のこと、いずれもたんなる言語上の巧偽ではあるまい、と。このことばをつぎのように言い換えてみよう。言説の外に、それが言表する真なるものの存在を認めるとき、その真なるものとのかかわりにおいて垂直的な、不等価の相対化が可能になる、と。だが、それも孔子や釈迦の言説を救い出すことにはならない。なぜなら、加上説の前提から、もしある言説がなんらかの意味なんらかの程度において真なるものを言表しているとすれば、他の言説もまたそうでなければならず、それら言説の言表する真なるものを相互に比較し、いずれがいっそう真であるかを確定して言表できるような、メタ言説は存在しえないからである。真は善と置き換えてもよい。「もし善を以って之を概すれば、何ぞ三教に限らん。数十の外道、数十の異端も、あに皆な善に非ずや」、と、『出定後語』にいう。そこで、後続する言説は先行する言説よりもつねにいっそう真ないし善なるものを言表している、と仮定しよう。そうすれば、先行者にたいする孔子や釈迦の関係は、逆転して後続者との関係に適用され、孔子や釈迦の言説もただちに「とるにはたらざるもの」となる。

加上説の論理的帰結は、仲基が導きだしてみせたように、ただ一つしかない。どんな言説であれ、ある意味では、とるに足りないものなのである。にもかかわらず仲基はなぜ、主観的意図を推測すればという限定つきではあれ、真なるものを言表しようとしたとして、孔子や釈迦の言説に相対的優位を認める口吻をもらしたのであろうか。道徳的・宗教的権威への譲歩ないし妥協ではない。もしそうであれば、加上説の論理的帰結などわざわざ抽き出してみせる必要はなかった。とすれば、なぜか。みずからの言説を真なるもの、存在意義をもつものと主張しうる根拠はなにかという究極的な問題が、仲基自身につきつけていたからにほかならない。

それはともあれ、「孔子とてもとるにはたらざるもの」という言明に論理的に帰着する『説蔽』の主張は、儒学の徒の到底容認できるところではなかった。東アジアの儒教的世界において、富永仲基のような叛逆者、孔子の権威の否定者は、明末の李贄（一五二七―一六〇二年）を例外として、ほかにない。それも歴史認識の方法論にもとづく否定であったがゆえに、衝撃はまた鮮烈であったろう。仲基は師三宅石庵によって破門されたと伝えられるが、それはおそらく事実であった。すくなくともそれに近い状況が生じていた、とみていいだろう。

6

インドにおける言説の発生はどうか。釈迦にすぐ先立つ外道の言説は、空処から識処へ、さらに無所有処へと加上を重ね、非想非非想処を究極の境地とする説にいたる。これらの四処は無色界と呼ばれ、もともと欲界・色界に加上されたのである（図2）。このばあいの加上は対立命題定立型ということができよう。

欲界・色界・無色界は段階的に、修行によって到達すべき境地の高さをしめしているだけではない。それは三天と呼ばれ、それぞれさらに多くの天に分けられて、重層的な空間を構成し、諸天のあらわすそれぞれの境地に到達したものが死後昇天してそこに生きるとされた。中国における諸子の言説の加上が価値基準の時間的な上向であったとすれば、このばあいは空間的な上向といってよい。それに対立命題の定立が重ね合わされて、もともとは対立するものであった多様な言説が修行と悟りの段階的構造のなかに統合されていっ

無色界（非想非非想処—無所有処—識処—空処）—色界—欲界

図2

経典	釈迦一代
華厳	成道後14日
阿含	成道後12年
大集	成道後16年
般若	阿含後30年
法華	入滅前8年
涅槃	入滅直前

図3

たことになる。

　仏教の成立とその言説の分節化にたいして、加上の法則はどう適用されたか。仲基によれば、釈迦は外道の三天の上にさらに天を置かず、六仏を祖とし、生死を離れよとすすめた。中心論点の移行による加上である。その後、仏教の内部では、有を説く小乗の阿含経の上を出て、大乗の般若経が空を説き、さらに法華経が不空実相を説いた。対立命題の定立による加上である。

　だが同時に、法華経はここで加上にまったく違った根拠をもちこむ。釈迦は生涯の異なった時期に異なった説法をおこなったとして、阿含・般若をその前・中期に位置づけ、みずからを成道後四十余年、入滅前八年間の説法と主張したのである。その後、華厳経は成道後十四日目の説法と称して大山の頂を照らす日の出直後の太陽にたとえ、さらに涅槃経は入滅直前の説法と称して最終乳製品の醍醐にたとえた。そしてこれら大小二乗の言説をすべて統合しようとした大集経は、その説法の時期を小乗の阿含と大乗の般若の中間に設定したのであった（図3）。仲基のこの分析にしたがえば、価値基準の移行は、法華と涅槃では時間的に下向し、華厳と大集では逆に上向していることになる。

『翁の文』にはみえないが、もうひとつ『出定後語』にとりあげられている型の加上がある。たとえば、須《しゅ》

価値基準移行型
- 上向
  - 時間的
  - 空間的
  - 量的
- 下向
  - 時間的
  - 量的

弥山《みせん》を中心とする一須弥世界を千集めて小千世界、小千世界を千集めて中千世界、中千世界を千集めて大千世界、それが一仏の教化のおよぶ範囲だと説く三千世界説。蓮華蔵世界説にいたっては、この世界は一つひとつが百億の須弥世界をふくむ千葉の蓮華から成るという。また、釈迦は阿僧祇《あそうぎ》と呼ばれる無限の時間にわたる修業をへて仏になったといい、いや三阿僧祇だ、ついには無量阿僧祇だといいだしたのも、この型の加上の例である。これは時間的であると空間的であるとを問わず、量的な上向による価値基準の移行といえよう。量的な下向の例もある。釈迦の教えには一に小乗、二に大乗、三に一乗があり、一乗がもっとも勝れているといい、さらに一乗の上に無乗があると主張したのがそうだ。小大二乗に一乗、無乗と加上していったのである。

価値基準移行型の加上は、したがってつぎのように下位区分することができる。

この区分には、中国思想とインド思想における時間の観念、したがって歴史意識のちがいが、中国思想における時間的移行（それも上向のみ）とインド思想における空間的・量的移行の対比として、映しだされている。上向と下向が等価であるかぎり、移行が時間的であることに特別の意味はない。加上の法則はこのように、思想の特質に応じて、きわめて多様な形態に適用されているのだ。ちなみに、洋の東西を問わず、低い場所はつねに価値的に低いとみなされるのだから、この区分のなかに空間的な下向があらわれないのは当然だろう。

仲基によれば、密教と禅宗の出現によって仏教における言説の発生は最後の段階に達する。大日経は法華を第八、華厳を第九の顕教とみなし、密教を十番目に位置づけた。いわば対立命題の定立に価値基準の量的上向を組み合わせた加上である。釈迦四十余年の説法をしるした経巻はすべてトイレット・ペーパーにすぎぬ、と禅宗はいいだした。中心論点の移行による加上である。宗派が加上によって成立したことを知らずに、たとえば天台宗のように、釈迦一代のうちに説法が五度変わったとして、華厳時・阿含時・方等（大集）時・般若時・法華涅槃時の五時の教判を主張したりするのは、「大なるとりそこなひのひがみたる事ども」、と仲基は批判する。

7

仲基は仏教を論破しつくした、いかなる学僧にも『出定後語』の説を破れるとは思えぬ。本居宣長はそう絶賛したが、仲基の批判が広義の国学にも向けられていたことには、まだ気づいていない。仲基は「神代の昔にかこつけて、日本の道と名付、儒仏の上を出た」神道をその俎上に乗せたのである。それにしても、儒教と仏教を超克しようとした神道における加上とは、いったいいかなるものであったか。

仲基によれば、最初にあらわれた両部習合は儒教と仏教を適当に調合してつくったもの、つぎに出た本迹縁起は仏教徒が陽には神道を説き陰には仏教に帰着させたもの、そのつぎに出た唯一宗源は儒仏の道を離れてただ純粋に神道を説こうとしたが（内藤湖南によれば、仏説に付会してついに「両部習合の実を脱せず」）、近ごろは王道即神道と説くものや、陽には神道を説き陰には儒教に合一するものもあらわれた。

要するに神道の言説は、仲基の分析にしたがえば、

1　儒仏混合説
2　陽神陰仏説
3　儒神同一説

4　陽神陰儒説

の四つの型に、さらにつきつめていえば、「神代の昔」のことを主として仏教に依って説くか、儒教を借りて説くかのいずれかに帰着する。仲基はそこに加上の競い合いをみた。しかし、中国思想やインド思想におけるような、言説の発生の明確な法則を日本思想にみいだすことはできなかった。

神道は神代の昔にはなかったことであり、仏教や儒教とおなじく後世の人が「わざとかりに作り出たること」である。そのことを知らずに「たがひに是非して争ふ」ているのは、「気の毒にも、笑止にも、またはおかしうも、翁が心にはおもふなり」。「日本の道」と称するものは、じつにこの為体《ていたらく》である。現代日本において学問はいかにして可能か。仲基の問いはますます切実の度を加えざるを得ない。

8

加上によって言説が生まれるとき、価値基準の移行すなわち異なった価値体系の採用、対立命題の定立すなわち先行する命題の全面的ないし部分的否定、中心論点の移行すなわち新しい視点からの問題把握がおこなわれ、全体としては異なった言説ができあがる。それでは個々の言説はいかなる言語表現によって成り立っているのか。『出定後語』において仲基が解き明かそうとした問題のひとつがこれであった。

仲基によれば、ある言説を独立の言説として成り立たせる言語表現の原則は、三物五類である。三物とは世・人・類をいい、五類は類の五つの下位概念、張・偏・泛・磯・反を指す。この三物五類の分析がわたしのいう表現論であり、仲基の言説分析の核心なのである。

「言に世有り」、言葉には時代的な変遷がある。歴史主義の立場である。仲基はとりわけ仏典にあらわれた音声の変化に注目する。サンスクリットの音訳にはたいてい複数の違った訳語があり、方言といわれてきた。羅什の恒河《ごうが》と玄奘の殑伽《ごうが》、羅什の須弥《しゅみ》と玄奘の蘇迷盧《そめいろ》、この類はきりがない。しかし、そもそも言語は時代にしたがって異なり、音声は時間とともに動くものなのだ。

「言に人有り」。言葉、もっと正確にいえば、言説を構成する基本的な概念とそれをとおして表現される主張とは、言表者によって異なる。たとえば『維摩経』の不可思議、『金剛般若経』の無住、『華厳経』の法界、『般若経』の一切種知、『金光明経』の法性、『法華経』の諸法実相などには、それぞれの経典編纂者の主張がこめられている。

仲基の表現論のなかできわだって精彩を放っているのは、「言に類有り」、言葉の意味と用法ないし表現法には五つの類型がある、という主張だ。五類についての従来の解釈は、しかし方法的でなく、混迷に満ちているように、わたしにはみえる。必要なのは五類の意味を正確に把握し、表現論として一般化することである。それによってはじめて仲基の言説批判の含意が明らかになる。記号論を手掛りに五類の分析を試みよう。

9

記号論によれば、記号は三つの次元をもつ。言葉が他の言葉にたいしてもつ関係をとりあつかう構文論的（syntactic）な次元、言葉とその言葉が指示しているものとの関係をとりあつかう意味論的（semantic）な次元、言葉とその言葉の送り手および受け手である人間との関係をとりあつかう語用論的（pragmatic）な次元である。構文論は論理と言い換えてもよい。意味論的次元は構文論的次元を、語用論的次元は意味論的および構文論的次元を前提しているから、この三つの次元は三次元の立体によって適切に表現することができる

（J・M・ボヘンスキー、図４）。

仲基の五類すなわち張・偏・泛・磯・反は、意味論的次元における言葉の意味と、語用論的次元における言葉の意味の変化あるいは意味を変化させるレトリックとを、とりあげて類別している。そのばあい、注意したいことが二つある。ひとつは、五類の概念には意味論的および語用論的という二つの異なった次元に属するものがふくまれていること、もうひとつは、仲基が構文論すなわち論理にはまったく関心をしめしていないことである。仲基はあくまで言葉の意味に、レトリックによるその意味の変容に、そしてレトリックの多用によって成り立つ言説の世界にこだわる。仲基の主要な関心は言語の語用論的次元に注がれていたのだ。

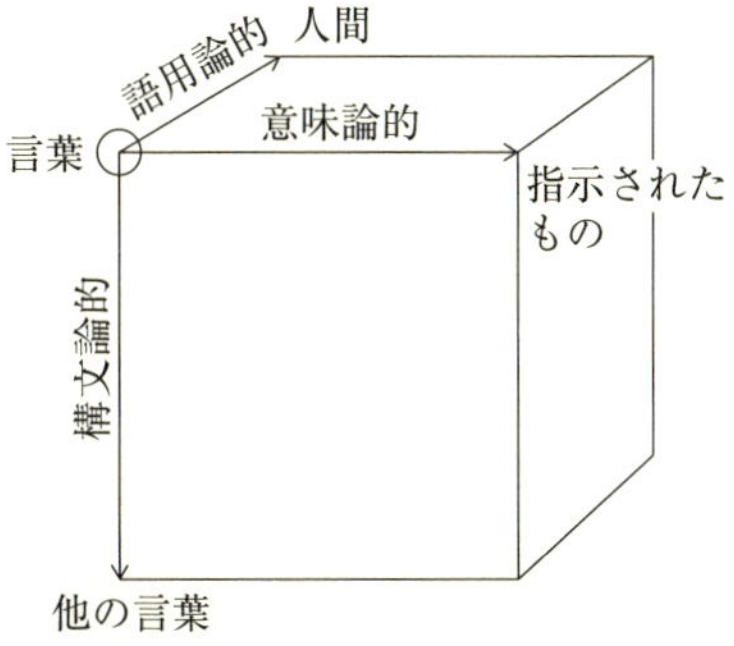

図４　記号の三次元
（ボヘンスキー『現代の思考法』43頁より）

偏とは、意味論的な次元における言葉の意味と、語用論的な次元における言葉の適切な、本来の意味どおりの使用とを、同時に指す概念である。「実にして濫《みだ》れざるは、いわゆる偏なり。偏は乃ち実なり」。実とは言葉の指示するものであり、言葉が実であるとは、その指示するものがたしかに実在している、いいかえれば、言葉が本来の意味どおりに使われている、ということである。語用論的次元における実の反対概念を幻という。仲基によれば、釈迦は「十年」の苦行をへて覚りに達したというのが「実」であり、その実際に経過した十年の歳月を指して「三阿僧祇」というのは「幻」、「無量劫（阿僧祇）」というのは「幻の幻」である。ちなみに、これは言葉の多義性を否定するというのとは異なる。それどころか、仲基によれば、すべての言語は「多含」（多義）である。サンスクリットは他の言語より多義だというひとがいるが、そうではない。漢語にしても和語にしても、多義であるのにかわりはない。

偏が意味論的および語用論的次元における意味にかかわるのにたいして、張・泛・磯・反は語用論的次元における意味の変化にかかわる。これらの概念を理解するためには、実際の用例を分析しなければならない。概念の字義から類推し敷衍すれば、混乱をもちこむだけである。

張とはなにか。『維摩経』に「一念（一瞬のうち）に一切の法（存在）を知るは、是れ道場」といい、『禅要』に「性定（定まった本性）自ら離るるは、即ち是れ道場」という。道場は道場であって、念や性とは関係がない。神道者流が心の本体を高天原というようなものだ。『大智度論』に経巻を仏の舎利（骨）というのも同じである。また、『増一阿含経』や『経世経』にみえる四食は、そのうちの段食だけが食べられる食物であって、更楽食は「衣裳・繖蓋《さんがい》・香華・熏火等」、念食は「意中の所念・所想・所思惟等」、識食は「意の所識」を指し、本物の食物ではない。道場・舎利・食などのこうした用法が張である。また、芥子のなかに須弥山を納《い》れ、毛の先に浄土を現わすなどというのも、張による表現に属する。

これによれば、一般概念をメタファーとして用いることによって、その概念の意味を拡張・変化させるのが張であり、要するにメタファーとしての用法にほかならぬ。古今の学説の唱道者にはメタファーによる表現がとりわけ多く、学問をする者がそれを理解するのは、それほど簡単なことではない、と仲基はいう。

一般概念をメタファーとして用いる張にたいして、泛は抽象概念の用法である。仲基によれば、如来《にょらい》の字義はありのままのすがた（如）であらわれて来ること、もともと心の本体を指す概念であり、そこでは善悪は未分化である。この如来のような概念の用法を泛という。『楞伽経《りょうがきょう》』に、如来蔵は善・不善の因である、『大般若経《だいはんにゃきょう》』に、一切の衆生はすべて如来蔵である、とみえるのがそれだ。この説明から、泛とは、高次の抽象概念によって多様な、ときには反対の意味をもつ、低次の抽象概念を一元的に把握することであるのがわかる。抽象化による意味の還元といってよい。

磯と反とはそれぞれ異位概念間（異なるクラス間）と同位概念間（同じクラス内）に適用される言葉の用法である。おなじく如来の概念を例に、磯について仲基はいう。如来は完成された徳を指す概念でもある。完成された徳にあってはもろもろの妄念がなくなり、ありのままのすがたがあらわれてくるからである。『勝鬘経《しょうまんぎょう》』に、如来の法身が煩悩蔵を離れない、それが如来蔵である、『大方等如来蔵経』に、一切の衆生は怒りや愚かさなど諸煩悩のなかに如来の身体をもっている、というばあいの如来の用法が磯である、と。

仲基はまたべつに磯を転と呼び、もっとわかりやすく説明している。『泥洹経《ないおんぎょう》』に、一闡提《いっせんだい》（仏法を誹謗する者）をのぞいてはすべて仏性をもつ、とあるのをみて道生法師はいった。闡提は含生（生物）の類である。どうしてひとり仏性をもたぬことなどあり得よう、と。のちに『涅槃経』が伝えられると、一闡提のひとはたとい二度にわたって善を断つことがあっても、それでも仏性をもっていると書かれており、法師たちは敬服したという。わたしの考えでは、一闡提はもともと仏性をもたぬ者であり、だから一闡提（不成仏者）と呼ばれる。しかしながら、極悪人といえどもどうして回心できないことがあろう。回心はおのれによるもの、他人によるのではない。仏性の種子がじつにそこにある、どうして仏性がないと言おう。この仏性のような概念の用法が転である、と。

磯と転の説明をくわしく紹介したのはほかでもない。転が磯であるとは仲基自身どこにも述べておらず、磯と転が同じ概念であるかどうかについて、紛糾した論争がおこなわれているからである。しかし、とりあげられている例を比較してみれば、それらが同じレトリックの別の表現であるのがすぐわかる。

まず転の例を検討しよう。図式化すれば、つぎのように書けるだろう。

含生類（仏性の種子あり）
- 一闡提（仏性無し）
- 非一闡提（仏性有り）

道生によれば、含生類であるがゆえに、一闡提も仏性をもつ。しかし、含生類であればなぜ仏性をもつのか、道生のことばからは明らかでない。仲基によれば、定義により、一闡提は仏性をもたない。いっぽう、回心はおのれによる。他者でなくおのれによるところに、仏性の種子がある。いま含生類を、おのれによって回心する可能性をもつもの、と定義できるとすれば、一闡提もすくなくとも仏性の種子は潜在させている。それゆえに、仏性をもたぬ一闡提がなんらかの契機に種子を発芽させて回心することなどありえない、とはいえない。

下位概念Aにあって$\bar{A}$にはない性質が、上位概念に種子として潜在することによって、ある機会に$\bar{A}$をAに変えてしまう。これはパラドックスの説明にほかならぬ。極悪人の回心というパラドックスが、生の概念に仏性の種子を含意させることによって、解かれているのである。

転は要するにパラドックスにおける用法であった。磯の例もまた同じパラドックスに属する。一切の衆生は怒りや愚かさなど諸煩悩のなかに如来の身体をもつというとき、一切の衆生とは含生類である。怒りや愚かさなど諸煩悩は、生あるものの属性であると同時にそれ自体は仏性でないという意味で、一闡提になぞらえることができよう。しかもそのなかに如来の身体を、仏性の種子をもつ。如来の法身が煩悩の蔵《くら》を離れないのが如来蔵である、といわれる意味ももはやくりかえして説く必要はあるまい。転が磯と同一の概念であるのは明白であろう。ただ、磯と転の字義について一言しておけば、すでに『書経』舜典の「璇機」条の注を引いて、「磯は恐らく機の訛」であり、「機は転の義と解釈される」(武内義雄)、と指摘されている。磯ではほとんど意味をなさず、機とはもともと回転するメカニズムを指す語であり、それでよいとわたしも思う。反とはある概念を、その含意する意味とは逆の方向をもつ、同位の概念の意味に用いることである。仲基は鉢刺婆刺拏《はつらばらな》(満足・喜悦)を自恣と訳する例を挙げる。もともと自恣は悪を含意しているが、それを善に方向づけて用いているのだ。意味の転化と呼んでおこう。

五類はつぎのように図式化できる。

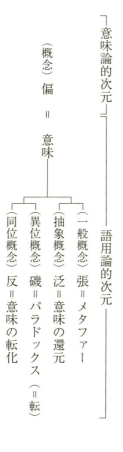

「意味論的次元」——語用論的次元——

(概念)偏 = 意味
- (一般概念)張=メタファー
- (抽象概念)泛=意味の還元
- (異位概念)磯=パラドックス(=転)
- (同位概念)反=意味の転化

このようなレトリック、とりわけメタファーやパラドックスを多用しつつ、教義を述べてゆくのが宗教の経典である。三物のうち世と人についてはともかく、類についてはおそらく仏典の分析を通じて、仲基はレトリックの特性に気づき、五つの類型を抽出したのであろう。とはいえ、ひとたび抽出された五類はいかなる言説にも適用できるものであった。三物五類について説明したのち、仲基は昂然と言い放つ、「凡そ言には類有り世有り人有り、之を言に三物有りと謂う。一切の語言を、解するに三物を以ってするは、吾が教学の立なり。苟も此を以って之を求むれば、天下の道法、一切の語言、未だ嘗って錯然として分かれざるはなし。故に、三物五類は立言の紀、と云うは是《これ》なり」、と。三物五類がわが教学の立場であり方法である、それが仲基の自覚であった。

10

言説の発生論にしろ表現論にしろ、仲基にとってそれはあくまで言語の問題であった。言説は言説に対してつくられ、レトリックによって構成された。言説と言語を超えたところにある実在との関係が問われることはなかった。たとえば『出定後語』にいう、須弥山世界のような「世界の説は、其の実漠然として、以って心理を語るに過ぎず、亦た何ぞ然るや否やを知らん」、と。そこに認識と実在という問題は存在しなかったのである。その意味ですべての言説は相対的であり、実在とのかかわりにおいて優劣はなかった。実在とのかかわりをいえば、すべての言説はその部分的な認識にすぎない。おなじく『出定後語』にいう、「空・不空は皆な人の命ぜし所、大道は泛《あまね》し」、実在をあるいは空といいあるいは不空という、すべて人間の一面的な、局限された視点からの概念化にすぎぬ。空といってもよく不空といってもよい。実在の大いなる理法はそれらを包含して普遍的なのだ、と。

　とはいえ、語用論的な次元においてなら、言説の優劣を語ることができる。とりわけ仲基が重視したのは説得の効用であった。もともと加上説には、加上された言説は先行する言説よりも大きな説得力をもつ、という命題が要請として含意されているとみていい。加上が言説発生の法則であるためには、たんに先行する言説を超克しようという個人的意図から生まれるというだけでなく、言説がその意図を実現しているという、個人の主観を超えた共主観的（intersubjective）了解がそこに成り立っているのでなければならない。それを可能にするのが言説のもつ説得の効用である。

そのばあい、ふたつのことに注意しておきたい。第一に、いま述べた要請は、個々の言説が実際に先行する言説より大きな説得力をもっているかどうかとは、べつの問題である。実際には、その逆のばあいがしばしばあるだろう。仲基にとっても、それは自明のことであったにちがいない。

第二に、言説のもつ説得力の大きさはかならずしも言説の内容のみによって決まるのではないということである。『出定後語』によれば、それは表現の形式や言語外の要因によって強化されることもある。たとえば、仏典の偈や「詩・書・易・管仲・老聃の書」、さらには「本朝神代の古語及び祝詞」が、誦読しやすいように韻文で書かれているのは、それが読誦《どくじゅ》され口承されてゆくからであり、しかも韻文を神々が喜ぶからである。のみならず、中国の教学はかならず楽器をかなでておこなわれたし、インドの仏僧はしばしば歌曲に託して法を説き、あるいは聴衆を楽しませ、あるいは深い感動を誘ったという。「是《ここ》に知る、当時の経説の全く歌音に託せしは、啻《ただ》に誦読の便のみならざるを」。韻文形式や音楽による表現の活用という点では、インドと中国と日本に変りはない。またたとえば、釈迦は六仏を宗とし、生死の相を離れよと説いただけでなく、「之に加うるに大いなる神変不可思議の力を以《もち》いて、示すにその絶えて為し難きを以ってし、乃ち外道服して竺民焉《ここ》に帰」したのだった。

呪術や癒しのような「絶えて為し難き」行為をべつとし、韻文や音楽のような表現の形式をべつとすれば、いったい言説はいかにして大きな説得力をもつことができるのか。仲基によれば、それは習俗に依拠することによってであった。加上によってつくられる言説にとって、説得の効用は本質的な要素である。そのかぎり、言説そのものが習俗に依拠することになる。『出定後語』において仲基は簡潔にこう述べている。「故に道を説き教えを作《な》すには、振古より以来、皆な必ず其の俗に依りて以って利導《みちび》く。君子と雖も亦た未だ斯《これ》を免れざる者有り」。

このように習俗は言説を方向づけ、その基本的な性格を規定するが、それは国によって異なる。「国に俗有り」。極熱の地の人は気短かであり、気短かな人は「口舌毒を為す」という後漢の王充のことばを仲基は引用しており、国は風土と言い換えることができよう。それぞれの風土に固有の習俗とはなにか。さきの引用につづけて『出定後語』にいう、「竺人の幻に於ける、漢人の文に於ける、東人の絞に於ける、皆な其の俗然り」、と。こうしてつぎの命題が生まれる。「夫れ言に物有り、道之《これ》が為《ため》に分かれ、国に俗有り、道之が為に異なる」。同じ風土内にあっては、言語表現の三つの原則(三物)によって言説が分節化し、異なった風土間にあっては、習俗の隔りが言説を特異化して基本的な性格の相違をもたらす。すなわち、表現論と習俗論に基礎づけられた風土特性論の主題である。『出定後語』には仏典の個々の言説とインドの習俗とのかかわりが論ぜられているが、ここでは『翁の文』に要約されている習俗論と風土特性論をとりあげよう。

11

「天下の道法、一切の語言」のなかで、仲基が主な分析の対象としたのは、中国の儒教、インドの仏教、日本の神道であった。その言説の基本的性格を、仲基は和語で「くせ」、漢語で「所淫」と呼ぶ。「三教にみなあしきくせあり」。悪しきくせとはなにか。仏教の幻術、いわゆるいづな(魔術)、儒教の文辞、いわゆる弁舌、神道の神秘・秘伝・伝授、すなわち物をかくすことである。

インドは魔術好きの国で、教えを説くにもそれをまじえなければ、人は信従しない。釈迦は山中で六年間その修業を積んだ魔術師であった。経典に神変・神道・神力などとみえるのはみな魔術の話、仏が眉間の毛の光で三千世界を照らし、広長舌を出して梵天までとどかせたなど、みな魔術をつかったのである。生死流転や因果をはじめとする、いろいろの奇妙な説はことごとく、ひとに信じてもらうための方便であった。ちなみに仲基の注にいう、いづなが術に、神通が修行に由来する点で、神通といづなは異なる。にもかかわらず、翁のことばは首肯できる、と。『出定後語』の表現をつかえば、神通と幻術はすこし違うが、まぼろしはまぼろしなのである。

いっぽう、中国は弁舌好きの国である。たとえば、冠婚葬祭の礼式こそ礼というべきなのに、ひとの視聴言動から天地にまでおよぼして、礼は天地の秩序などという。また音楽は楽器を鳴らして心を慰めることなのに、音楽は天地のハーモニーなどと称する。孔子の仁、曽子の仁義、子思の誠、孟子の四端・性善、荀子の性悪、『孝経』の孝、『大学』の好悪、『易経』の乾坤などはすべて、なんでもない簡単なことを弁舌でおおげさに説き、ひとをおもしろがらせて従ってもらおうとした方便であり、中国の文辞はとりもなおさずインドの幻術にほかならぬ。

説得の効用は、習俗を触媒として言説のなかに結晶し、言説を特異化する。このようにして言説が獲得した性格を風土特性と呼んでおくならば、風土特性は言説の基本的な要素であり、それがインドでは幻術、中国では文辞であった。とすれば、言説の説得の効用はとうぜん、発生した風土において最大となる。異なった風土に移植されると、風土特性のもつ効用は減り、あまり役に立たなくなる。幻術は「天竺の人をみちびく仕方にて、日本にはさのみいらざる事」、「漢の文辞（中略）もさのみ日本にはいらざる事なり」。異なった風土への言説の移植は、語用論的にみても、説得の効用に明確な限界をつくりだす。

12

仲基はここで文化相対主義者として立っている。言説にはそれぞれ適合的な、そこにおいて最大の価値を発揮できる風土がある。それぞれの風土の言説がいかに異なっていようと、社会において果たす機能と存在意義に変りはない。その意味で、異なった風土特性をもつ複数の言説のあいだに価値的な優劣はない。仲基の主張が含意しているのはそのことである。

仲基の立場は微妙というほかはない。文化はつねにその風土に固有の文化であるがゆえに、あらゆる文化は価値的に対等である、と文化相対主義者は主張する。この主張は、しかしひとつの逆説をはらんでいる。ある風土に生まれた言説は、べつの（異なった気質と習俗をもつ人びとの住む）風土には本質的に不適合である、という主張へとそれは容易に転化しうるからだ。排外主義ないし人種主義がそこに強固な基礎をみいだすだろう。事実、それがやがて国学の一派のたどることになる道であった。だが、仲基はその道を拒否する。

仲基が排外主義への通路を断ち切ったのは、日本の言説だけでなくいかなる特異化された言説にも、価値の究極的な根拠や認識の原理を置かないことによってであった。そのために仲基は三つの予備的な思考の回路を用意している。第一に、インドや中国の言説の風土特性にも日本において部分的な説得の効用をもつと認めることである。幻術や文辞は見ても面白く、聞いても聞きでがあって、許されるところもある、と『翁の文』にいう。第二に、人びとの気質や習俗は言説の風土特性を一義的に決めるのではないと認めることである。そして第三に、同じ風土特性はつねに同じ作用をするとはかぎらないと認めることである。日本について論じているところをみよう。

『出定後語』に日本人の気質や習俗にふれて、友人のことば「竺人の無量無辺等の語を好むは、其の性然り」を引いたのちにいう、「漢人の文辞佶倔の語を好み、東人の清介質直の語を好むも、亦た其の性然り」、「東人は則ち此等の喩を好まず、唯だ直切の語を為すのみ」、と。ここで清介質直や直切があきらかにプラス価値をもつ語として使われていることに注意しておこう。そうした語を好む日本人の習俗を、仲基は絞と呼ぶ。「竺人の幻に於ける、漢人の文に於ける、東人の絞に於ける、皆その俗然り」。

絞とはなにか。『論語』泰伯篇に「直にして礼なければ則ち絞《せま》し」、率直であっても礼節をわきまえなければ偏狭になる、おなじく陽貨篇に「直を好みて学を好まざれば、その蔽や絞」、単純率直なのが好きで、いろんな場合があることを学ぼうとしないなら、寛容でなくなるという弊害を生む、とみえる。直については、「古の愚や直、今の愚や詐」、昔の愚か者は正直、今の愚か者は嘘つき、という陽貨篇のことばにも注意しよう。仲基の念頭にこれら『論語』のことばがあったのは疑いない。絞という、思考や行動における偏狭な、寛容でない、あるいは窮屈なありかたは、じつは直であることによってはじめて成り立つ。とすれば、絞というマイナス価値をもつありかたも一概に拒ける必要はない。絞であることはかならず直であることを内包しており、そこに新たな言説の可能性が開けてくるのだから。

ともあれ、過去において絞という習俗が日本の言説にもたらした風土特性はなにか。「神道のくせは神秘・秘伝・伝授にて、只物をかくすがそのくせなり」。隠すということは詐偽・窃盗のはじまりである。人の心が素直であった昔なら、人を教え導くのに役立ったかも知れないが、詐偽・窃盗の多い今の世では、神道の教えはかえってその悪を擁護している、と仲基はいう。まさしく「古の愚や直、今の愚や詐」、それが隠すくせを増幅させたのだ。いまでは猿楽や茶の湯などにいたるまで、それを見習って伝授印可をこしらえ、未熟の者には伝えるのが難しいと称して、値段を決め、生活費をかせぐありさまである。幻術や文辞ならまだしもとりえがあるが、隠すくせばかりはいただけない。

日本の言説をこのように仮借なく批判する仲基は、排外主義から遠く距ったところにいる。排外主義へ落ちてゆく水路も閘門もそこにはない。しかも仲基はその批判を、インドや中国の言説に基準を求める超越的批判としてでなく、根拠をおのれのなかにもつ内在的批判として提出したのである。そのことは、この批判が期せずして日本社会を特徴づける家元制度の批判ともなっていることによって、追証される。仲基の批判をわたしのことばに置き換えるならば、日本の言説は家元的原理によって汚染されている、ということだ。

13

学問はたんなる知識や理論の探究でなく、実践をともなうべきもの、実践において完結すべきものであり、それゆえに道と呼ばれた。人の歩くところが道である、「道はなお路のごとし。人の通行する所にしてはじめてこれを路と謂う」(『北溪字義』)、とある朱子学者は定義した。教説とその実践の体系である以上、儒教も仏教も神道もひとしく学問であり、ひとしく道であった。逆に「一人独行するはこれを路と謂うを得ず」(同)、人の歩かぬところ、人の歩けぬところは道ではない。とすれば、儒教はたしかに中国の道、仏教はインドの道、神道は古代にかこつけた日本の道であったが、はたして現代日本においてもなおそれらは人の歩く道でありうるだろうか。実践において完結すべしという学問観を受け入れるかぎり、理論的に仲基の問いはそこへ向わなければならない。

この問いへの答は、ある程度まで、効用論によってあたえられている。儒教や仏教のくせの効用は限られたものだったし、神道のくせの効用は詐偽・窃盗を助長するだけだった。答はおのずと否定に傾く。とはいえそれは、この三教が「今の世の日本に行はるべき道」、仲基のいわゆる「誠の道」として不適合であることを、かならずしも示すものではない。三教のくせは結局表現の問題に帰着するし、そのかぎり今の世の日本に適するように修正できるだろうからだ。しかし、積極的に行わるべき誠の道を求めようとすれば、もはや語用論的次元にとどまることはできない。

仲基は『翁の文』を、「此三教の道は皆誠の道にかなはざる道也としるべし」という、強い否定のことばで書き出している。「いかにとなれば、仏は天竺の道、儒は漢の道、国ことなれば日本の道にあらず。神は日本の道なれども、時ことなれば今の世の道にあらず。国ことなりとて、時ことなりとて、道は道にあるべきなれども、道の道といふ言の本は行はるゝより出たる言にて、行はれざる道は誠の道にあらざれば、此三教の道は皆今の世の日本に行れざる道とはいふべきなり」。

仲基によれば、道を学ぶということは、その道が前提しているすべてを受け入れることを意味する。三教を学ぶには、それらが古代に発生したか、あるいは根拠を置いている以上、古代の言語と習俗を受け入れなければならぬ。僧侶は古代サンスクリットを、儒者は周代の魯国語を、神道家は神代の古語を覚え、それで教えを説き、古代文字を使わなければならぬ。僧侶はインド風の家に住み、足や尻を露にして生活し、礼には片肌ぬいで合掌しなければならぬ。儒者は家畜を飼っておいて肉料理を食べ、衣服・祭礼などすべて中国風にしなければならぬ。神道家は挨拶に拍手を打ち、柏葉に飯を盛り、喪には歌い哭き、貨幣は使わず、呉服など着てはならぬ。「かくこれをいへば、嘲てきよ（嘘）くりごとする様にも聞ゆれども、その道々を学ばむからには、みなかくあるべき事なりとする也」。

仲基の指摘は鋭く、的確かつ重要である。仏教と儒教の核心ともいうべき戒律と礼の日本における受容を考えてみれば、それはすぐわかる。礼や戒律は、部分的な禁止や改変をともなった、習俗の再組織化であり、習俗にたいするその教説の実践的な態度表明である。したがって、そこに言及されていない習俗は、当然のこととして容認されている習俗とみなさなければならない。たとえばインド人の片肌ぬぎや股・膝・尻の露出がそうであった。仏教や儒教を道として学ぶことは、そうした容認されている習俗をもふくめて、戒律や礼を受け入れることである。ところが、日本においてついに定着することがなかったのは礼や戒律の体系であり、ついに成立することがなかったのは戒律や礼の学問であった。日本における仏教や儒教の受容は、戒律や礼の放棄のうえになされたのだ。仲基の誠の道の模索、それを道徳行為論と呼んでおくならば、それはインドや中国や古代日本の言語や習俗に「一つもたがはぬ様にせんことはおもひもよらず」という事実認識のうえに成立する。

14

『翁の文』に要約された仲基の道徳行為論はあっけないほど単純である。それは翁が「直《ただち》にその誠の道を指示したる」もの、と仲基は注する。いわゆる「直切の語」といってよかろう。「しからばその誠の道の、今の世の日本に行はるべき道はいかにとならば、唯物ごとそのあたりまへをつとめ、今日の業を本とし、心をすぐにし、身持をたゞしくし、物いひをしづめ、立ふるまひをつゝしみ、親あるものは能《よく》これにつかふまつり、君あるものはよくこれに心をつくし、子あるものは能これををしへ、（中略）受まじきものは塵にてもとらず、あたふべきに臨みては国天下をも惜まず、（中略）奢らず、しはからず、盗まず、偽らず、（中略）暇には己が身に益ある芸を学び、かしこくならんことをつとめ」と、列挙された四十六項の行為規準は、要するに「もろ〳〵のあしきことをなさず、もろ〳〵のよき事を行ふ」というにつきる。

「誠の道」が仲基の独創ではなかったこと、町人出身の思想家伊藤仁斎が誠の道を唱えたこと、大阪町人の官許の教育機関として建てられ、創立者のひとりを父にもつ仲基も学んだ、懐徳堂において誠の道が説かれたこと、仲基の挙げた行為規準は、身分的には社会の最下層（士農工商）に位置づけられながら、経済力を背景に新たな道徳行為の主体として登場し、商行為を正当化しつつ道徳的規範の自覚的な担い手となりはじめていた商人階級のイデオロギーを表現していることについては、すでにすぐれた研究がある。わたしがここで理論的に注目したいのは、もうすこし別のことだ。

四十六項の行為基準につづけて、仲基はこう書いている、「今の文字をかき、今の言をつかひ、今の食物をくらひ、今の衣服を着、今の調度を用ひ、今の家にすみ、今のならはしに従ひ、今の掟を守、今の人に交り」、と。道徳行為論における透徹した現在主義の立場である。

たしかに仲基が挙げた行為規準には、とりたてて見るべきものはない。その一つひとつは当時の思想家たちの言葉のなかからいくらでも拾いだせよう。しかし、言語・生活・慣習・法・交友のすべてにわたって現在を行為の規準にするという一般的言明は、ほかの思想家からはついに聞くことができない。仲基の誠の道の本領を、だからわたしはこの現在主義にみる。いうまでもなく、それは歴史主義と文化相対主義のほとんど自然の帰結でもある。

誠の道は道徳行為論でありながら、あるいは儒仏神三教の権威にもとづく、あるいは自然法的な、絶対的命題を拒ける。「此誠の道といふものは、本《もと》天竺より来たるにもあらず、漢より伝へたるにもあらず、又神代のむかしに始まりて今の世に習ふにもあらず、天よりくだりたるにもあらず、地より出たるにもあらず」。すべての価値命題はつぎの要請を満たすものでなければならない。「只今日の人の上にて、かくすれば人もこれを悦び、己もこころよく、始終さはる所なふよくおさまりゆき、又かくせざれば人もこれをにくみ、己もこゝろよからず、物ごとさはりがちに、とゞこほりのみおほしなりゆけば、かくせざればかなはざる人のあたりまへより出来たる事にて、これを又人のわざとたばかりてかりにつくり出たることにもあらず」。共同体の生活をもっとも円滑に営ませ、その成員を相互にもっとも深く満足させるような道徳行為が要請されるのである。それは現在に生きる人間であることへの要請であり、それなしにはいかなる学問も強固な基礎をもちえないだろう。「されば今の世にうまれ出て、人と生るゝものは、たとひ三教を学ぶ人たりとも、此誠の道をすてゝ一日もたゝん事かたかるべし」。誠の道によって仲基の学問は基礎づけられると同時に完結する。その言説批判、三教批判を真であると主張させる究極的な根拠は、道徳行為論における現在主義の立場であった。

だが、現在主義は避けられない難問をかかえている。そこでは絶対的な価値命題は成立しない。すべての命題は時代と社会によって変容する。とすれば、それはついに相対主義を脱却できないのではないか。現在ははたして道徳行為の基準でありうるか。

明確な答を仲基は残していない。しかし、時代と社会を超えて妥当する。少数の普遍的な道徳的命題群の成立可能性を仲基は信じていたように、わたしにはみえる。すくなくとも「誠の道に叶」う「似たる事共」

が三教のなかにある、と仲基は考えていたのである。

富永仲基の著作

『出定後語』(日本思想大系『富永仲基　山片蟠桃』(水田紀久校注)、岩波書店、一九七三年)。

『翁の文』(日本古典文学大系『近世思想家文集』(石浜純太郎・水田紀久・大庭脩校注)、岩波書店、一九六六年)。

ただし句読点と読みはかならずしもこれらに従わない。

引用文献

加藤周一「徳川時代の偶像破壊者・富永仲基――その生涯と思想」、『思想』五一六号、一九六七年七月。

武内義雄「富永仲基に就いて」、『武内義雄全集』第十巻・雑著篇所収、角川書店、一九七九年。

内藤湖南「近世文学史論」、『内藤湖南全集』第一巻所収、筑摩書房、一九七〇年。

テツオ・ナジタ『懐徳堂　18世紀日本の「徳」の諸相』(子安宣邦訳)、岩波書店、一九九二年。

J・M・ボヘンスキー『現代の思考法――分析哲学入門』(国嶋一則訳)、勁草書房、一九六一年。

参考文献

石浜純太郎『富永仲基』、創元選書、一九四〇年。

内藤湖南「大阪の町人学者富永仲基」、前掲全集第九巻所収、一九六九年。

Ⅳ　科学の変容

中国の「洋学」と日本――『天経或問』

「中国の「洋学」と日本」という題を提出しておきましたが、中国ではむろん洋学とはいわず、西学と称しています。それをあえて「洋学」としましたのは、日本との接点を考えてのことです。お話したいと思っておりますのは、西洋天文学説を紹介した書として日本ではひろく知られた『天経或問』、この書は中国ではあまり読まれた形跡がないのですが、それがどういう書であったか、中国の「洋学史」のなかでどういう位置づけをもつ書であったか、それが第一点です。時間があれば、近代化と工業化に果たした両国の洋学の役割を比較してみたい、それが第二点です。

『天経或問』の著者遊芸は、その冒頭に『格致草』を引き、また「吾師良孺熊公」と呼んでいるように、自他ともにゆるす熊明遇の弟子でした。

熊明遇（一五七九―一六四九）、字は良孺は、江西省進賢県、鄱陽湖の南、南昌の西南にあたりますが、そこの出身で万暦二十九年（一六〇一年）の進士、南京の兵部と工部の尚書を歴任したひとです。伝は『明史』巻二五七にあります。ウルシス（熊三抜）の『表度説』（一六一四）に序文を寄せており、耶蘇会士とは親交がありました。

末子の熊志学が、父明遇の『格致草』と兄人霖の『地緯』(世界地理)とをいっしょに『函宇通』と題して合刻したのは、順治五年(一六四八)、明遇の死の前年ですが、その序文によると、『格致草』は万暦年間(一五七三—一六一五)に成ったといいます。しかし、なかには晩年の日付け(一六四八)をもった記事があるだけでなく、引用されている天文学書からみて、三〇年代に入ってかなり増補されたのは、明らかです。

『格致草』は内容的にみますと、六部に分けることができます。(1)天文学総論、(2)西洋天文学説、(3)暦法・観測法、(4)気象学、(5)地学・生物学、(6)宇宙生成論です。その(2)と(3)に引用された西洋天文学書には、万暦年間に出た『渾蓋通憲図説』(一六〇七)、『簡平儀説』(一六一一)、『天文略』(一六一五)などのほかに、『崇禎暦書』第一回奏進(崇禎四年、一六三一)にふくまれる『測天約説』(一六二八)、『日躔暦指』があり、まだ十分に出典を確かめることができないでいますが、第二回(一六三一)以後、第五回(一六三四)にいたる奏進の書もふくまれているのではないかと思います。ただ全体としてエマニュエル・ディアス(陽瑪諾)の『天文略』に大きく依存しているのは事実ですし、骨子は万暦末年に成っていたのでしょう。

ここで注目したいのは、こうした書からの引用のしかたです。熊明遇は意図的に、離心円・周転円による説明を排除している。といっても、引用の行文上、まったく避けるというわけにはゆきません。地心と黄道心の不同、遊環などといった用語が残っていますが、基本的な説明はまったくないのですから、読者は小首をかしげながら読み過ごすということになるでしょう。別のことばでいえば、プトレマイオス説とチコ・ブラーエ説をふくめて、西洋天文学説がすべてアリストテレス説に還元されている、ということです。

はたして、(2)にふくまれる「天体至純」・「天体難定軽重」・「天体不壊」は『寰有詮』巻二・巻三の文章の引用または要約ですし、つぎの「天体難定色相」という題もやはり巻三の文章のもじりです。『寰有詮』はアリストテレスの『天体論』の漢訳として知られていますが、厳密にいいますと『天体論』そのものでなく、『天体論』から重要な文章を抜粋し、それに、問答形式で注釈を加えたものです。原著はイエズス会のコインブラ大学の教科書、訳者はフランチェスコ・フルタド（傅汎際）、天暦年間（一六二一—二七）に成り、崇禎元年（一六二八）に杭州で出版されました。全六巻ですが、天体論は第二巻以下で、第一巻は神の存在証明にはじまり、『旧約』創世記・第一章とその注釈におわっております。『格致草』(6)の「大造畸説」がその「創世記」第一章の引用・紹介にほかなりません。熊明遇の「大造」すなわち神と天地創造とにかんする記述から、かれがキリスト教徒であったことがわかります。

さっき申しました「天体至純」以下の三節には、形あるものは水火土気の四行から成るのにたいして、天は「純体」であること、「純動」には直線運動と円運動があり、直線運動には上昇と下降があること、四行が直線運動をするのにたいして、天は円運動をすること、下降するものは重く、上昇するものは軽いこと、四行のなかでは火が至軽で、気がそれに次ぎ、土が至重で水がそれに次ぐこと、天の純体は軽くも重くもないこと、水火のように相克して壊れる四行と異なり、天の純体には生・尅がなく、壊れないこと、といったアリストテレス自然学の基本原理が述べられています。しかし、実はこの書がもっともユニークなのは、(4)の気象学の部分なのです。とりわけ、長い一節「気行変化演説」は、熊明遇がアリストテレス自然学の原理と四つに組んで格闘した、思索の産物といっていいでしょう。

(4)の気象学の冒頭に置かれた「化育論」のなかで、熊明遇はつぎのように述べています。

儒は五行金木水火土と曰い、釋は四大地火水風と曰い、西方の人は四大元行水火土気と曰う。蓋し金木は天地の間に在りて、水火土の用に敵する能わざるを以ってなり。

その根拠を「気行変化演説」においてこう論じます。

五行の質は、倶に二気を含む。惟だ金木は専ら質の用を以ってし、変化する能わず、殫《あまね》く論ず可き無し。水火土の若きは、皆な気を挟みて質と為り、元質有り、変質有り。水土の元質は、気と二にして一、火の元質は、気と一にして一なり。

すなわち火（＝気）・水・土の三行説を唱えるのです。そしてこの立場から、さまざまな気象現象を説明してゆきます。この立場は、中国の五行説と西洋の四大元行説を統合、あるいは止揚したものといえるでしょう。アリストテレスの自然学では、四元素に乾・湿・熱・冷の四つの性質を組み合わせて、変化を説明します（図1）。たとえば、空気の性質は熱・湿ですが、その湿が乾になると、空気は火に変化します。熊明遇もまた燥・湿・熱・冷の四性質をつかって、火・水・土の三行が風・雨・電・孛（彗星）などとして現象する過程を論じます（図2）。いくつかの例を挙げてみましょう。

まず彗星です。

彗は乃ち土気の燥熱なる者上昇し、膠膩《こうじ》にして凝結し、忽ち片段を成し、晶宇火際に沖入して燃着す。故に能く久しく散ぜず、亦た天に随って転ず。

晶宇は水晶天、火際は月天と地のあいだを三際に分けたときの、水晶天のすぐ下の上際。また別に、つぎのようにも述べています。

彗は火に属す。土気下従《よ》り火を挟んで上昇し、……火際に至り、火は自ら火に帰す。挟上の土は軽微熱乾、……若《も》し更に精、更に厚ならば、結聚して散ぜず、火際に付して既ち彗を成す。

これらの説明はアリストテレスの『気象論』（泉治典訳）のつぎの文章に相当するでしょう。

大地をかこむ領域の第一の〔もっとも高い〕部分は乾いた熱い蒸発物である。だがこの蒸発物……は、〔天体の〕円環的な移動がひきおこす運動によって回転しながら大地のまわりをいっしょに動いている。……ところが、火の始源が上からの運動によってこのように濃い蒸発物のなかに落ちてきたとしても、それが急速かつ大量にものを燃やすほど強くはけっしてなく、またすぐ消えるほど弱くもなく、むしろあるていど強く、あるていど大量のものを燃やす力を持っており、しかも同時に燃えやすい蒸発物が下から上がってきてこれに加わるとき、その量が彗星となるのである。（『全集』5—21）

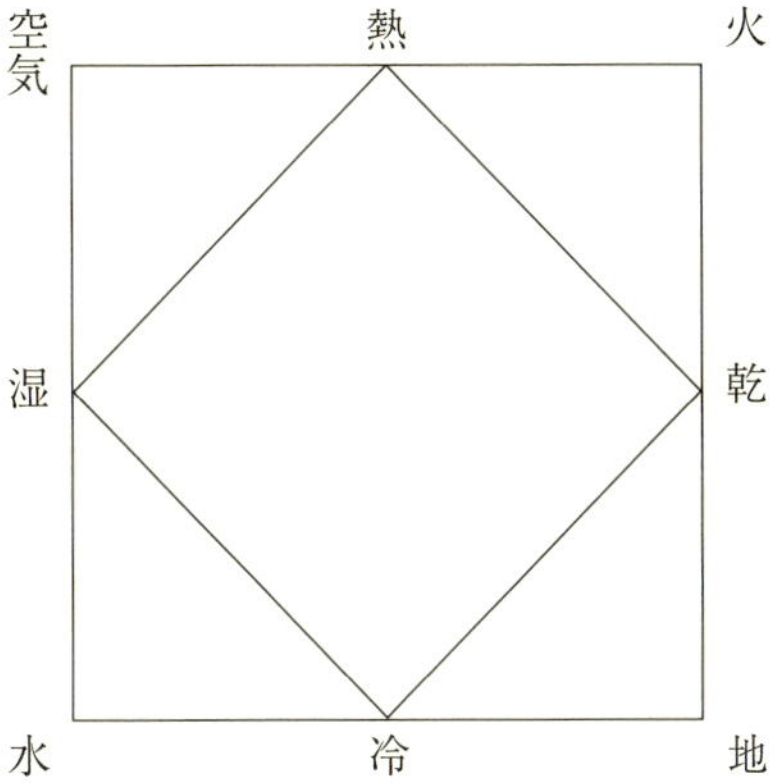

図1

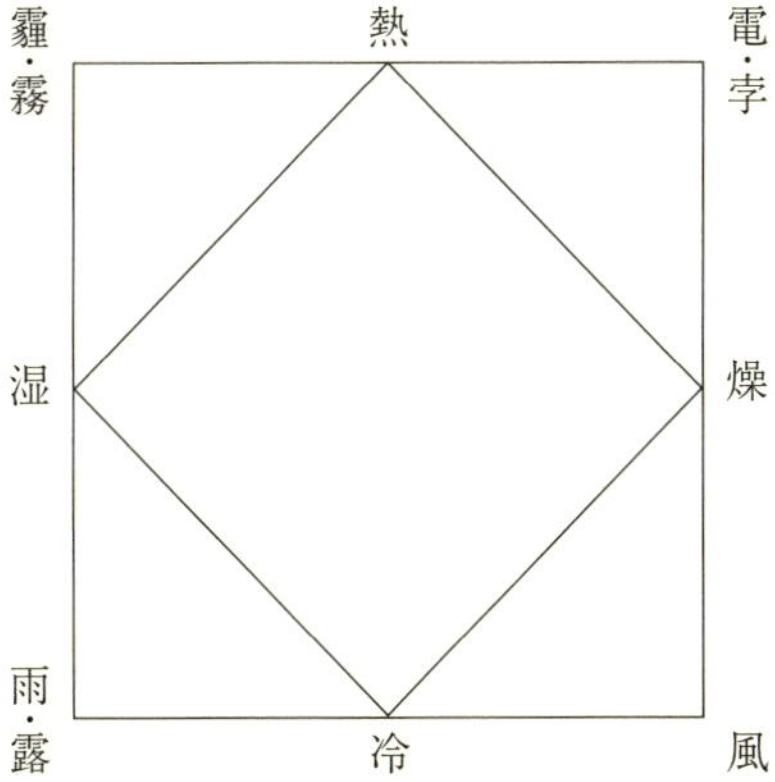

図2

熊明遇が『気象論』に依っていることを決定的に証拠だてるのは、ひとつまえの引用文につづく一段です。

凡そ彗の将《まさ》に見われんとするや、必ず大風或は大旱多し。燥熱空中に横満するに縁《よ》り、容易に風に変じ、未だ湿気を帯びず、雲に変ずる能わず。所以に知る、彗の体は乃ち一段の空中の燥気なるを。

これは『気象論』のつぎの文章の翻訳にほかなりません。

彗星〔の尾〕が火によって組成されていることについては、それが多数現われると大風と旱魃の前兆であることを証拠として考えなければならない。なぜなら、それはかの分離した物質〔乾いた熱い蒸発物〕が多いために生じるのであるから、かならず空気をいっそう乾燥させることになり、また湿った水蒸気は大量の熱い蒸発物によって分散して散らされるために、集って水〔雨〕になることが困難だからである。（同23）

つぎは暈をとりあげましょう。

暈は乃ち空中の気、直ちに日月の光に逼《せま》り、圍抱して環を成す。……曇気漸く稠にして黒き者は、雨の徴なり。忽然として一辺を去り一辺を留むること有る者は、風の徴なり。忽然と全去する者は、晴の徴なり。

『気象論』の相当する一段は、

さて暈は、空気と霧〔水蒸気〕が凝結して雲となり、……そこで起こったわれわれの視線の反射なのである。それゆえ、それが作られることは雨の前兆である。……そのわけは、このような〔空気と霧の〕凝結が生じたばあい、たえまなく濃厚化が行なわれていけば必ず水になることは明らかだからである。したがって、この種の暈は、ほかのものと比べてとくに色がくらいのである。しかし暈が破れていると

きは風の前兆である。……また、暈が消えてゆくのは晴れの前兆である。（同109）

「視線の反射」という考えかたは、熊明遇にはまったく理解できなかった。しかし、前兆にかんする記述が『気象論』に本づいているのは、疑問の余地がありません。

四元素の本来的な場所というアリストテレスの考えかたを述べていて興味深いのは、海です。

四行の気は、各おの本所有り。火の体質は最も軽妙為《た》り、最上に居る。水の体質は稍《や》土より軽く、地に付して居る。惟だ地の形質は独り至重為《た》り、水下に凝結し、萬形萬質、之れに就かざるは莫し。水既に地に在り、地に崇卑有り。海の處為《た》る、地より甚だ卑し、故に百川匯《あつ》まりて巨壑と為る。

『気象論』のつぎの一節がこれにあたるとみていいでしょう。

海によって占められている場所は水のほんらい的な場所である。この理由によって、すべての川とすべての生じた水〔雨水〕はそこへ流れ入るのである。なぜなら、水はもっとも深い場所へ流れるが、海は大地のそのような場所を占めるからである。（同58）

『気象論』の翻訳とみなせる一文を、もうひとつだけ挙げておきましょう。

鹹水は厚重、物を載すれば則ち強し。故に江河に入りて沈む者も、或は海に入れば浮かぶ。

海塩のこの一節は、『気象学』のつぎの文章に依っています。

じっさい、海水と飲める水とでは重さがひじょうに異なっていて、それゆえ海では積荷が重い船を容易に航行できるのに、同じ重さの荷を運ぶ船が川ではほとんど沈むのである。（同68）

例としてはこれで十分でしょう。

わたしはずっと以前から、古代ギリシアの自然学は明末清初の中国の文人にどのように受容されたか、あるいは受容されなかったか、それを考える手掛りが欲しいと思ってきたのですが、ここにひとり熊明遇という、アリストテレスの自然学に真っ向から取り組んだ、明末の思想家がいたことがわかったのです。熊明遇の自然学に立入るのは別の機会にゆずりますが、ここでどうしても触れておかなければならないのは、アリストテレスの『気象論』の漢訳が存在していた、という事実です。熊明遇はまちがいなくその訳稿を読んでいた。訳者としてもっとも蓋然性が高いのは、アリストテレスの二部の注釈書『寰有詮』と『名理探』を訳したフルタド、テキストはおそらく、この二部とおなじコインブラ大学の教科書でしょう。明末に翻訳されながらついに公刊されなかった書にもうひとつ、アグリコラの『デ・レ・メタリカ』があります。漢訳の『気象論』や『デ・レ・メタリカ』が、あるいはヴァチカンあたりにねむっているのではないでしょうか。

主題にもどりましょう。和刻されました『天経或問』前集は天と地に分かれていますが、天の部の「天地之原」「天体」「大星位分」「七曜各麗天」の全部もしくは一部が『格致草』からの引用です。たとえば「七曜各麗天」の答の部分は九行半余りありますが、二行半足らずが遊芸の加筆で、あとは『格致草』の引用です。しかも、その中の二行半ほどは『天文略』からの引用ですが、それもふくめて遊芸はそっくり『格致草』をいただいています。地の部になると気象学に入ってゆきますから、『格致草』からの全部もしくは一部の引用はさらに増えます。「天漢」「昼夜長短」「年月」「霄霞」「風雲雨露霧霜」「雪霰」「雹」「雷電」「彗孛」「虹」「日月暈」「日月重見」「風雨徴」「天開」「地震」「海」「鹹水」「温泉」「海汐」「野火」、じつに38章中の20章におよんでいます。

問題は、『格致草』から『天経或問』へ移されるさいに、文章表現がいかに変化したかです。いいかえれば、アリストテレスの自然学とキリスト教の消化ないし換骨奪胎がいかに進んだか、二、三、具体的な例をみてみましょう。

たとえば海では、「四行の気は、各おの本所有り。云々」を削って、代りに方以智編『図象幾表』の一節を入れ、そのあとに「水の体質は稍や土より軽く」以下を引いています。アリストテレス説が、のちに師事した方氏の説に置き換えられているのです。ただ塩水のところは、ここでは『格致草』の説を紹介しませんでしたが、そっくり引いています。

全体としていえるのは、『格致草』とちがって、『寰有詮』からの引用がすっかり落ちている。また、神＝造物主にかんする記述が消されている。『格致草』の「大造恒論」に、

大造の宰は、天に先だちて始め無く、天に後れて終り無し。

ということばがみえますが、『天経或問』の「天地之原」では、「大造の宰」が「天地の主宰」に変わっています。つまり、造物主の表現が、

寰有詮　格致草　天経或問
天主 → 大造 → 天地

と変化していったのです。遊芸はキリスト教徒ではなかったでしょう。

『天経或問』におけるアリストテレス自然学の中国化ないし換骨奪胎を象徴的にしめしているのは、「地震」の項です。『格致草』は、

地は弾丸の如し。極重なる者中心に在り。

という言葉にはじまります。ところが『天経或問』では、

地は本と気の渣滓、聚りて形質を成す者、元気旋転の中に束す、故に兀《こつ》然として空に浮かびて墜ちず。

極重と為りて中心を亘《めぐ》り、以って鎮定す。

と大幅に加筆されています。『格致草』の表現は、本来的な場所を前提とするものでした。それが『天経或問』では気の理論に変わっています。「地は本」から「墜ちず」までは、実は『朱子語類』の言葉です。いいかえれば、アリストテレスの自然学が完全に朱子の自然学によって取って代わられた、すくなくとも原理的にはそうだ、ということができます。アリストテレス説は消化され、朱子学ないし気の理論のいわば養分となったのです。

日本において西洋天文学紹介の書として知られた『天経或問』は、もともとはアリストテレス説受容史のなかにこそ位置づけらるべき書だったのです。

時間が来ましたので、予定しておりました話の第二点は省略させていただきます。

（この特別講演は一九九七年五月十一日の洋学史学会総会で行なわれた。於 順天堂大学）

幕府天文方と十七、八世紀フランス天文学——『ラランデ暦書管見』

1　天文方の設置とその機能

日本において天文学が成立するのは七世紀に入ってから、とりわけ中国の制度と学問を導入し、それをモデルに国家建設を進めた、大化の改新以後と考えてよい。陰陽寮・司天台の設置（天武、六七五）、元嘉・儀鳳両暦の採用（持統、六九〇）がその目安である。その後、大衍・五紀両暦を経て、貞観三年（清和、八六一）に宣明暦を採用して以来、八百二十三年間にわたって、宣明暦法によって毎年常用暦を編纂するのが陰陽寮の仕事であった。中国では頻繁に改暦が繰り返されたが、日本では編暦のみで、改暦は貞享二年（一六八五）まで一度も行われなかった。

中国の暦の大きな特色は、暦法（天体暦）と暦日（常用暦）がいわば一体化していることである。暦の優劣は天象と一致しているかどうか、とくに日月食の予報が正確であるかどうかによって判定された。そして独特の政治的理念に本づいて、新しい王朝が創建されたときと、暦が天象と食い違ったときは、改暦が必要とされた。それがたび重なる改暦を引き起こした。

暦法（天文常数・計算法・表）を改めるのが改暦である。いったん改暦されると、あとはそれによって毎年の暦日を作る。同じ暦法によって暦日を編纂している間が、その暦の施行期間である。中国の天文学は国家の科学であり、漢代以来、国立天文台が置かれていた。天文台には暦算（改暦・編暦）、天文（観測・占星）、漏刻（保時・報時）の三科が設けられ、国家と社会の時間的秩序を維持するという任務を遂行した。三科の職務はむろん別の専門家が担当した。新しい暦が施行されても前の暦の担当官は残されて編暦を続け、新旧暦の優劣を比較検証していた。それがまたときには改暦をうながす要因の一つとなった。

日本の陰陽寮は、規模は唐の天文台の十分の一以下とはいえ、ほぼその制度を踏襲していたが、ただ占筮・相地を掌る部門を包摂していたところが違っていた。中国ではその職掌は全く別組織だったのである。陰陽師六、陰陽博士一、陰陽生十、計十七名というその構成に、占星の天文博士一、天文生十、計十一名を加え、編暦の暦博士一、暦生十、計十一名と比較してみれば、占い部門が圧倒的な比重を占めていたことが分かる。陰陽寮の主要な職務は占いにあり、おそらくそれが全体の活動を方向づけていたのであろう。宣明暦が八百年間用いられ、そのことが問題にもされなかった最大の理由は、陰陽寮が天文台以上に「陰陽」寮として機能していた点に求められるのではなかろうか。中国風の理念はそこにはない。

渋川春海による貞享改暦と幕府天文方の設置は、日本の天文学者が改暦という機能を初めて獲得するとともに、天文方が陰陽寮から編暦という職掌を奪取した出来事であり、暦算＝天文方、天文＝陰陽寮という分業の成立は、中国型の制度が十全な意味で初めて実現したことを意味している。それはもちろん、中国の暦法をとにかく自家薬籠中のものとしたということでもあった。

天文方は改暦のために設けられた職である。表（本書二六〇―二六一頁）を見ればそれは一目瞭然だろう。各天文方の家系のうち、天文方の職に就かなかった人は、表では省いてある（たとえば山路家の初代、二代の間）。太線は、一流と二流とを問わず、とにかくなにか仕事を残した人、細線は仕事らしい仕事をしなかった人を示す。設置当初から幕末に廃止されるまでずっと、能力にかかわりなく天文方に就いたのは渋川家の人びとだけである。これはちょうど陰陽寮の土御門（安倍）家が天文博士、賀茂家が暦博士だったように、本来、渋川家が天文方だったということだろう。もし渋川家から代々、優秀な天文学者が輩出していたら、べつに天文方を立てることはなかったのかもしれない。だが、天文方には改暦という大仕事があったのに、二代目がすでに後見役を必要としていた。西洋暦法による改暦を意図する徳川吉宗は、三代目を後見した猪飼豊次郎を天文方に据えるが、これまたその任ではなかった。改めて天文方に取り立てられた西川正休は、ひとかどの観測家だったらしいが、計算ができない。数学者の山路主住らが補佐したが、いずれ力量不足だったのだろう、宝暦の改暦は貞享暦の改悪に終わる。その修正暦を作るために天文方に任じられたのが、山路と吉田秀長である。そのとき手伝だった奥村邦俊は、山路・吉田亡き後、弱体化した天文方を補強する役に就く。改暦とは直接無関係なこの例外を除けば、新しい天文方の任命の時期はすべて、改暦の時期とぴったり一致している。

改暦を天文学の古代的課題と呼ぶことにしよう。天文方は終始一貫して改暦、すなわち古代的課題を担った職だった。ところが精度の高い暦法を求めて改暦を繰り返すことによって、天文学者は否応なく、近代的課題に直面することになる。

貞享暦は中国天文学の最後の、そして最高の成果である授時暦法によっているが、ただ京都における観測値を用いており、いわば部分的な改暦だった。いっぽう中国では、明末にイエズス会士が西洋天文学（ティコ・ブラーエ体系）を伝え、その体系は『崇禎暦書』（一六三一—一六三四）に集大成され、清朝はその暦法による時憲暦を採用（一六四五）しており、つとに授時暦段階を乗り越えていた。その後、イエズス会士は『暦象考成後編』（一七四二）において、ケプラーの楕円説を導入する。吉宗の科学書輸入解禁（一七二〇）後、宝暦改暦の失敗があるだけに、西洋暦法による改暦が緊急の課題となって立ち現れる。幕府はさしあたり『崇禎暦書』に本づく暦書の編纂を吉田・山路に命じるが、それはもはや時代の要請に応えるものではない。

当時、『暦象考成後編』の楕円計算法を理解し修得していたのは、大坂の麻田剛立と門下の高橋至時・間重富だけだった。理論家の高橋と観測家の間は江戸の天文局に迎えられ、寛政の改暦に従事する。寛政暦は、太陽と月の計算には楕円説を用いているが、五星の運動は依然として古い周転円説によっている。改暦直後から高橋は五星法の改訂を志し、一八〇三年にたまたま、十八世紀天文学の全容を具体的かつ詳細に概観した『ラランデ暦書』（蘭訳版、一七七三）を入手する。こうして『ラランデ暦書』による改暦が天文方の最後の課題となる。それが天保改暦であり、それに携わったのが高橋の次男で渋川家を継いだ景佑と、間の弟子足立信頭だった。このように日本の天文学者は輸入科学書、とりわけ『ラランデ暦書』を通して、天文学の近代的課題とはなにかを知り、部分的にしろ、それに正面から取り組むことになったのである。

それでは天文学の近代的課題とはなにか。フランス科学アカデミー（一六六六創立）とパリ天文台（一六六七設立）の活動を、ここで見ていくことにしよう。パリ天文台は科学アカデミーの附属研究所であり、アカデミー所属の天文学者は、一部は天文台を拠点とし、一部は自宅・学校・僧院などの天文台によって、多面的な活動を行った。創立期からフランス革命まで、天文台によったのは、初期を除けば、主として四代にわたるカッシーニ家（カッシーニ王朝といわれる）とそのグループであり、革命によって改組された天文台の臨時初代台長となったのが、『ラランデ暦書』の著者、ラランドであった。

2 パリ天文台の設立と天文器械の革命

天文方が置かれる十八年前に建設が始まったパリ天文台は、最初の近代的な天文台である。その九十年前の一五七六年、デンマーク国王フレデリク二世は、コペンハーゲンの北のフヴェーン島をティコ・ブラーエに与え、一辺約二〇メートルの方形のウラニブルグ城を建設し、一〇分刻みの目盛をもつ大型観測器械などを備え付けて、観測に専念させた。しかしティコがそこにとどまったのはわずか十五年だった。一五八八年の国王の死後、ティコは追放され、城は廷臣の館となり、一六七一年、パリ天文台の創設者の一人ピカールがその正確な位置を測るためにアカデミーから派遣されたときには、すでに廃墟と化していて、建物跡を発掘しなければならなかった。グリニッジ天文台の設立はパリに後れること十年、一六七六年である。

最初、総合的な科学研究所として構想されたパリ天文台は、アカデミーの直接の管理下に置かれ、全体的な活動方針はなく、台長もいなかった。天文学者は各自研究計画を立てて、国王、アカデミー、パトロンに研究費を申請しなければならない。テーマの選択は自由だった。アカデミーは測地学研究を一貫して推進することになるが、それも初期のパリ天文台を代表する天文学者ピカール（一六二〇—一六八二）らの、ある意味でフランス天文学の方向を決めた申請から始まった。この研究方式は、航海術を完成させるために正確な恒星の位置と天体の運動の表を作るという明確な目的を与えられ、強力な権限をもつ台長の下で、一体となってその目的を追求したグリニッジ天文台とは、全く異なっている。ロンドンの天文学者たちが位置天文学の基礎を据えたとすれば、パリの天文学者たちは物理的観測の多彩な可能性を示したといえよう。そのなかにはカッシーニ1世の月面図やレーマーの光速度測定も含まれる。

パリ天文台が設立された一六六七年は、天文観測器械にひとつの革命が起こった年だった。ピカールが、やはり天文台創設者の一人であり、マイクロメーターを発明したオーズー（一六三〇―一六九一）と協力して、四分儀に視準板に代えて、マイクロメーターつきの望遠鏡を取り付けたのである。

天文観測器械には古くから、サークル（円形儀）すなわち全方位を目盛った円環と、セクター（扇形儀）すなわち1／2、1／4、1／6、1／8などに分割した円弧とがある。後者は、四分儀、六分儀、八分儀以外はたんにセクターと呼ばれる。古代以来、主として用いられたのはサークルであり、アーミラリ・スフェア、アストロラーベ、渾天儀など、すべてそれに属する。しかし十六世紀中葉からしきりにセクターが用いられるようになり、とりわけティコ・ブラーエとケプラーが大型の四分儀と六分儀によって精度の高い観測を行って以後、セクターがサークルに取って代わり、サークルはほとんど地上の方位測定用となった。十七世紀の初頭には観測器械に別の革命が起こっていた。いうまでもなく、ガリレオによる、世界像を揺がせた天体望遠鏡の発明である。マイクロメーターつき望遠鏡を取り付けることによって、器械の観測精度は分から秒へ飛躍的に上昇した。そして十九世紀の中葉まで、位置天文学ではピカール型の観測器械が標準型となり、天体の子午線通過の観測にはもっぱら四分儀、ついで六分儀が用いられたのである。

壁面四分儀に見られるような器械の大型化（ラランドの壁面四分儀は半径二・四五m）は、製作を技術的に難しいものにした。多くの場合、全体の骨組は鉄、目盛面だけは銅で作られていたが、当時鋳造できる金属片は長さが六〇㎝くらいまでであり、あとはねじか鋲で接合しなければならない。そのためセクター面が反って平面にならない。熱膨張率の率の違う金属を接合しているために、大気の温度変化を受けないように壁面に取り付けるには、たいへんな工夫が必要だった。こうした問題が解決され、完全な、満足できる器械が作られるようになるのは、金属材料と金属加工の技術を飛躍させた産業革命を経て、十九世紀に入ってからである。

天体の物理的観測に用いられたのは望遠鏡であるが、探索を拡大するために直径の大きい、長い焦点距離をもつレンズが求められた。大きい望遠鏡は長さが七〇ピエ（ピエはフィートと同じ単位）もあり、据え付けには帆船の技術が応用された。マストを立て、帆桁に望遠鏡を固定し、滑車とロープで操作するのだ。帆桁には、曲がらないように、三角柱型の組物が用いられた。さらに長い焦点距離のレンズになると、もはや筒は使えない。カッシーニ1世（一六二五―一七一二）の八〇、九〇、一〇〇および一三六ピエ（四四m）のレンズはすべて、筒なし望遠鏡だった。観測するのは木星や土星と決まっていたから、あらかじめその子午線通過に合わせて、高い塔や建物の屋上に対物レンズを据え付けておき、あとは地上で接眼レンズを操作する。この装置を使いこなせたのは、しかし、ホイヘンス（一六二九―一六九五）とカッシーニ1世だけだったという。よく使われたのはもっと短い、操作しやすい望遠鏡であり、カッシーニ1世が土星の衛星を発見したのは一七ピエ（五・五m）や三五ピエ（一一・九m）の望遠鏡だった。カッシーニ2世（一六七七―一七七六）の天文台の記録には、七〇、三八、二〇、一五、八ピエの望遠鏡が出てくる。しかし、十八世紀の中ごろまでに長い望遠鏡はほとんど使われなくなり、イギリスのドーランドによる色消しレンズの完成（一七七五）がそれに止めを刺した。

もう一つの観測器械の革命は、ホイヘンスの振子時計の発明（一六五六頃）である。一秒または1／2秒を刻む振子が主として用いられた。振子時計もはじめはうまく動かなかったらしく、カッシーニ1世は観測日誌に“horogium quievit”（時計が止まっている）、としょっちゅう書きとめているという。はじめはローマ、ついでパリやとりわけロンドンに有名な光学器械や時計の製作者が現れ、あるいは注文に応じ、あるいは装置を工夫して、新しい器械を提供した。イギリスのハドリが、二枚の鏡の付いた航海用八分儀を発明したのは一七三一年である。

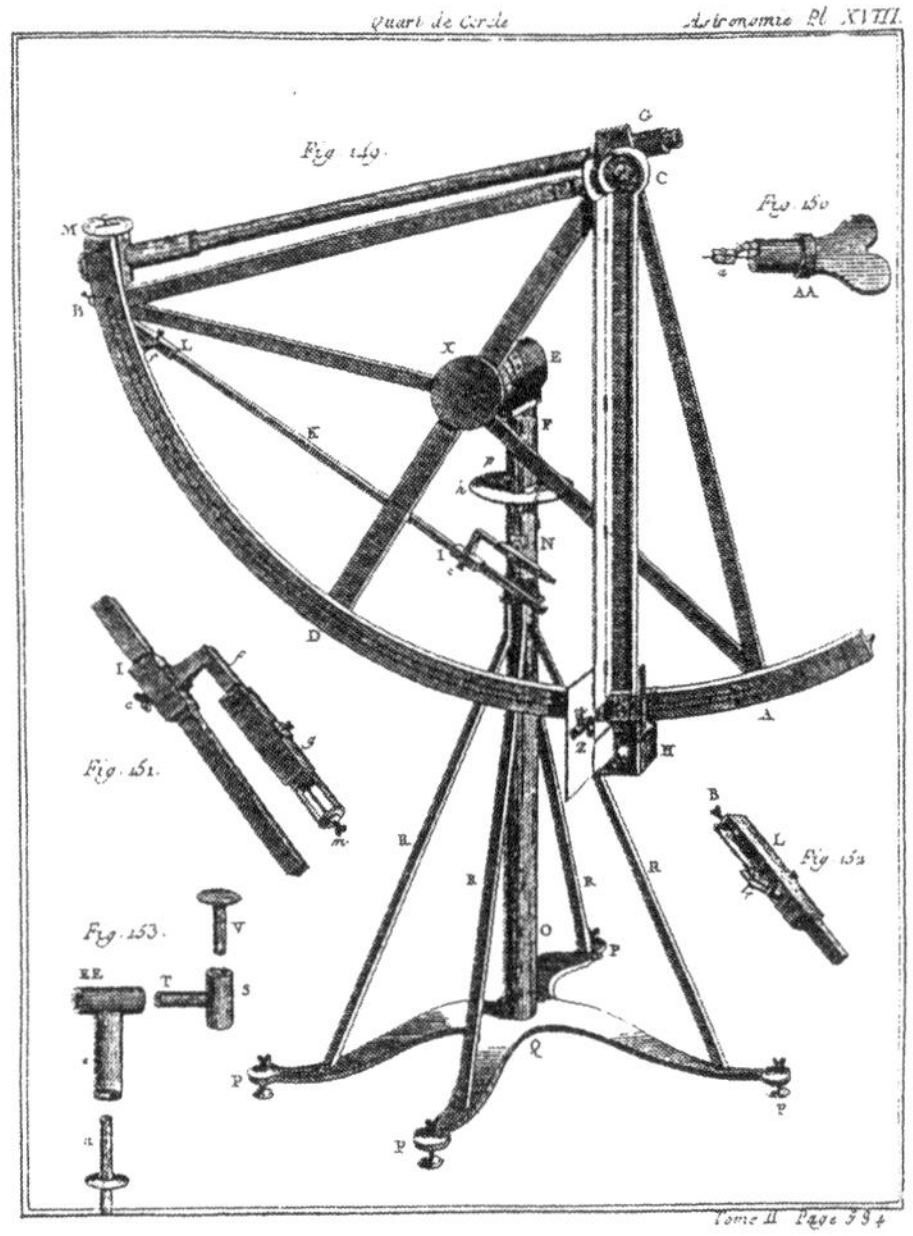

図１　可動四分儀（ラランド『天文学』第２巻）

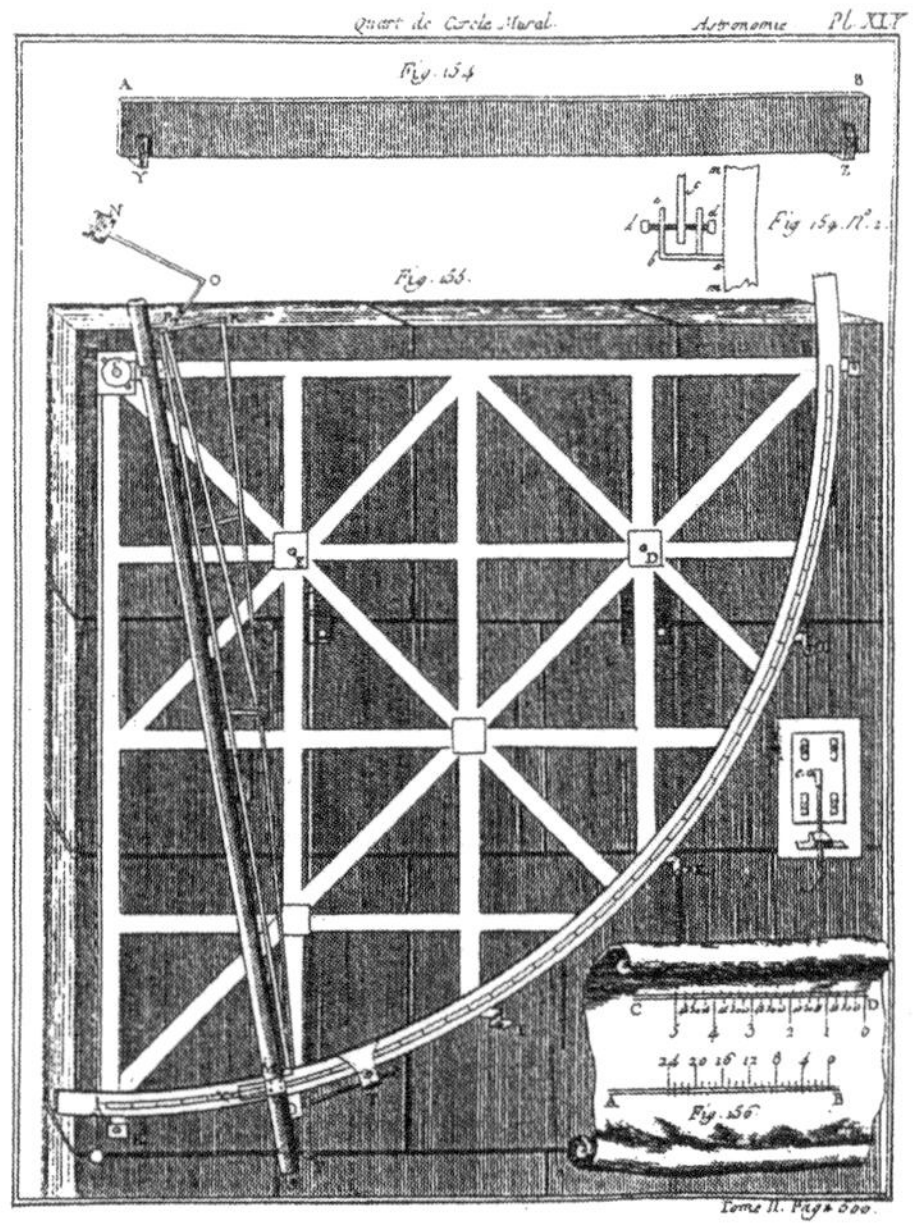

図２　壁面四分儀（ラランド『天文学』第２巻）

子午線測定や天体観測のために、世界各地に科学アカデミーが派遣した観測隊の装備をいくつか見ておこう。子午線測定のペルー隊（一七三五）は、三名の隊員がそれぞれ測地学的観測用の四分儀と振子時計。四分儀の半径は三ピエ、三〇プス（プスは1／12ピエ）、二一プス。ほかに黄道傾斜観測用の一二ピエと八ピエのセクター。四分儀やセクターはもちろん望遠鏡付きである。鏡付き八分儀は、航海中にこの隊が使ったのが、フランスでは最初といわれる。カッシーニ、ラカーユ（一七一三―一七六二）らが行った、フランス国内の子午線再測定（一七三九―一七四〇）では、三角測量用の二ピエの四分儀と、緯度決定用の六ピエのセクター、半径よりもやや長い望遠鏡が付いている。それに振子時計二台。火星と金星を用いた太陽の視差、および月の視差の観測のために、一七五一年に喜望峰に派遣されたラカーユの装備は五種。(1)上述の六ピエのセクター、(2)六・五ピエと五・五ピエの望遠鏡付きの、半径六ピエの六分儀、(3)五ピエの望遠鏡付きの、半径三ピエの四分儀、(4)振子時計二台、(5)一四、一三、九ピエの望遠鏡。なおこのときラカーユは二年間滞在し、一〇〇三五の南天の星の正確な位置を測定している。同じく太陽の視差を測定するための金星の太陽面経過の観測に、一七六九年にカリフォルニア、東インドなど世界各地に送られた隊になると、従来の望遠鏡のほかに、すでに一〇ピエから三ピエまでの色消し望遠鏡を携えている。

マイクロメーター付き望遠鏡を備えた四分儀（または六分儀）と一秒か1／2秒を刻む振子時計は、観測の精度を数秒にまで高め、astrométrieを成立させた。それに望遠鏡を加えた三点セットが天体観測の基本的な装備であり、あとは目的に応じてその他のセクターを使っていたことが分かる。温度計とその他観測や測量に必要な器具を備えていたのはいうまでもない。ちなみに十八世紀末には、セクターの背後に押しやられていたサークルが、赤道儀式望遠鏡とともに復活してくるが、いまの主題とは関係がない。

3　十七、八世紀天文学の課題

ピカールら天文台創立期の四名の天文学者は、三つの計画をアカデミーに提出した。一、子午線の度の測定、二、パリ地方の詳細な地図の作成、三、海岸の地図の作成。子午線測定の目的は、第一に地球半径の値を決定すること。第二に地図作成の基準線を確定すること。パリ天文台の建設にあたっては、ピカールらが予定敷地内で観測を行って、フランスの基準子午線を決定していた。天文台の左右対称の建物は、中心がその線上を通るように設計されている（ちなみに、中央の大広間、南面の壁の穴とその子午線がノーモンとして使われた）。だから作業はその子午線を南北に延長し、長さを測ることだった。海岸の地図にも二重の目的があった。航海のためと未知の海岸周辺の探査である。アカデミーは計画を承認し、作業の責任者にピカールを据えた。

ピカールは、子午線弧を長さ八mの二本の木の棒で測り、三角測量には、マイクロメーター付きの二台の望遠鏡を備えた、半径三八プスの四分儀、緯度決定には半径一〇ピエ、中心角一八度のセクターを用いた。かれが得た度の値（一六七一）はのちにニュートンの知るところとなり、万有引力の法則の数値的証明に役立った。

カッシーニ、ピカールらは各地で天文学的観測を行い、一六八二年に海岸の測地学的地図をアカデミーに提出した。地図は以前の最良の地図のうえに重ねて描かれていた。それを見たルイ十四世は笑いながら、「天文学者の面倒をみてやったのに、とんでもないお返しをしてくれる」といったという。王国の面積が1

／5も減少していたのである。

死の直前、一六八一年に、ピカールはフランス全土の地図を作成する計画を立てた。一度の子午線弧を南北に延長して国土を貫き、残りの領土を三角測量でそれに結びつけようというのである。ピカールの死後、カッシーニ1世は事業継続の承認をとりつけるが、コルベールの死によって仕事は中断し、再開されたのは一七〇〇年であった。その子午線測量が完了する以前に、カッシーニ2世はそれに垂直な、国土を東西に貫く弧の測量に着手した。そしてこの仕事が終わったとき、フランス全土は主要都市を結ぶ、約八百の大三角形網で覆われ、科学的な地図の作成が可能になった。あとは大三角形の間を小さな三角形で埋めていくだけだった。

ちなみに、パリの南北に延長した子午線弧の度の比較は、地球の形にかんするカッシーニ2世らデカルト主義者と、モーペルテェイらニュートン主義者の、後者の勝利に終わる有名な論争を引き起こした。一七三〇年代に喜望峰や極北などに観測隊が送られたのは、その問題に決着をつけるためであった。

一七五〇年、ルイ十五世の命により、カッシーニ3世（一七一四—一七八四）は全国の地図作成の準備（測量技師と彫版画家の養成、望遠鏡付き測量器械の製作、印刷所の設置）にとりかかり、一七五二年から測量を開始する。それは縮尺一／八六四〇〇の一九二枚の測地学的地図になるはずだった。戦争による国庫支出の中止を五十名の資金援助者の募集によって切り抜け、ときには住民の敵意にぶつかるなど、さまざまな困難を克服したカッシーニ3世の超人的なはたらきによって、亡くなるときにはあと二枚を残すのみになっていた。カッシーニ4世（一七四八—一八四五）が、いわゆる「カッシーニ地図」を完成して憲法制定国民議会に提出したのは、一七九〇年のことであった。

この同じ年、議会は度量衡統一計画を採択した。長さの統一にかんしては、単位をどんな物理的性質によって定義するかについて、二つの案があった。一つは一秒を刻む振子の長さに関係づける案、もう一つは子午線の長さに関係づける案である。カッシーニ4世らは両案を調査研究したのち、地球子午線の四万分の一を選択した。これにより、カッシーニの子午線を新しい精密な器械によって再測定するという課題が生じた。それに従事したのはラランド（一七三二—一八〇七）の弟子や後継者たちである。一七九九年、議会は新度量衡を承認、一八〇三年、メートル原器を含むすべての原器が天文台の保管に委ねられた。いうまでもなく、フランス測地学の輝かしい成果であった。

ここでつけ加えておきたいのは、ルイ十六世と科学アカデミーが一六八五年に中国に派遣した六名のイエズス会士である。彼らはすべて出発前に、パリ天文台で天文学、測地学の専門的な訓練を受けており、中国各地で星の子午線通過の高度測定、日食と木星の衛星の蝕の観測に加えて、火星と木星の合、水星の太陽面経過、月面、彗星、星雲の観測、さらには磁針の偏角の測定などを行った。そして、一六九八年に追加派遣された十名のイエズス会士らとともに、一七〇八年から全土の観測と測量を開始する。こうして一七一七年、最初の近代的な中国地図、『康熙皇輿全覧図』が完成する。これもまたフランス測地学の大きな成果であった。

アカデミーの命によりイエズス会士が中国で行った観測は、十八世紀の天文学が向き合っていた課題をよく示している。地図の作成の基本となるのは、緯度と経度の決定である。緯度は北極高度ないし星の子午線通過の高度の測定によって求められるが、経度を決定するには日食や月食を観測し、基準地点と測定地点の間で、起こる時間の差を測定しなければならない。しかし日月食は年に数回しか起こらず、しかも見える場所は限られている。その代わりに使われたのが、いつでも起こり、どこからでも見える、木星の衛星の食である。カッシーニは一六六八年に木星の衛星の表を出版、それにはガリレオが発見した四つの衛星すべての運動と食が、年ごとに記載されていた。一六九三年にはさらに正確な改訂版を刊行する。経度決定が容易になったのは、その表のおかげだった。

衛星の食の観測を可能にしたのは大望遠鏡である。大望遠鏡はまた土星の衛星の発見を導いた。一六六五年、ホイヘンスは一二ピエと二三ピエの望遠鏡で初めて土星の衛星を発見する。それがⅥ衛星である。ついでカッシーニが一六七一年に一七ピエの望遠鏡でⅧ、翌年三五ピエと七〇ピエの望遠鏡でⅤ、そして一六八四年に、三四、四七、一〇〇および一三六ピエの望遠鏡でⅢ衛星を発見した。彼はまた黄道光、白道の黄道に対する傾斜とその交点の運動も発見した。

カッシーニの表は思いがけない重要な成果も生んだ。レーマー（一六四四―一七一〇）による光の速度の決定である。地球に対する木星の位置によって、衛星の食は計算より規則正しく進んだり遅れたりする。それは地球軌道半径を光が走破する時間による、とカッシーニは考えたが、それ以上追求しなかった。レーマーは一六七六年にその考えを取り上げ、予報された衛星の次の食は正確に十分遅れて起こるだろうと予告、観測によって確認されたのである。

カッシーニが大望遠鏡で行ったもうひとつの仕事は、月面図の作成である。一六七一年から九年間観測を続け、デッサン画家に描かせて、一六七九年にアカデミーに提出した。十九世紀に写真術が現れるまで、それに比肩するものはなかった。

恒星の位置の正確な観測は天文学と測地学の基礎である。パリ天文台ではほぼ間断なく観測が行われた。

ピカールは子午線通過の高度によって星の赤経を決定する方法を導入した。科学アカデミーが航海者と天文学者のために毎年、最初の航海暦『コネサンス・デ・タン』を発行し始めるのは一六七九年である。カッシーニ2世は一七三八年に、最近の観測と古い観測を比較して、アルクトルス（うしかい座α星）の固有運動の値を決定する。恒星の固有運動が量的に確定されたのは、これが最初だった。

太陽、月および惑星の運動と、太陽系の大きさを知るためのその視差の観測、彗星や星雲、大気差や光行差や章動の観測などについては、ただ言及するだけにとどめよう。天文台には温度計・気圧計・雨量計・羅針盤などが備え付けられ、風向や風力なども含めて、毎日測定されていた。

このような十七、十八世紀の天文学と測地学の問題を、最新の成果を盛り込みながら、理論と計算と観測の三つの面から詳説した、天文学生のための入門書が、ラランドの『天文学』にほかならない。

4　ラランドの教育活動と『天文学』

弁護士になるためにパリへ出たラランドは、天文学者のドリル（一六八八―一七六八）と知り合い、コレージュ・ロワイヤル（現在のコレージュ・ド・フランス）のその講義を聴講する。コレージュ・ロワイヤルはフランソワ一世が一五二九年、パリ大学の外に設けた公開講座である。はじめはヘブライ語、ギリシア語などに限られたが、その後自然科学も含めて講座は増えていき、今日では教授の数も七十名に達している。その年、天文学の聴講生はただ一人であり、それがラランドに幸した。ドリルは彼の学力と進歩に合わせて講義を進めてくれたからである。また天文学者ルモニエ（一七一五―一七九九）の数理物理学も聴講する。

一七五一年、ラカーユは喜望峰での視差観測にあたって、ヨーロッパで対応する観測を行う助手を求めていた。観測地には、喜望峰とほぼ同じ子午線上にある、ベルリンが選ばれた。ラランドはルモニエに代わり、師の五ピエの壁面四分儀を携えて、ベルリンに赴く。ベルリン・アカデミーにいた、フランス最初のニュートン主義のひとりモーペルテュイ（一六九八―一七五九）や『人間機械論』のラ・メトリ（一七〇九―一七五一）らから啓蒙主義の洗礼を受け、家庭環境の中で培われたジェスイット的信念を捨てたのは、その時である。ラランデは月と火星の視差の観測に目覚しい成果を上げ、一七五三年、わずか二十一歳で科学アカデミーの助手に選ばれる。

一七五四年から一七五五年にかけて、ラランドはパリ天文台で観測に従事するが、まもなくドリルから譲り受けたリュクサンブールの天文台に移る。一七六〇年から一七七五年まで（その後また一七九四年から一八〇七年まで）、『コネサンス・デ・タン』の編集を引き受け、当時知られていたラカーユの太陽と恒星の表、マイヤー（ゲッティンゲン天文台）の月の表、ハリー（グリニッジ天文台）の惑星の表などを用い、月から恒星までの距離など、航海者に役立つあらゆる事柄を盛りこんで、航海暦としての内容の充実を図った。さらに天文学者のためには、改善された計算法、補足的な表、天文学的に興味あるあらゆる出来事、亡くなった科学者の伝記的ノートなどを記載し、一種の年報の性格をもたせた。この形式はその後も継承され、『コネサンス・デ・タン』は航海暦兼天文学年報として機能していくことになる。

一七六二年、七十代の半ばを迎えたドリルは、コレージュ・ロワイヤルの天文学教授職をラランドに委ねた。それから四六年間、ラランドは熱心かつ勤勉にその職務を遂行した。卓越した教育者であったラランドが、公開の講義を通して天文学の啓蒙と普及に果たした役割は極めて大きかったといわれる。のみならず、科学への好みや好奇心を示した聴講生の中から特に有望な青年たちを選んで、彼は家に連れて帰り、簡素な宿舎を安く提供し、観測と計算を教えた。彼の家は一種のセミナーとなり、器械の使用と天文学の方法に習熟した学生たちを、各地の天文台に送り出していった。それはブレスト海軍学校の知るところとなり、政府からは一〇〇〇フランの手当が支給されるようになるが、ラランドはそれもすべてこの教育に注ぎこんだ。彼の下から育った天文学者の中には、子午線の再測定を行ったメシャン（一七四四―一八〇四）、伯父の大四分儀を使って五万個の恒星を観測した甥のラランド、小惑星セレスを発見したパレルモのピアッツィなどがいる。

ラランドは一七六四年に『天文学』二巻を出版した。そこにはコレージュ・ロワイヤルでの一般向けの講義、セミナーでの専門教育の講義、そして『コネサンス・デ・タン』の編集の経験のすべてが投入されていた。

当時フランスには三冊の優れた天文学の入門書があった。カッシーニ2世の『天文学初歩、天文表』（二巻、一七四〇）、ルモニエの『天文学教育』（一七四六。大部分は、志筑忠雄の『暦象新書』に見える、キール『天文学入門』のラテン語版の翻訳）、ラカーユの『幾何学的および物理学的天文学の初歩講義』（一七四六、一七五五、一七六一。一七八〇年にラランドが四版を出す）である。しかし、いずれも天文学の初等理論と天球および宇宙体系について述べた、いわば一般天文学であり、実地天文学、計算法や観測器械の構造と観測法などについては、ほとんど触れられていなかった。ラランドは第二巻を実地天文学にあてた。第一巻には、宇宙体系、惑星と蝕の理論にさらに、有名な天文学者についてのノート、天文学の歴史と星座の神話、役に立つ天文学書や表なども書き加えた。一七七一年には、新しい惑星の表などを増補した、三巻本の第二版を出版。この版は、一七七三年に五冊本のオランダ語訳が刊行される。高橋至時が見たのはそれである。イタリアとドイツでは抄訳が出ており、トルコでは表だけが出版された。一七八〇年には、潮汐の観測を含む第四巻が追加された。そして最後に、三巻本の第三版が一七九二年に上梓される。

第三版の内容は、第一巻が天球、天文学史、恒星と星座、天文学の基礎理論、宇宙体系、太陽の表に始まり、対数表をふくむ十五の表、第二巻は惑星運動の法則、月、暦、視差、食の計算、金星と水星の太陽面経過、大気差、天文器械、天文器械の使用法と観測の実際。第三巻は地球の大きさと形、歳差と恒星の年周視差および黄道傾斜その他の変化、光行差と章動、衛星、彗星、惑星の自転、微積分計算、惑星の重力と引力、球面三角法、海上および陸上での観測を用いた天文計算。なお第一巻には世界の天文台、天文学書・表・航海暦の目録、各種の天文器械の値段までが見えている。観測器械の章についていえば、図に加えてその構造、部品の材料と寸法、組立て方、目盛の刻み方まで克明に記されており、それによって実際に器械を製作することができよう。観測法や計算法についてはいうまでもない。

ラランドの『天文学』はまぎれもなく、天文学を志す人にとって、当時最良の、そしておそらく比肩するもののない、理論および実地天文学の概論であった。それだけにヨーロッパでよく読まれていた書であったとはいえ、高橋至時がたまたま蘭訳本を手にしたということは、高橋にとっても、また日本の天文学にとっても、まことに幸運であったといわなければならない。高橋が一八〇三年に抄訳『ラランデ暦書管見』を著したとき、ラランドは七十二歳、パリ天文台長職をメシャンに譲ってはいたが、なお健在であり、コレージュ・ド・フランスの教壇に立ち、『コネサンス・デ・タン』を編集していた。ラランドは高橋より三年三カ月後まで生きた。西と東の二人の天文学者は、年齢こそ三十二歳離れていたが、ともに同じ時代を呼吸していたのである。

5　天文方と近代天文学

日本の天文学者が天文学の近代的課題にどう取り組んでいったかは、表（本書二六二―二六三頁）によってその概略を見ていただくことにして、ここではいくつかの問題点を注記するにとどめよう。

徳川吉宗（一六八四―一七五一）が作らせた測午表は、四分円弧の中心に望遠鏡を取り付け、中心の方から星の子午線通過を見る、ノーモンを兼ねた装置。見る向きは四分儀と逆だが、もっとも早い望遠鏡付きセクター。西川正休（一六九三―一七五六）の星尺と垂剣はいずれも四分円セクターの一種。以上はすべて、まだ素朴な器械である。精密な四分儀は麻田剛立（一七三四―一七九九）が初めて作った。高橋至時（一七六四―一八〇四）と間重富（一七五六―一八一六）の大四分儀に至って望遠鏡も備わるが、マイクロメーターつきではない。六分儀は使われていない。八分儀は本で紹介されたにとどまる。

観測に使われた最初の機械時計は、安倍泰邦（一七一一―一七八四）の尺時計すなわち重錘時計であろう。麻田が作った垂揺球儀は振子時計であるが、振子の振動数を表示する独特の工夫がこらされている。

初めて優れた天体望遠鏡を製作したのは、長崎の森仁佐衛門（一七五四没）だといわれる。寛政改暦のころには大坂に、岩橋善兵衛（一七五六―一八一一）や麻田立達（一七七一―一八二七）のような製作者が現れる。間らが使ったのはその望遠鏡である。反射望遠鏡は江州の国友藤兵衛（一七七八―一八四〇）が作っており、実見した間重新（一七八六―一八三八）は蘭製にまさると評したというが、ヨーロッパでも反射望遠鏡が天文台に据え付けられるのは、ハーシェル（一七三八―一八二二）の大反射鏡は例外として、一八四〇年代以降である。

子午線測定および地図作成という、ピカールと全く同じ目的で、「カッシーニ地図」の完成十年後に始まった伊能忠敬（一七四五―一八一八）の大事業は、カッシーニ3世と同じく、その超人的なはたらきによって初めて成し遂げられたが、同時に、高橋至時と間重富の全面的な協力と支援を得た、天文方の事業であったことも忘れてはならないだろう。携えた天文器械は、星の子午線通過の高度を測る、半径三尺八寸の、望遠鏡付き木製四分儀、太陽の南中高度を測る、伝統的な圭表儀（ノーモン）、垂揺球儀、日月食や木星の衛星の食を観測する、七尺五寸と五尺の望遠鏡、食分などを測る測食定分儀、子午線を決定するための、重富が考案した子午線儀である。測量には、長さ一間（六尺）の棹二本と測縄・鉄鎖を用いている。

いちばん基本でしかも難しい経度決定では、日月食を基準地点の江戸または大坂と同時に観測できたのは、わずか五地点にすぎない。木星の衛星の食は十五地点で観測した。記録は残っていないが、江戸や大坂でも観測が行われたはずである。しかしすべて失敗に終わっている。重富は「木星の四小星」を用いて「里差」（経度差）を求める話を聞いたとき、「小子等一向に難企及事勿論に奉存候、扨も西洋人も心ヲ用候事、元来ニ能キ遠鏡も出来、四小星の大小を見分候程ニ（候？）ハヽ、秒数を自ラ可知事御座候」（一八〇一）と述べていた。それでもあえて試みたが、当時の技術ではどうにもならなかったのである。伊能地図は、だから経度に関しては、地方によってかなり大きな誤差がある。

『ラランデ暦書』の翻訳にも触れておこう。『ハルマ和解』完成の報せに、重富は「此レニては余程蘭学の捷径ニ御座候、本法の学者は笑可申候得共、天学ハとうやらこうやら読ミ候ハヽ、多クハ図画にて解候事ニ相見候」(同)と書いた。至時の翻訳は、伝記のケプラーの項などを見れば、蘭語の知識がいかに貧弱であったかが分かる。しかし、数字・数式・術語・図を手がかりに「図面にて解」きうる部分については、しばしば驚くべき正確な理解を示す。ともあれ未完に終わったその研究と翻訳は、高橋景保(一七八五―一八二九)、渋川景佑(一七八七―一八五六)と彼らを助けた通詞の馬場佐十郎らに委ねられた。

最後に、惑星と彗星の観測、水星の太陽面経過、大気差の測定、イギリス航海暦に基づく太陽暦の発行など、天文方が天文学(測地学・地図学)の近代的課題の、もちろんすべてではないが、少なくともいくつかに、技術の大きな開きにもかかわらず、あえて挑戦していたことを確認しておきたい。

むすび

『ラランデ暦書』など洋書の翻訳、外国との外交交渉の必要性は、天文台にしだいに翻訳および通訳のセンターとしての機能を与えていく。こうして設置された蕃書調所は、新しい学問の中心として、やがて帝国大学へと発展する。だが江戸の天文台の文化史的貢献はそれにとどまるものではない。

十八世紀末には、文学のみならず科学の世界にも、知識人社会といえるものが成立していた。藩を越え身分を越えて、知識人の間に全国的な横のつながりが生まれていたのである。たとえば各地の天文学者は日食の観測記録を交換していた。天文方は自由に諸藩の有能な青年を天文台員に採用していた。こうしたつながりを生み出した最大の要因は参勤交代であろう、と私は考える。藩主は上京のさい、有為の青年たちを連れていった。彼らは江戸(あるいは京・大坂)の藩邸にあって、各種の塾に通い、他藩の青年たちと親しい交わりを結んだ。

「外藩人の交は城府を撤し候て何も丸はだかの付合故、詩文を為見候ても愉快に御座候。御国之交際は却て上向繕ひ面従後言多き様覚申候」。嘉永四年（一八五一）四月、兵学研究のため藩主に伴われて江戸に遊学し、兵学や儒学の塾に入門、藩邸では他藩の人も交えて読書会を開くなど、研鑽に努めていた吉田松陰は、故郷にそう書き送っている。在来の兵学や中国の歴史・思想・文学だけでなく、砲術学・西洋兵書・地理学・算術などまで勉強し始めた松陰は、上京後ひと月と経たぬある日、故郷の兄に「天文台えも此内参リ申候」と認めた。そして九日後の日記に朱筆で「天文台ニ至ル」と記入した。松陰の日記にはいつも事実が簡単に書いてあるだけだから、なんのために、だれの紹介で天文台へ行き、なにを見、だれに会い、どんな話をしたか、一切分からない。しかし、その激越な行動と思想によってやがて日本を揺り動かすことになる二十二歳の向学心に燃える青年が、江戸に着いて間もなく天文台へ行こうと思い、そして行った、という事実がここにある。それは江戸の天文台が、十九世紀中葉の知識人社会の中にあって、ひとつの眼に見えない知的中心となっていたことを物語っているように、わたしには思われる。

参考文献

（1）大崎正次編『天文関係資料』私家版、一九七一
（2）有坂隆道「寛政期における麻田流天文家の活動をめぐって――「星学書簡の紹介」」、『ヒストリア』11、12、13、一九五〇
（3）有坂隆道「享和期における麻田流天文学の活動をめぐって――「星学書簡の紹介」」、『日本洋学史の研究』創元社、一九六八

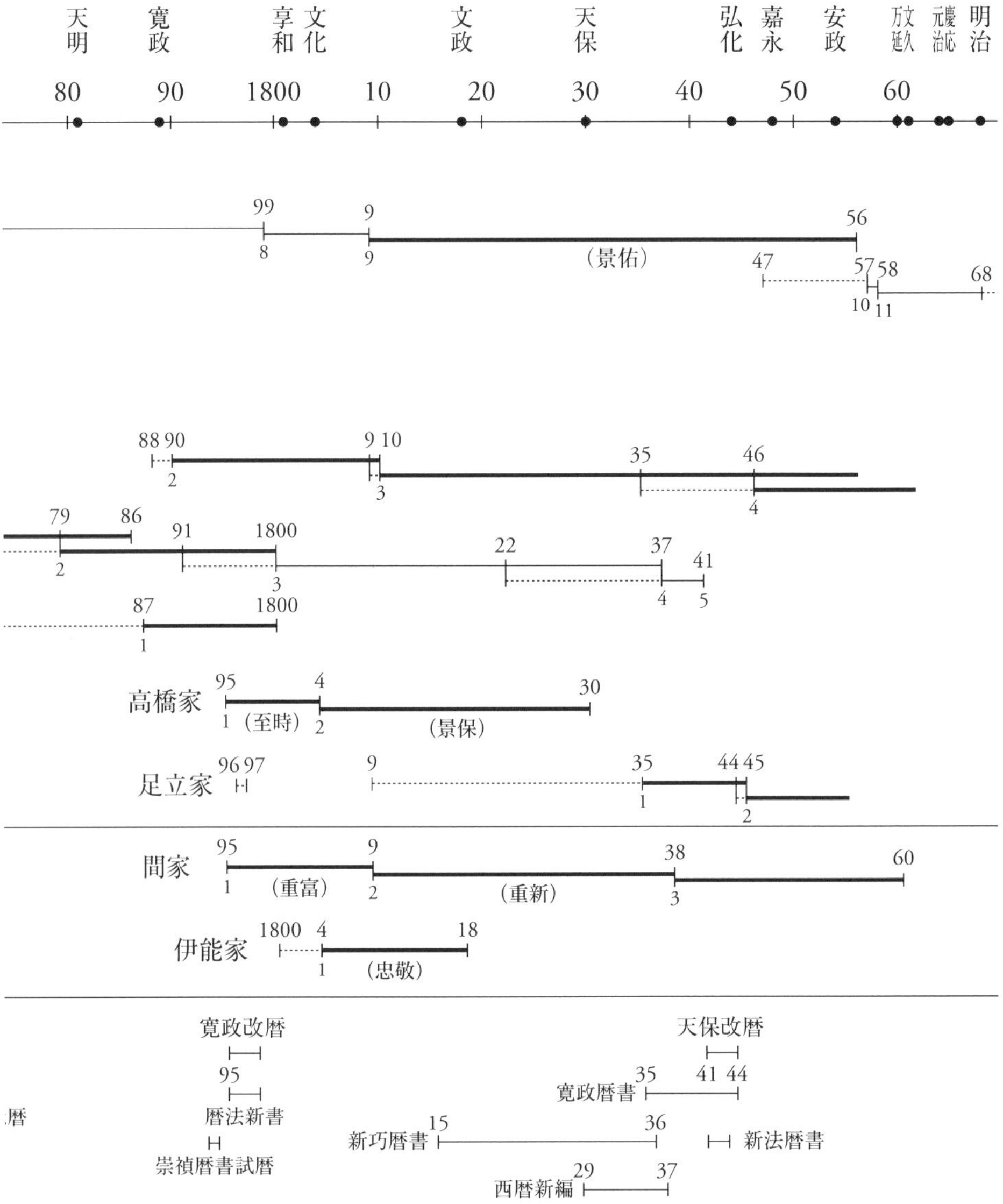
天明
寛政
享和
文化
文政
天保
弘化
嘉永
安政
万延
文久
元治
慶応
明治
80
90
1800
10
20
30
40
50
60
(景佑)
高橋家
(至時)
(景保)
足立家
間家
(重富)
(重新)
伊能家
(忠敬)
寛政改暦
天保改暦
寛政暦書
暦法新書
新巧暦書
新法暦書
崇禎暦書試暦
西暦新編
暦

天文方関係年表(1)　　＊線の下の数字は、その家の代を示す

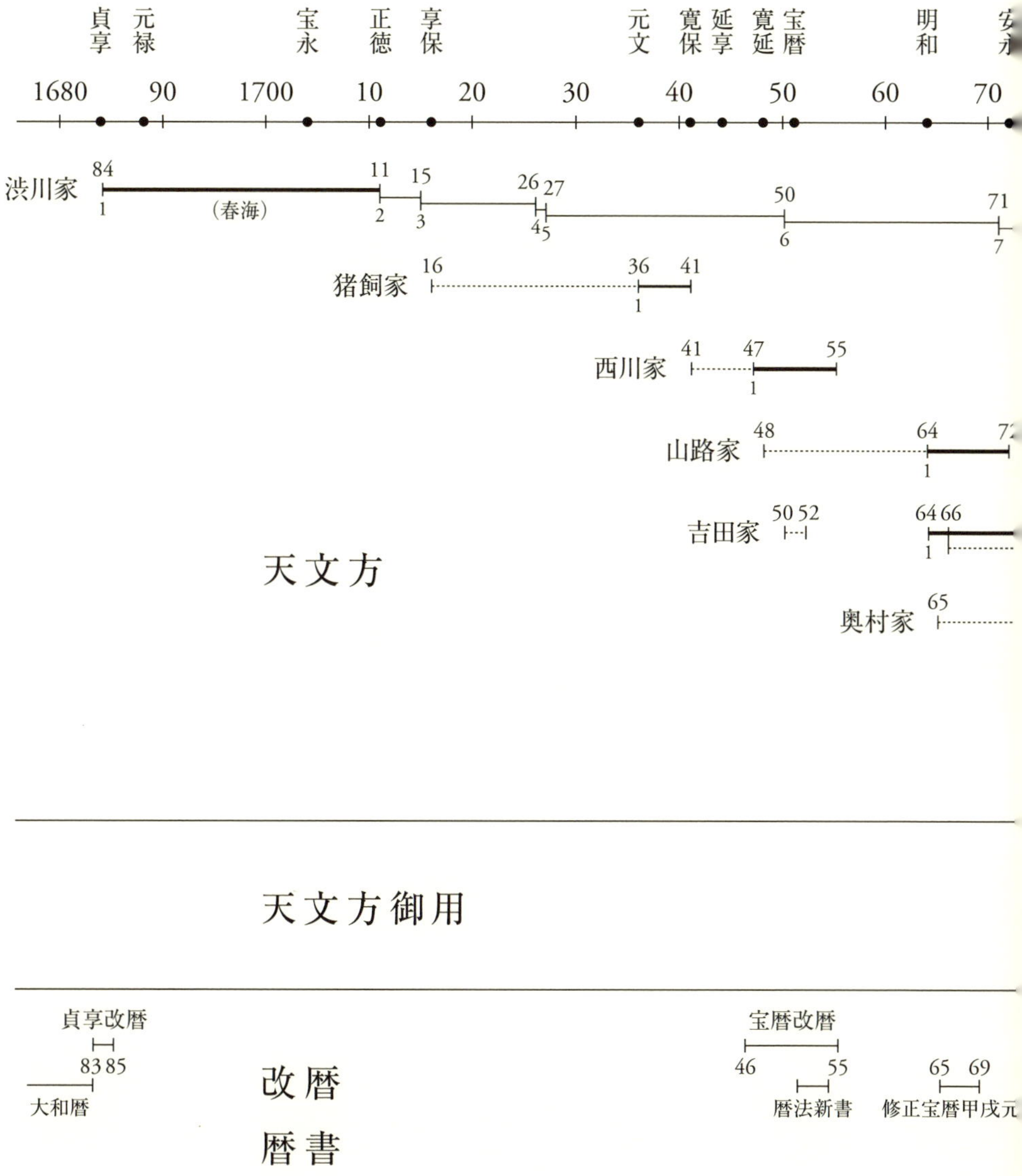

文化7	万国全図（景保・重富・馬場）
文化8	蕃所和解御用→蕃書調所
文化13	伊能事業完了（輿地全図）
文政3	満州文字著述書（景保）
文政6	火星太陽面経過観測（間2・景保）
文政7	魯西亜文字書（足立1）・天王星
文政9	火星・金星経緯観測（間2）
文政10～天保2	大気差測定（間2）
天保1	土星経緯観測（間2）
天保2	木星経緯観測（間2）
天保6	魯西亜辞書・ハレー彗星観測計算（足立1）
天保10	三針時辰儀使用(クロノメーター、渋川敬直)
嘉永1	遠鏡町見手引草（景佑）
嘉永7	万国普通暦（景佑、安政3以後毎年出版）
安政2	テレガラーフ伝習（山路3、4）
安政3	遠眼鏡図説（山路4）
安政4	航海暦編纂命令（山路3、4、足立2）
明治2	幕府天文台廃絶

天文方関係年表(2) 天文観測・測地・地図作製・度量衡

〔寛文10〕	〔渾天儀（春海）〕
享保中	測午表（吉宗）
〔享保5〕	〔科学書輸入解禁（吉宗）〕
?	大渾天儀（吉宗）
元文中	簡天儀（西川）
?	星尺・垂剣（四分円セクターの一種、西川）
宝暦4	尺時計（重錘・安倍）
明和2	望遠鏡（森作・吉田1）
安永中	象限儀（四分儀）（麻田）
安永9	望遠鏡による月食観測（麻田）
天明2	北極星による緯度測定（麻田）
天明中	子午線儀（麻田）
寛政初	垂揺球儀（振子、麻田）
寛政3	測食定分儀（重富）
寛政9	望遠鏡つき大象限儀（6.5尺、至時・重富）
寛政10	日食による江戸・京阪の経度差（至時）
寛政12	全国測地・測量事業（伊能）
享和2	周極星による緯度測定（重富）
享和3	ラランデ暦書管見、新修五星法（至時）
文化2 ～ 10	木星衛生観測（伊能）
文化6	古尺調査（重富）

（4）中山茂校注・解説「ラランデ暦書管見」、『洋学』下（日本思想体系65）、岩波書店、一九七二
（5）渡辺敏夫『天文暦学史上における間重富とその一家』山口書店、一九四三
（6）渡辺敏夫『近世日本天文学史』恒星社厚生閣、上、一九八六、下、一九八七
（7）大谷亮吉『伊能忠敬』岩波書店、一九一七
（8）中山茂「天文方」、『幕末の洋学』ミネルヴァ書房、一九八四
（9）山田慶児「耶蘇会士の科学研究」、『科学と技術の近代』朝日選書、一九八二
（10）山口県教育会編『吉田松陰全集』第五、七巻、岩波書店、一九三五
（11）Lalande J. J. L. de, 1792, *Astronomie*, 3 éd., 3 vols, Paris
（12）Delambre J.-B. J., 1819, 'Lalande,' *Biographie universelle, ancienne et moderne*, t. 23, Paris
（13）Wolf C., 1909, *Histoire de l'observatoire de Paris de sa foundation à 1793*, Paris
（14）Observatoire de Paris, 1990, *L'observatoire de Paris, son histoire*（*1667-1963*）, 2 éd
（15）Daumas M., 1953, *Les Instruments scientifiqus aux XVIIe et XVIIIe siècles*, Presses Universitaires de France
（16）Pannekoek A., 1989, *A history of astronomy*, Dover

見ることと見えたもの――『米欧回覧実記』他

1　見ること

岩倉使節団の、一八七一（明治四）年末から一年十カ月におよぶ米欧諸国の「回歴ノ途上ニ於テ総テ覧観セル実況ヲ筆記[1]」した『米欧回覧実記』（一八七八）は、編修者の久米邦武が「実録の体面」と述べているように、日記の形式をとった準公式の報告書である。

この『実記』は記述を極度に抑制している。使節団の団員についても、またかれらを接待した人びとについても、その言動にほとんど触れるところがない。だれ以下何名出席、だれだれ出迎え、などと手短かに記すだけである。招宴のさいのビスマルクの談話を書き留めたの[2]は、数少ない例外であった。個人とおなじく自然そのものもまたほとんど関心の外にある。たとえば米大陸横断鉄道の車中の一節。

此荒漠ノ野、千里無人ノ境ニテ、目ニ青樹ナク、鳥跡モナキ地ニ、早ク銕（鉄）路ヲ造リテ、他日開拓

ノ利ヲ促ス、其遠度ヲ察スヘシ[3]、

自然は人間の営為を制約する条件としてのみ意味をもっていたし、兵器製造業者がアルムストロングであるかクロップであるかはたいした違いではなかった。記述の対象はあくまで西洋の文明と文化、とりわけ「物産貿易」や「工芸制産」[4]にあった。

『実記』は見ることに徹している。見たかぎりにおいて、見たことを確かめるために、しつこく聞いている。記述がなかでも詳細なのは工場の生産工程だが、それはつぎのようにして生まれた。

　凡ソ諸製造場ヲ回ルニ、案内スル人ハ、多ク社中ノ頭立タルモノナレトモ、工事専門ノ分科アリ、術理ヨリ会計ノ情由マテ、一一ニ知悉セル人ナシ、只其受持《ウケモチ》一課ヲ詳カニセル人ノミ、故ニ我問ヒニ答フルニハ、往往ニ誤リ多シ、社長或ハ総幹等ニ就テ審問シ、而テ後ニ箚記《さつき》スルト雖トモ、時ニハ如此クナル能ハサルコトモアリ[5]、

そこでさらに帰国後、「理、化、重諸科、統計、報告、歴史、地理、政法等ノ書ニ覧シ」て、「二字下シ注記[6]」をほどこすことになる。とはいえ、あくまで見たかぎりにおいてである。見なかったことを聞き書きで記録するようなことは、一切していない[7]。

　見ることに徹する、それがさまざまな発見を『実記』にもたらす。なかでも西洋近代の文明史的な位置の発見は、同時に相対的に近距離にある日本の自己確認でもあるだけに、際立った重要性をもつ。たとえば商業都市チカゴは、

	人口（人）	所有産《プロパティ》（弗）
一八四〇年まで	四、四七九	九四、四三七

一八五〇年　　二九、九六三
一八六〇年　　一〇九、二六〇
一八七〇年　　二九八、九七七　　二七五、九〇四、六六〇

であり[8]、石炭と鉄を産するエッセンの地に、クロップ氏が「銃砲製造ノ業ヲ創メ、此ニ大製鉄場ヲ起シ」て「世界無双ノ大作場」としたが、「当場ヲ創起セシコトハ、一千八百四十八年以来ナリ」[9]。積み重ねられてゆくこうした事実の確認が、帰国後の注記のなかに繰り返し、たとえばつぎのような言葉を書かせるのである。

当今欧羅巴各国、ミナ文明ヲ輝カシ、富強ヲ極メ、貿易盛ニ、工芸秀テ、人民快美ノ生理ニ、悦楽ヲ極ム、其情況ヲ目撃スレハ、是欧洲商利ヲ重ンスル風俗ノ、此ヲ漸致セル所ニテ、原来此洲ノ固有ノ如クニ思ハルレトモ、其実ハ然ラス、欧洲今日ノ富庶ヲミルハ、一千八百年以後ノコトニテ、著シク此景象ヲ生セシハ、僅ニ四十年ニスキサルナリ、……当時全欧地ニ工芸煥然ノ美ヲミル時運トナリタルハ、僅十余年間ノ事ニスキサルナリ、是啻《ただ》ニ工芸ノ一事ノミ然リトスルニ非ス、農業ノ如キハ今ニ欧洲ニ於テ、最モ不充分ナル開化ナリト謂フ[10]、

あるいはまた断言する、

東洋西洋ハ開化ノ進路ニ於テ、已ニ甚タシキ隔絶ヲナシタルニ似タレトモ、其実ハ、最モ開ケタル英仏ニテモ、此盛ヲ致セルハ、僅ニ五十年来ノコトニスキス[11]、

英国が工業社会の段階に入ったのが一八二〇年代だとすれば、この歴史認識に寸分の狂いもなかった。

　この文明の距離測定は、しかし『実記』が文明の単系発展説に立っていたことを単純には意味しない。米国の農業は[12]、「元来地価賤《やす》ク、傭貨貴《たか》ク、其農耕ノ目的ハ、広キ地面ヲ貪リ耕シテ、蒔種収穫ノ期会《きかい》ヲ誤ラ

サルニ止ル」のであり、

故ニ我日本ノ如ク、有限ノ地ヲ耕シテ、植物ヲ改良シ、土質ヲ化進シ、培育ヲ懇悉シ、以テ収穫ノ量ヲ益ス目的ニ於テ、自ラ反対セリ、

英国の農業は、「其目的ハ狭小ノ地ニ於テ、収穫ノ量ヲ多クスルニアレハ」、参考にはなるが、「英国ノ農事ハ、猶財力ト器械トニ、奔競スルヲ免レ」ない。

故ニ日本ノ農業ヲ、理上ノ論ニテ説ケハ、児童ニモ及ハス、其器械ヲ示セハ、器械ノ形ヲモナサスト笑ハル、亦一利一弊ヲ免レス、

農業だけではない。「製作貿易」から人民の日常生活にいたるまで、「此等ノ事情、尽ク我日本ト反対ス」ることも多く、米英両国といえども、開化のモデルとはなりえないのである。[13] いや、そのまま開化のモデルたりえない点では、『実記』が英米よりも親近感をしめす、仏独をはじめとするヨーロッパ大陸諸国にしても、同断であった。

『実記』は技術をみつめていたのである。

2 技術科学

この時代に科学と技術が決定的な転換をとげつつあったことを忘れてはならないだろう。フランス革命以後、科学と技術のあいだにしだいに緊密な結びつきが生まれてくる。それまで科学は、技術に支えられ、技術のなかに理論的な問題を発見してきたが、技術の実際的問題の解決に寄与することはほとんどなかった。

しかし、化学・電気学・熱力学などの分野が成立し、科学は技術の基礎として役立つようになり、科学者の実験室における発明や発見が新しい技術を生みだしはじめた。科学は制度化され、学校教育に採りいれられ、科学の専門家が生まれてきた。工科大学が創立され、科学者としての訓練を受けることが技術者の必須の条件となりはじめるのが一八五〇年代、大学に研究所が設けられ、科学研究に公的資金が投入されるようになるのが一八七〇年代に入ってからである。科学はすでにかつてのような自然哲学ではなく、あるいは少なくとも自然哲学の外皮を脱ぎ棄てて、一定の階梯を踏んでゆけば万人に習得できる知識の体系に変貌していた。岩倉使節団が実見したのは、十七、八世紀的な自然哲学からの脱皮を終えようとしていた自然科学であった。『実記』は書いている、

理、化、重学ノ理タル、之ヲ性理政術ノ学ニ比スレハ、平易悟リ易ク、其文ヤ循循トシテ、幼児ノ耳ヲ提《たす》クルカ如ク、其理ヤ的切ニシテ、日常ニ知ラサルヘカラサル要項《カナメノカト》ノミ……(14)

科学とは、日常経験のなかで体得し利用している事柄の原理を明らかにしたものにほかならず、それだけに工業の発展には欠かせない。

日本ノ人民モ、化学ノ一隅ヲ、経験ニ得テ、自ラ其利用ヲ受レトモ、其原由ヲ知ラサルコト、比比ミナ然ラサルハナシ、化学ノ工業進歩ニ緊要ナルハ、渇者《かつしや》ノ飲ニ似タルアリ、殊ニ化学上ノ産物トテ、数種ノ元料アリ、他ノ諸製作ニ於テ、需用甚タ夥多《おびただ》シ、(15)

技術とその基礎にある科学とは、このようなかたちで明治政府の指導者たちの視野に捉えられたのであった。しかもその視線は決して的はずれではなく、形成されつつある技術化された科学、結合を強めつつある理論と実践の新しい体系の向う方向を、誤りなく見定めていたのである。この新しい知識の体系を技術科学と呼

んでおこう。

『実記』は技術科学について、ふたつの確かな認識をしめしている。ひとつは理論と実践という、ふたつの領域の存在とその関係である。

西洋ノ学芸ニ、「タヲリック」〈理論〉「プラチック」〈実験〉ヲ分ツ、理論ハ普通ノ通則ニテ、実験ハ各地ノ活機ヲ、習煉悟得スルモノニテ、偏廃スベカラス、(16)

理論は実践の基礎である。たとえば製鉄技術のばあい、炭素や酸素の量、石炭の質やコークスの性質など、此等ノ理致ヲ周測シテ、炉式ヲ製ス、其算定ニハ、学士ヲ引テ周密ニ考量スルコト、西洋製造家ノ常則ナリ、(17)

とはいえ、

火炉ノ製式ニハ種種アリ、……施工ハ修煉ニ頼ル、総テ学術上ノ理ト、聞見上ノ状トハ、其一斑ノ術理ヲ知ルマテニテ、其変通ハ時、処、位ニヨリテ変化シ、人人ノ才智ニ関ス、(18)

科学的原理は同一であっても技術は多様であること、技術は修練、経験の蓄積とそこから生まれる才智に依存していること、そしていかなる技術が最適であるかを決めるのは時・処・位であること、これは技術の本質にたいするみごとな認識といわなければならない。このような認識を可能にしたのはおそらく製作者としての視点であったろうことを、つぎの言葉が示唆している。「蓋《けだし》天産ヲ化治シ工産トナスニハ、其原品ヲシリ、其形状ヲ変シ、其技工ヲ美ニシ、之ヲ人ノ嗜好ニ投合セシム」る必要があるが、「此数項ノ意想ハ、之ヲ天来鑿空《さくくう》ニ得ヘキモノニ非ス、必ス其物ヲ知リテ、其形ヲ視、其技ヲ習ハシテ、其好ミヲ察スヘシ(19)」。技術の価値的性質の指摘と形を見ることの強調と、ここには製作者の眼が光っている。

技術科学にかんするもうひとつの確かな認識は、「分業」と「兼業」のもつ意味についてである。

> 西洋諸国ニ、製作学術ノ盛ナルヲキ、、日本ニテ想像スレハ、人人ミナ一般理化ノ術ナトハ、知悉セサルモノナカルヘシトナサン、是大ナル誤ナリ、凡《およそ》一場ニ業ヲ操《あやつる》モノハ、自己ノ分業ヲ精細ニ知得スルノミ、已ニ全精神ヲ其科ニ致ストキハ、他ノ技術ハ浅薄知リ易キコトモ、多ク莫然タル人多シ、……理上工夫《タオリック》ト、実験《プラクチク》ノ鍛錬ハ、学問上ニ於テモ自ラ人ニ短長アリ、……一ケノ製造ヲ起スニハ、諸名人集リテ、其業ヲ構ヘ起シ、各人ミナ分業ニヨリテ、其適当ノ職ヲ務メ衆美ヲ合セテ、一物ヲ製シ、……殊ニ化学理学ノ如キモ、一般ノ人ハ、了知セサルモノ多シ、西洋工芸ノ盛ナルハ、分業ノ多キニアリ、兼業ノ人多キニヨラサルナリ、[20]

ここには技術科学における「分業」と協業が製造業におけるそれと重ね合わせて捉えられている。求められているのは、「自己ノ分業ヲ精細ニ知得」した専門家であって、「一般理化ノ術」に「知悉」せる「兼業ノ人」、万学に通じた百科全書家ではない。西周流にいえば「学術」（学と術）の「綜合統一の観」[21]は、ここではじめから放棄されている。

宇田川榕庵の『植学啓原』（一八三二）の科学論と比較してみれば、その逕庭《けいてい》は明らかであろう。「植学啓原引」にいう、

> 西聖、三科の学を立つ。曰く弁物なり、曰く究理なり、曰く舎密なり、以って万物を綜錯し、之れを一に貫く。[22]（原漢文）

三科の学の内容と関係はつぎのように図示できる。[23]

三科の学

- ヒストーリ＝弁物（形状を記録し種属を弁別す）
  - ボタニカ＝植学
  - ゾーロギア＝動学 ｝（機性体）
  - ミネラロギア＝山物の学（無機性体）
- ヒシカ＝究理（万物の死生・栄枯・蕃息する所以《ゆえん》の理を究む）
- セーミカ＝舎密（体の元素を離合す）

弁物は究理の端緒、究理は舎密の基礎、弁別は理学の入門、舎密は理学の堂奥、というのが榕庵の理解した、「万物を綜錯し、之れを一に貫く」科学の体系であった。万物の学は元素からその集合である無機体・有機体まで、理論的に一貫した構築物となるはずである。

『実記』と『植学啓原』との逕庭は、十九世紀後半に確立する技術科学と十八世紀の百科全書的理念をとどめる科学との距離を表現している。そして、『実記』が把握したような技術科学こそ、間もなく「科学」という新しい概念によって呼ばれることになる知識の体系であった。

3 「科学」の成立

「科学」という概念のもっとも早い使用例のひとつは、西周の「知説」（『明六雑誌』、一八七四）である。しかしそこには「所謂科学」と書かれており、すでに新奇な語ではなかった。『植学啓原』に「三科の学」といい「理科」という、おそらくそのような用法から生まれてきた語なのであろう。「科学」という概念がそのとき含意していたものを、わたしたちは二つの文章のなかに読みとることができる。すなわち、西の「知説」と長沢市蔵の「哲学科学ノ関係一斑」（『東洋学芸雑誌』、一八八三）である。(24)

西の科学技術観は方法論的であり、『実記』のそれとは鋭く対立する。そして、現実の科学に直面してみせるとまどいが、「所謂科学」の特質を浮かびあがらせるのである。「今日欧洲ノ所謂学術」すなわち科学と技術が隆盛であるとはどういうことか。

　蓋其所謂学術ノ盛ナリトスル者ハ一学一術ノ其精微ヲ悉シ蘊奥ヲ極ムルヲ謂フニ非ス、衆学衆術相結構組織シテ集メテ以テ大成スル者ヲ謂フナリ、是此地球上前古ヨリ絶テ無ウシテ始メテ彼ノ紀元千八百年代ノ今ニ見ル者ナリ。(25)

『実記』とは逆に、科学と技術が「相結構組織シテ」一大体系を成したのが十九世紀だとみるのである。西によれば、智は理と不断の戦いをつづけており、智が一理を俘《とりこ》にするとき、その理は智の管轄下に入って智の用をなす。智と理の戦争を学といい講究という。智は発して小知・大知・結構組織の知となる。

　之ヲ工業ニ譬フ、小知ハ一工人刀鋸以テ器什ヲ製スルカ如シ。……大知ハ衆工ヲ集メテ之ヲ作ル……。而シテ結構組織ノ知ハ即チ製作諸廠ナリ。機器ノ設、関捩ノ具、一運動一廻転、物成リ工竣ル……。(26)

「其結構組織ノ知」が「発シテ学術トナ」るのだが、その講究の方法に「演繹ノ法ト帰納ノ法」とがある。演繹法は「至善至高ナリト定メタル一元理ヲ演繹シテ之ヲ万殊に推拡」し、帰納法は「多少ノ事実ヲ積ミ遂ニ一貫ノ真理ヲ得ル」のであり、

　如此クシテ事実ヲ一貫ノ真理ニ帰納シ又此真理ヲ序テ前後本末ヲ掲ケ著ハシテ一ノ模範トナシタル者ヲ学《サイーンス》ト云フ。(27)

学（サイエンス）とは、事実から原理を帰納し、その原理から演繹的に叙述された、事実にかんするモデルである。一方、

既ニ学ニ因テ真理瞭然タル時ハ之ヲ活用シテ人間万般ノ事物ニ便ナラシムルヲ術ト云フ[27]。

学によって明らかにされた原理を応用するのが、術にほかならぬ。「学ノ旨趣」は真理の講究にあり、術は利害得失にかかわる。

然ルニ如此ク学ト術トハ其旨趣ヲ異ニスト雖トモ然トモ所謂科学ニ至テハ両相混シテ判然区別ス可カラサル者アリ、譬ヘハ化学《ケミストリ》ノ如シ大要分解法《アナリチカル》ノ化学ハ之ヲ学ト謂フヘク綜合法ノ化学ハ之ヲ術ト謂フヘシト雖トモ亦判然相分ツ可カラサル者アルカ如シ[28]。

学と術を「結構組織」を成すものとみなし、しかも目的によって両者を峻別したとき、現実に存在している「所謂科学」は、その学と術の定義によっては捉えきれないもの、たんなる学（サイエンス）でもなければたんなる術（テクノロジー）でもなく両者が混然と融合したなにものかであるらしかった。西は「今爰ニハ此等精密ノ論ニ暇アラス」と逃げて、それ以上このなにものかを論ずることはなかったが、要するにその手に余ったのである。とはいえ、西なりに見据えていたこのなにものかこそ、わたしのいう技術科学にほかならない。西はそれを、「普通ノ学」である「文教史地ノ四学」をもふくむ「学」と区別して、「科学」と呼んだのである。それはまぎれもなく、十九世紀末の自然科学を指す語となっていた。

西周の科学概念が技術との結合という特質を捉えたとすれば、領域の細分化というもうひとつの特質をおさえたのが、長沢市蔵の「哲学科学ノ関係一斑」であった。長沢によれば、古代においては、

哲学ハ万般ニ亘リタル科学ナリ、哲学ヲ除キ他ニ学問ナシ、哲学ハ即チ学問、々々ハ即チ哲学ナリ[29]、

いわば幹である哲学から枝葉のように科学が分化してくる。「最初ニ分離独立シタル科学」は数学であり、近代になって物理学が「経験ト算測トノ二者相因リ、事実ヲ採集シ、法則ヲ拈出シ、遂ニ一学科ヲ成シ、独立ノ地位ヲ占ムルニ至ル」。それも哲学と物理学が完全に分離したのは、ようやく十八世紀のことである。その後、語学・道義学・心理学などがつぎつぎに哲学の羈絆《きはん》を脱してゆく。

科学には、このように哲学から分離したものと、解剖学・生物学・生理学・化学などのように、「経験上ヨリ脱得シ来ルモノニシテ、技術ノ進歩セシモノ」とがあるが、これは「自然ノ勢」であり、「人々専門ヲ立分業ノ法ヲ盛ニシ、以テ学問ノ進捗ヲ計ル」のでなければ、「事物混雑、何ソ能ク考索精細」でありえよう。

之ヲ要スルニ、学問逐次相分レ、今ノ一科学ト称スル所ノ中ニ幾何《いくばく》ノ一科学ト為ルヘキモノヲ含蓄スルヤ知ルヘカラス、

しかしながら、このように「分業専修ノ法」がおこなわれ、「一科ノ学」がさらに「一科ノ学」を生みだす専門分化がすすめば、

其ノ極ル所人々狭隘ノ範囲中ニ籠城シ、事物ノ精細ニ趣クト同時ニ他ニ関係スル知識狭小ニ至ルナキノ患ナキ能ハス、

西が「衆学衆術」の「結構組織」を幻影したところに、長沢は細分化された専門領域の蛸壺化を見てとる。そしてその危機の解決を哲学に求めようとする。

およそ「一科学ト称スルモノ」はそれぞれ「他科学ヨリ区別セラレタル目的」によって独立しており、「其大本トナルヘキ理論ハ放棄シテ顧ミス」、それを哲学に委ねている。哲学がとりあげるべき「問題ニ二種アリ、一ハ諸科学ノ此ニ由テ成立スル原理、二ハ諸科学ノ進歩ニ因リ得タル概括」である。(30)

ここには近代科学にたいする、その形成と発展の過程に立ち会ってきた者としてでなく、自然哲学の外皮を脱ぎ棄てて専門分化の道をたどっている段階のそれにいきなり直面した者としての理解が、あざやかに表現されている。その眼には「科学」は「理論」すなわち哲学を放棄したものと映った。科学者の側からいえば、哲学を問う必要のないものとして「科学」は存在していた、ということになる。言い換えれば、「科学」は「一科ノ学」としてひたすら「他科学ヨリ区別セラレタル目的」を追求し、「諸科学ノ此ニ由テ成立スル原理」および「諸科学ノ進歩ニ因リ得タル概括」すなわち存在論と認識論および価値論的な問題は哲学者に下駄をあずけるという精神の構図が、こうして日本の科学者のあいだに形成されたのではなかったか。

長沢市蔵の科学観は決してひとりの哲学者だけのものではなかった。科学の制度化の指標のひとつは学会の成立である。一八七九(明治十二)年に創立された工学会の機関誌『工学叢誌』第一輯(一八八一)の緒言に、大鳥圭介はこう書いた[31]。

近世学芸ノ道歳月ヲ逐テ煥発シ古代一綱中ニ包括セシモノ中世分レテ数科トナリ中世曾テ之レナキモノ今日已ニアルアリ今日ニ見ザルモノ来日ニ生スルモ未タ知ルべカラズ

今日の学芸は理・政・史・法・天・地・兵・工・農・商など十数門に分かれているが、「人各其門ヲ分レテ入ルニアラザレバ」どうして奥義を極めることができよう。

昔時博学多才ト称セラル、人ハ皆ナ諸学芸ヲ兼該セシモノノ如シト雖其実ハ唯纔ニ各科ノ門檣ヲ窺フノミ決シテ其蘊奥ヲ究メシモノニ非ルナリ

おなじく一八八二(明治十五)年設立の理学協会の機関誌『理学協会雑誌』第一巻(一八八三)にみえる「本会設立之趣旨」にいう[32]。

凡ソ世ノ所謂理学ナル者ハ天文、数理、物理、博物、地質、地理、採鉱、航海、化、工、農、医、等ノ諸学科ニシテ其学科甚多ク其範囲極メテ広シ……之カ開進ヲ望ミ兼テ其完全ヲ期スル者ハ則チ区分専攻ノ方ニ依ラサル可カラス

この設立趣旨も一応は、「専門家ニシテ各々其区域ヲ守リ絶テ他ニ依ラサルトキ」は学芸を進歩させることはできぬというのだが、その内実は「相互ノ交際ヲ親密ニシ互ニ専門ノ士ニ就テ質疑」すべしということにとどまる。理学協会結成の真のねらいは、

蓋シ欧米諸洲今日ノ開明ヲ効スモノ理学与ツテ功アリ開明社会人間生活ニ便益ヲ与ルモノハ則チ之レ理学研究ノ結果ヲ実地ニ応用セルモノニシテ邦国ノ開進ト理学ノ進歩ハ二者相須テ始テ其目的ヲ達スルヲ得可シ

という認識に立って、「日夜孜々研究ニ従事シ亦他ヲ顧ルニ遑」のない「理学専修ノ士」に代って、「其ノ研究ノ結果ヲ実地ニ応用シ以テ実功ヲ社会ニ奏シ社会ノ福祉ヲ進歩セシムル」ために「理学思想」の普及をはかり、「他日軼欧駕米ノ資ニ供セント欲ス」るところにあった。専門分化した理学を実地に応用するために「専門ノ士ノ結合ヲ謀」り、「理学思想」すなわち理学諸科の知識を広めようという。こうして「所謂科学」にたいする認識は、制度化された科学のなかで完結する。

4 フィルター

科学者たちの「科学」(あるいは「理学」)にたいするこのような認識は、じつは『米欧回覧実記』において

先取りされていたのであり、明治政府の指導者たちの認識を専門家の立場から追認したものといってよい。技術科学として立ち現われた科学のこの特質を、『米欧回覧実記』は見ることに徹することによって把握した。それでは見ることに徹しようとする眼はいかにして形成されたのであろうか。

この眼は欧米諸国を実際に目撃するという経験をとおして作りだされたものではない。それはあらかじめ使節団の人びとに備わっていたのである。わたしはかつてこう書いた。

価値体系の個々の内容でなく、それを方向づける思考の枠組みを、わたしはフィルターとよびたい。多様な価値体系をもつ異質の文化の全面的な接触とそれぞれの独自な存在意義の確認は、現代文化の主要な特徴のひとつである。そのばあい、異質の文化との接触においてフィルターのもつ二つの作用に注目しよう。ひとつは選択および組み入れ、いわば偏光作用である。それは異質の文化の諸要素を選択的に透過し、透過した諸要素をもとの文化におけるそれとはちがった枠のなかに組み入れる。さらにそれをとおして固有の文化を変質させつつ、新たな文化を創造する。変質および創造は、いわば光合成作用である。もちろん、フィルターはレンズのように固定した実体ではない。偏光作用と光合成作用そのものが、フィルターをたえず徐々に変化させてゆく。(33)

フィルター、すなわち異質の文化を受容するさい、それを価値的に方向づける思考のはたらきは、あくまでそれぞれの文化に内在するもの、それぞれの風土のなかで歴史的に形成されてきたものである。フィルターはきわめて長期にわたる歴史的経験によって作りだされてくる歴史＝文化的構造であり、しかもつねに文化の基層にあって、文化の形成力としてはたらくがゆえに、しばしば超歴史的とさえみえる構造をしめす。フィルターが変容するためには歴史的経験の切断を必要とする。

日本の歴史は大きく二つの時期、「中国を中心としていた時代の第一期、ヨーロッパを中核とする時代の第二期」に分けられる、と大石慎三郎は指摘する。

日本は有史以来中国と非常に密接な関係を取り結んでくるわけですが、その時代の日本の歴史は、中国を中心とした同心円の上、それも一番外側に日本が位置しています。中心部の中国の文化、政治状況が、良かれ悪しかれ日本に反映するという状況でした。ところが戦国の終わりころになってきますと、いわゆる大航海時代が始まりまして、地球が一つになります。現在でいうような世界が形成されるわけですが、その世界を形成する中心勢力は、ヨーロッパにあったわけです。したがって、それ以降の歴史はヨーロッパを中心とする同心円状に展開していくのです。そして日本は対中国の場合と同様、やはり同心円状の一番外側に位置しました[34]。

卓見だが修正を要する、とわたしは思う。十六世紀にはじまる第二期には、中国のほかにもうひとつの中心、ヨーロッパが現われ、中国とヨーロッパを二つの焦点とする楕円を形づくり、日本はその最外縁に位置することになる。この構造は中国が中心性を喪失する明治維新までつづく。そして明治維新以後、第三期に入り、欧米を中心とする円のなかで、日本はもはや最外縁ではない位置を要求しはじめる。この構造は第二次世界大戦によって崩壊し、東西両陣営を二焦点とする楕円構造を経て、現在は統合に向う遠心力と分裂に向う求心力が、世界の各地域において多様なかたちで拮抗し抗争する、まちまちな大きさの円から成る多中心の時代に突入している。統合へ向かう傾向は明らかだが、その帰趨は測りがたい。

ともあれ、日本の歴史はすくなくとも三回、おそらくは四回にわたる歴史的経験の切断を経ている。ここでとりあげているのは、第二期から第三期へ移行するさいの第二の切断である。これまでみてきた、『米欧回覧実記』を貫く、見ることに徹しようとする眼とは、第二の切断においてはたらいたフィルターの重要な構成要素にほかならない。第二の切断は、切断を迫ったものがたんに西洋文化であるというだけでなく、自然哲学の外皮を脱ぎ棄て、制度となった科学にもっとも端的に表現されているように、ヨーロッパにおいても伝統文化の大きな変容という、歴史的経験の切断を経て形成された近代文明であっただけに、一方の中心に中国を残し、西洋文化も伝統文化にとどまっていた第一の切断にくらべて、はるかに決定的な経験であったと考えてよい。

　歴史的経験の切断は、しかし歴史の断絶をいささかも意味するものではない。歴史的経験の切断を歴史の連続性に生かし、新たな文化を形成するのが、フィルターのはたらきにほかならない。そのはたらきに照準を合わせるとき、中国とヨーロッパの二焦点をもつ第二期の楕円は、第一期の中国中心の円から第三期の欧米中心の円へと移行する、過渡的な構造であったとみることができる。のみならず、グローバルな近代は十八世紀にはじまる、とわたしは考えているが、日本においても十八世紀から十九世紀のはじめにかけて、近代性の諸要素がさまざまな領域に一斉に噴き出してくる[35]。近代西洋文明の受容という歴史的経験の切断がいかに決定的な意味をもっていたとしても、日本の近代はそれによって突如として出現したのではなかったのである。

　それでは、第一期における中国文化の受容においてはたらいていたフィルターの構造とはいかなるものであったか、いかなる眼がその受容を価値的に方向づけたのか。それは第一期にいかに変容し、第二の切断における眼、見ることに徹しようとする眼を準備したのか。最初の問題はすでに本書Ⅰ部でとりあげた。日本の学問の歴史のなかで、わたしがその最初に位置づけたいと考えている書、丹波康頼《たんばのやすより》の『医心方《いしんほう》』三十巻

（九八四）を貫いていたのは技術的思考であった。

それでは第二期に、対象を見る眼と見える風景はどのように変わったのであろうか。ここに人体解剖にたいして個性的なかかわりかたをしめした二人の医師がいる。人体解剖の嚆矢山脇東洋と西洋解剖書の翻訳者杉田玄白。

5　体内の風景

山脇東洋についてはⅡ部で述べたが、もう一度確認しておこう。京都西郊において解剖をおこない、観臓の記録『蔵志』（一七五九）を出版した山脇東洋は、医学の分野における徂徠学の使徒であった[36]。四十歳に近く、荻生徂徠の書に触れてその思想に傾倒して以来、東洋は職業および学問としての医の存在根拠を求めて、中国の古典を読みあさる。そしてたどりついたのが『周礼《しゅらい》』「天官」の医職の記述であった。東洋はそこに、聖人によって定められた道としての医を、医の絶対的な存在根拠を、見出す。「疾医」（内科医）である東洋にとって医業にたずさわることは、『周礼』の疾医の規定をそのまま実践することであった。その規定のなかに「九蔵」（九つの内臓）という表現があった。

東洋は疾医の規定を三つのやり方で実践した。第一は、『周礼』の理念を実現しているとかれが考えた医学の古典、とりわけ漢代の『傷寒論』に復帰すること。それは、宋代から金元時代にかけて、『素問』・『難経』・『傷寒論』などの古典の研究を通して新たな展開をみせ、明代に綜合された中国近世医学、とりわけ精緻な医学理論[37]との訣別を意味していた。科学としての医学を排し、技術としての医学に徹しようというのである。ここにいう科学は、むろん近代科学とは異なる。しかし、それがこの時代の科学であった。いわゆる古方派の反科学ないし無科学の立場、技術主義の立場は、「医の学は方（処方）のみ」[38]と主張する吉益東洞においてその究極的な表現を見出す。かれは医学理論のみならず、「治疾の用に非ず」として解剖学をも全面否定したのである。[39]

第二は、疾医の規定にふくまれていない鍼灸療法を医学から排除したこと。鍼灸は、当時の治療法としては薬物療法の補助手段にとどまっていたが、それでも中国医学に不可欠の構成要素であり、歴史的にみれば、中国医学を誕生させ、またその診療の理論的基礎を打ち樹てたのは、鍼灸療法にたずさわった医師たちであった。[40]東洋の実践は、「鍼灸《はりきゅう》」とは峻別された「漢方」を成立させたといえよう。理論否定と鍼灸否定、まぎれもない「日本医学」の誕生である。

そして第三は「九蔵」説の立証に精力を傾けたこと。九蔵とはなにを指すか、『周礼』に言及はない。東洋は先秦のある古典に本づいて小腸の存在を否定し、その独自の「九蔵」説を実証して、『周礼』疾医の規定の権威を不動のものにしようとする。すなわち人体解剖の実践である。『蔵志』出版後、「九蔵」説はただちに批判にさらされ、やがて後学の解剖によって完全に否定される。ともあれ、中国の古典に依拠しつつ、日本の学問を構築する、そこに徂徠から学んだ古学派としての東洋の面目があった。

『周礼』の九臓にたいするおのれの解釈をこの眼で見て確かめるために東洋のおこなった人体解剖が、医学における歴史的経験の切断のはじまりとなったのは、歴史の逆説であった。杉田玄白は『形影夜話』（一八〇二自序）のなかで、東洋の観臓の話を聞き、外科においても一科を起こそうと勃然として志を立てた、と述懐している。[40]しかし、評価は手厳しかった。

爾後東洋先生其実を究めんとして観臓し給ふといへども内象の物に是は何彼は某と証とし徴とすべき基なければ唯茫洋とし見分け給はず一目撃せし所を以て直に其物を定め九臓の目に合せられしまでなり[41]

その功は、「聊か実に就て基本を明にすべしといふの端を発せられしといふまでなり[42]」、と。

『解体新書』（一七七四）はJ・A・クルムスの『解剖図譜』（第三版）蘭訳本の本文を翻訳したものである。初学者用の解剖書であり、さらに進んで研究したいひとのための脚注は、翻訳では省略されている[43]。本文は形体の記述に終始し、生理学的機能を論じているのは、簡単な説明を除けば、神経・動脈・静脈・血液・尿など、身体を構成する諸要素、訳者のいう「毉の最とする所の者を挙」げた「格致一篇[44]」だけにすぎない。

玄白は形体を重視した。原注の処理にそれはよくあらわれている。

原本に注有り、今 形体に関渉する者を取り之れを訳し、他は皆な略す[45]。

形体がなぜ重要か。

夫れ臓腑骨節、其の位置 一も差《たが》う所有れば、則ち人 何を以ってか立たん、治 何を以ってか施さん[46]。

それに気づいて解剖を試みたものもいるが、「皆な解体の法を知らず」、おおざっぱな観察に終っている。

惜しいかな、世に豪傑の士有りと雖も、汚習 耳目を惑わして、未だ雲霧を抜《ひら》きて青天を見る能わず。故に苟も面目を改むるに非ざれば、則ち其の室に入る能わざるなり[47]。

汚習を去り面目を改めるとは、形体を正確かつ子細に見る眼を獲得することである。ひたすら形体を見ることを学ばなければならぬ。そこに体内の風景が開けてくる。それが新しい眼なのだ。

吉益東洞が見抜いていたように[48]、解剖の知識が治療に直接役立つことはほとんどないというのが、当時の解剖学と臨床医学の実態であったろう。重要なのはそのことではない。「要は面目を改むるに在り[49]」。物を正確かつ子細に見る眼を獲得すること、そして新しい風景のなかで物を把握すること、そのことがいま要請されている[50]。

それでは形体を通した風景のなかになにが見えてくるのか。それは理論である。

預め形体を究るは所謂兵家の孫呉と同じ事なるべし孫呉を知らざれば軍理は立ぬものと聞及べり医も形体に詳ならざれば医理は立ざる事と知らる[51]

医理とはなにか。たとえば大黄《だいおう》は下剤に用いられる。

大黄の性は苦酷にして腸胃中裏面の神経を侵襲刺棘す神経是を厭ひ悪み自ら彎急し其所の「キリール」より水液を搾出しこれをもつて蕩滌駆逐するなり故に下利の功を奏する事なり[52]

治療すなわち技術において理論の果たす作用は、そこに予測可能性を導入し、技術を効果の偶然性への依拠から救い出すことにある。

彼医理を学べばかかる利あることを知りて薬を与ふ其理を弁へずして薬を投ずれば何といふ意もなく功を覚たるとの違ひあり[53]

むろん医理を究めたからといって療治ができるものではなく、経験を積まなければならない。医理と療治とは、「医を善くせんと思ふものは両ながら廃すべからざる事と知らる[54]」るのである。

6 「科学」を超えて

十九世紀に入るころには、すでに理論の探究がはじまっていた。J・キールの『物理学入門』（一七〇一）

と『天文学入門』（一七一八）の蘭訳本を要約して翻訳した志筑忠雄の『暦象新書』は、志筑がニュートン力学とニュートン的宇宙体系を完全に理解し掌握していたことをしめしている。(55) 志筑は古代ギリシア以来の宇宙論論争や自然哲学的な外皮をすべて割愛し、気の哲学にとって代えたが、それはいずれ十九世紀の科学が棄て去るものだった。

面目を改めよという杉田玄白の要請は実現された。『解体新書』は見る眼と見える風景を変えた。形体を正確かつ子細に見る眼は、まぎれもなく『米欧回覧実記』の見ることに徹した眼であり、医理と療治とを「両ながら廃すべから」ずとする立場は、確実にタヲリックとプラチックを「偏廃スベカラス」とする立場に通じていた。

だが同時に、なお技術的思考もかたちを変えて持続しているのを見誤ってはならないだろう。物と物とを結ぶものとして分類原理以上のもの、すなわち理論を手に入れた技術的思考は、そこに技術科学という格好の活躍の舞台を見出し、それを「科学」として認識する。それが技術科学の特質を的確に捉えていたのは疑いを入れない。二十世紀における日本の科学技術研究の歩みが欧米のそれにぴたりと平行線を描くものであったことは、広重徹の『科学の社会史』（一九七三）に明らかだ。

専門分化した科学の「知識狭小」を指摘し、「大本トナスヘキ理論」の重要性を強調し、哲学の果たすべき役割を説いた長沢市蔵は、日本において成立した「科学」の特質を誤りなく捉えていたといってよい。十九世紀になって科学は公然とまとっていた自然哲学の外皮を脱ぎ棄てた。だからといって、科学は自然哲学であることをやめたのではない。たとえば、十九世紀末以後、物質とエネルギーについて、時間と空間について、認識の不確定性について、認識と主観についてなど、物理学者のあいだでくりひろげられてきた論争を想起しよう。それらは抜き差しならない存在論的および認識論的な、物理学の基礎にかかわる問題、「諸科学ノ此ニ由テ成立スル原理」の問題として、物理学者のまえに立ち現われたのではなかったか。第一次世界大戦以後、とりわけ第二次世界大戦以後、科学技術の発展は人類の生存をおびやかす成果をもたらし、科学者に価値論的な問題を突きつけ、「諸科学ノ進歩ニ因リ得タル概括」を迫りつづけてきたのではなかったか。日本の科学はそれにたいしてどのような解答を、あるいは解答への努力を、しめしてきたのだろうか。

科学の価値論的な問題は、いまやさまざまなレヴェルの地球的危機というかたちをとって、すべての科学者のうえに覆いかぶさっている。日本の近代科学が出発点において背負った「科学」と哲学の不幸な分裂を克服すべき時に、現在わたしたちは立っているのではないか。そしてその時、見ることに徹しようとする姿勢が、新しい価値を創造してゆくのではあるまいか。

(1) 『米欧回覧実記』㈠、岩波文庫、一九七七、九頁。
(2) 同㈢、一九七九、三二九―三三〇頁。
(3) 同㈠、一五六―一五七頁。
(4) 同㈠、一三頁。
(5) 同㈡、一九七八、二七三頁。
(6) 同㈠、一四―一五頁。
(7) 各国およびいくつかの都市・地方の冒頭に後から付された「総説」には、とうぜん見なかった事柄もふくまれている。
(8) 同㈠、一七二頁。
(9) 同㈢、二九二―二九三頁。

(10) 同(二)、六六—六七頁。
(11) 同(二)、二五四頁。
(12) 以下、同(二)、三七八—三八一頁。なお、同(一)、一八八頁に、「米国ノ農事ハ、麁大《そだい》ニ流レ、未タ小区域ニ周密ノ精墾ヲ尽スコトナシ、……町歩ニ割合ヒ算スレハ、収穫ノ量甚タ少シ、……農事ノ如キハ、只器械力ノミヲ恃《たの》ムモ、亦至レルモノニ非ス」と批判している。
(13) 同(二)、三八四—三八五頁。
(14) 同(二)、二五四頁。
(15) 同(二)、三三八頁。
(16) 同(一)、一四頁。
(17) 同(二)、二六二—二六三頁。
(18) 同(二)、一五三—一五四頁。
(19) 同(三)、七三頁。
(20) 同(二)、二七三—二七四頁。
(21) 「知説」四、日本科学史学会編『日本化学技術史大系』(以下『大系』と略記)6・思想、第一法規、一九六八、一一四頁。
(22) 同、四二頁。
(23) 巻一・学原、同、四二頁。
(24) 中山茂『近世日本の科学思想』、講談社学術文庫、一九九三、二三二—二三五頁、辻哲夫『日本の科学思想』、中公新書、一九七三、一七六—一八四頁を参照。
(25) 「知説」三、『大系』6、一一三頁。
(26) 「知説」二、同、一一二頁。
(27) 「知識」四、同、一一三頁。
(28) 同、一一四頁。

(29)「哲学科学ノ関係一斑」、同、一七三頁。以下同じ。
(30)同、一七四—一七五頁。
(31)「緒言」、『大系』1・通史、一九六四、一六八頁。
(32)「本会設立之趣旨」、同、一六八頁。
(33)『混沌の海へ』、朝日選書、一九八二、七頁。
(34)大石慎三郎・中根千枝他『江戸時代と近代化』、筑摩書房、一九八六、二九五—二九六頁。なお大石は、「現在は……今までとは全く違う状況に日本が置かれ」ており、「ある意味では日本そのものが中心になっている状況にまで近づいて」いると述べており、現在を第三期とみなしているように読める。
(35)とりあえず前掲『江戸時代と近代化』に収められている諸報告、および速水融「近世日本の経済発展とIndustrious Revolution」、速水他編『徳川社会からの展望』、同文館、一九八九、二一—三二頁を参照。
(36)詳しくは、山田慶兒『中国医学はいかにつくられたか』、岩波新書、一九九九。
(37)詳しくは、山田慶兒『気の自然像』、岩波書店、二〇〇二、をみよ。
(38)『医事或問』巻下、日本思想体系63『近世科学思想』下、岩波書店、一九七一、三七〇—三七一頁。
(39)鶴元逸『毉断』臓腑、近世漢方医学書集成12『吉益東洞』、名著出版、一九八〇、二〇頁。また『後漢書』王莽伝の解剖記事にふれても、同様の言葉を書きつけている(自筆本『古書医言』、順天堂大学所蔵、三十八葉裏)。大塚敬節「近世前期の医学」は、「東洋が疾医の道に無用」としたものに、㈠病因・病名、㈡陰陽・六経病・五行説、㈢臓腑・経絡・引経報使、㈣虚実・補益説、㈤理論がある、と指摘する(前掲『近世科学思想』下、五三九—五四一頁)。㈡、㈢、㈣は特殊的に中国医学理論にかかわり、㈠、㈡は一般的に医学理論にかかわる。ただし、㈢の臓腑は解剖学の問題でもある。
(40)『形影夜話』巻上、杏林叢書第一輯、吐鳳堂書店、一九二二、九八頁上段。なお吉益東洞は、「周礼に、之を参にするに九蔵の動を以ってす、と曰いて腑を分かたず。仲景未だ嘗って論ぜざりしは、病を治するに益無ければなり」といい、臓腑の説は「要するに皆な治疾の用に非ず」として(『毉断』臓腑)、一顧だにしなかった。無視ないし否定が、同時代の医師たちの人体解剖にたいする、むしろ一般的な姿勢であったとみてよい。

(41) 『形影夜話』巻上、一〇二頁上段。

(42) 同、九七頁下段。

(43) 伊東俊太郎他編『科学史技術史事典』、一九九四版、弘文堂、二九八—二九九頁、クルムスの項（酒井シヅ）参照。

(44) 『解体新書』、安永三年版、凡例、五葉裏。なお、格致篇は巻一、七葉裏—十二葉裏。

(45) 同、凡例、三葉裏。

(46) 同、六葉表。

(47) 同、六葉裏。

(48) 注（40）参照。

(49) 『解体新書』、凡例、六葉裏。

(50) なお、S. Kuriyama, 'Between eye and mind : Japanese anatomy in the eighteeth century', *Paths of Asian medical Knowledge* (ed. by C. Leslie & A. Young), Univ. of California Press, 1992 : 21-43. を参照。

(51) 『形影夜話』巻上、一〇三頁下段。

(52) 同、一〇五頁上段。

(53) 同、一〇五頁下段。

(54) 同、一〇八頁上段。

(55) 具体的に論ずる紙数は尽きた。吉田忠「『暦象新書』の研究」、日本文化研究所研究報告第二十五集、一九八九、一〇七—一五二頁、「『暦象新書』の研究」(二)、同第二十六集、一九九〇、一四三—一七六頁を参照。

〈補論〉浅井周伯養志堂の医学講義——松岡玄達の受講ノート

1

龍谷大学大宮図書館所蔵の写字台文庫は、西本願寺歴代宗主の文庫であり、和漢の医書が多数収められている。そのなかに松岡玄達自筆の、浅井周伯の養志堂における講義を筆記した十部のノートがある。いま同図書館の『貴重書解題』(1)によって、その書名と題箋・扉書・奥書などを書き抜けば、つぎのとおりである。なお、以下の記述の便宜のために、番号を付しておく。

1 薬性記(内題)一巻 (内題下)一名六十味 (扉書)周璞浅井先生講聞記/薬性記備忘記 六十味 (書末)薬性記六十味抄 終/貞享二乙丑冬十有二月五日/松岡玄達尚白書

2 難経本義記聞(外題)三巻 (扉書)難経本義筌蹄録 (内題)難経本義 (見返し)養志浅井周伯翁講談 (書頭首行)平安松岡直録 (奥書)貞享三丙寅閏三月十三日

3　病機撮要講義（外題）一巻（扉書）内経抜書私鈔（書頭首行）内経抜書　松達子直述（書末）内経抜書

4　本草摘要講義（外題）三巻（内題）本草抜書（上巻首行下方）□□散人元達記（下巻奥書）貞享三丙寅九月十九日／松岡玄達㊀㊇記（その裏面）元禄元年温知斎／蔵本

5　運気論講義（外題）一巻（見返し）養志堂講（奥書）貞享三柔兆摂提格之歳四月二十七日／立的大淵子記

6　内経素問講義（外題）九巻（扉書）素問抄（巻一首行）松岡子達述（印記）怡顔斎（蔵印記）松岡氏図書

7　格致余論講義（外題）一巻（扉書）丹溪朱先生格致論抄（書末）格致余論抄（印記）怡顔斎・怡顔斎図書

8　溯洄集講義（外題）一巻（書頭首行下方）松岡子達述（奥書）貞享三歳次丙寅夏六月十八日／揮毫於東洛蔵月堂／松岡大渕子記

9　医学正伝或問備忘記（内題）一巻（外題）医学正伝或問紀聞

10　内経経脈口訣（扉書）三巻（題箋）十四経発揮講義（印記）怡顔斎図書（奥書）時貞享三歳次丙寅三月四日

筆跡・署名等からみて、これがすべて松岡玄達（一六六八―一七四六）の自筆本であるのは疑いない。筆録の年代は、いちばん早いのが貞享二年（一六八五）十二月、ついで三年三月が二部、四月、六月、九月各一部とつづく。これからみて、残りの四部は九月以降、翌四年にかけて筆録されたものと推定しても大過あるまい。玄達は十七歳から十九歳まで、それがおそらく浅井塾への入門の期間であった。なお、これまで玄達の医学の系譜は知られていなかったことを、つけ加えておこう。

講義者は1と2が浅井周伯（一六四三―一七〇五）、3と4も序論の部分の記述から周伯と確定できる。それにたいして5は、講義中に「周伯先生ノ本」（後述）に触れた箇所があり、担当者は周伯でなく、その高弟（姓名不詳）だったことが分かる。周伯の講義と高弟の講義の内容の比較検討から、6、7、8、9も高弟と推定できる。ただ10は、ほかの講義と内容が重ならないために、講義者を推定する手掛りがない[2]。浅井塾では貞享年間（一六八四―一六八八）、周伯とおそらくは塾頭のふたりが分担して、講義をおこなっていたのである。

講義にはかならずテキストが用いられるが、それには⑴中国の医家の書を使う、⑵周伯が抜粋して編集・校訂した医学の古典を用いる、⑶周伯が講義用につくったテキストによる、の三つの場合があった。2の『難経本義』、5の『運気論奥』、7の『格致余論』、8の『医経溯洄集』、9の『医学正伝或問』、10の『十四経発揮』が⑴、3の『黄帝内経』の「抜書」、4の『本草綱目』の「抜書」、6の『素問』の「抄」本が⑵、『薬性記』（一名六十味）が⑶に属する。

2

講義はテキストにそって進められる。まず最初に、テキストの性格や位置づけが簡単にしめされる。『本草綱目』の抜書の講義である『本草摘要講義』の冒頭の一節は、ほかのテキストとの関係も述べていて、たいへん興味深い。句読点・濁点をつけて引用しよう。

本草の中ヲ抜書シタルニ、病証ヲ抜書タルハ内経抜書ナリ。病症ノヲコルトコロヲ知ラセンタメナリ。……………薬性ヲシラセンタメニハ、コノ本草中ノ要語ヲ抜書スル也。病因ヲ察シテ、治法ヲホドコサンタメナリ。サテ本草綱目ニハ、一薬ニツイテモ、サマ〴〵主治ガヲ、イゾ。ユヱニソノ肝要ガトラレヌゾ。コノ抜書ニハ、ソノ中ノ干要ヲアゲタゾ。コノ外ニ六十味ガ一巻アルゾ。コレハ薬ノ性味ヲアゲルニ、綱目ニヨラズシテ、日本ノ薬ノ上ニテ気味ヲ正シタリ。コノ本草抜書ハ、時珍ガ綱目ノ中ニヲイテ、ツネツカフ薬ノ要ヲトツテ、カイタゾ。

ほかのテキストでは、この部分はもっと短い。ついで書名と著者について説明し、序文や凡例や目次にももれなく触れたのちに、本文に入り、一つずつ解説ないし解釈を加えてゆく。口調は「……ナリ。……ゾ。」の繰り返しである。

講義のやりかた、解説ないし解釈のしかたを見るために、文章をいくつか読んでゆこう。最初の例は、具体的な物をあつかった、やはり『本草摘要講義』の甘草の項の一節。一方では正確に理解しようと努めながら、他方ではたえず批判的な目を注いでいる点に留意しよう。

日本ニテモチユルハ、マヅ大甘草ヲモチユル也。大甘草ト云ハ、形ニツイテ云。カタチノ大ナルガヨイゾ。カタチノ大ナルヲ大甘草ト云。形ノホソイヨリハ、大ナルガアヂワイモ一入ヨイゾ。サテ上ノ皮ヲ去リ、キザムデモチユル也。鉄ヲバイマヌゾ。鉄ニテキザムゾ。サテ火ニテアブリモチユルト、生ニテツカフト、チガフ事アリトイヘリ。生ハ涼ナリ、火ニテアブレバ温ニナルトイヘリ。イマコ、ロミルニ、アブリテハ温、生ニテハ涼ナルトイフ功ハ、ヲボヱヌゾ。脾胃ヲ補テ、寒涼ヲイムニハ、灸（炙の誤り）

テツカフゾ。内ヲサマスルニハ、生ニテツカフ也。火ヲアブレバ、甘草ノ性ガ温ニヘンジ、生ナルハ涼ナトイフヤウニ、火ニテアブツテモチユルトテモ、甘草ノ性ガ変ズルトイフコトハナイゾ。……マヅイマコノハウニツカフニハ、生ニテツカフ事也。

「コノハウ」は中国（アナタ）にたいする日本。はじめに日本で用いるべき種類を指定し、ついで材料の処理の仕方を述べ、炙《あぶ》ったものと生《なま》のものでは薬性が異なるという『本草綱目』の記述を誤りと断定し、「脾胃ヲ補」う場合のように炙って使うこともあるが、日本では一般に生を用いる、と指示する。日本の甘草の見分けかたと使いかた、それは一般的にいえば、薬だから当然ではあるが、日本の風土と日本人の体質や嗜好への配慮ということであろう。

こんどはがらりと変えて、基礎理論の『運気論講義』をとりあげよう。テキストの『運気論奥』は、日本では当初から、医書としてよりも天文（気象）書としてあつかわれてきた[3]。事実、内容の大半はその分野に属している。太陽の運行に本づく年間の気象変化と身体（病気）との相関が、この理論の大前提であるからだ。講義ももっぱらその説明に割かれる。引用するのは、密日（日曜日）、太陽直日（密日にたいする宿―星座―の配当）など、ホロスコープ占星術の用語の解説。宣明暦は、貞享改暦まで八百年にわたって日本で用いられた、唐代の暦である。

太陽直日トイフ事ハ、暦家ノイフ事也。コレニハクリヤウガアルゾ。一トウリイフタバカリデハ、キコヘヌ事也。周伯先生ノ本ニ、コレヲカンガヘラレタゾ。可考見也。マヅ今日ハ水曜カ木曜カトイフ事ヲシルニ、ソノマ、ハシラレヌゾ。マヅソノ歳ヲクリタツル事也。今歳ハ七曜ガナニニアタリタト、マヅソノ月ヲタテ、、サテソノ日ヲタテ、、某月某日某ノ時トイフマデヲ、トクトカンガヘ、コレヲ以テモノ、善悪ヲサッスル事也。コレハ医書ニツイテ用ユル事ニハアラズ。十二支七曜ノ事ヲイフニヨツテ、ソレニツレテ密日ノ事ヲイフ也。ソノクリ様ハ師本ニ考テアル也。宣明暦ニヨツテシルシタゾ。

『内経素問講義』では、講義が運気諸篇のひとつにさしかかると、講義者は、

運気論ハ暦家ノ説ニシタガツタモノ也。

と指摘し、中国の天文暦法を概説した。そして、「コレハ医書ニツイテ用ユル事」ではないにもかかわらず、

コレカラハ算用ナリ。シラヌモノハ通ゼヌゾ。算術ヲケイコセズバスムマイゾ。

などとくりかえし、その修得の必要性を強調するのである。医学に密接にかかわりがあるから、診療に直接役立つから、数学や天文学を学ぶのではない。基礎科学だから、それを医師も身につけなければならないのだ、という主張がそこにある。これはまったく新しい精神の様相、科学への自覚をしめすものではあるまいか。

明代の医家の説によってではあるが、運気論を具体的な症例に適用したときに生じた矛盾を指摘した例が、『格致余論講義』の「痎瘧論《がいぎゃくろん》」の項にある。老瘧（マラリヤ）を論じた著者朱丹渓の文章、「夫れ三日に一たび作《おこ》るは、陰　病を受くるなり。子午卯酉の日に作るは、少陰の瘧なり。寅申巳亥の日に作るは、厥陰の瘧なり。辰戌丑未の日に作るは、太陰の瘧なり。」を解説した一節である。「夫三日一作」、「子午」といった語句を一つずつ区切りながら説明しているが、これが講義の一般的なやりかただった。

夫三日一作―老瘧ハ三日ニ一度ヲコル也。コレハ三陰ノ経ニヤマイヲウクル也。子午―子から二日へダツレバ卯、卯カラ二日へダツレバ午也。午カラ二日へダテレバ酉也。酉カラ二日へダツレバ子ノ日ニヲコル也。コレハ少陰ノ瘧ナリ。寅申巳亥日ニヲコルハ、厥陰ノヤマイ也。辰イヌ丑未ノ日ニヲコルハ、大陰ノ瘧也。コレハミナ二日ヅ、ヘダテ、、二日ノマガアツテヲコル。ミナ瘧ナリ。寅カラ二日ナカヲ

ヲイテ、三日メハ巳ノ日、コノ日ニヲコリ、巳ノ日カラ三日メニハ申ノ日也。コノ日ニマタヲコリ、カクノゴトク、二日ヅ、間日アツテヲコル瘧ナリ。

まずテキストを正確に理解させる。講義はあくまで親切丁寧である。そのうえでこの説の内的矛盾と事実への齟齬を突く。

シカレドモ、コレラハヨロシフナイイ、ブン也。素問ニ馬玄台ガコノ丹溪ノ語ヲウツタゾ。子午卯酉ノ日ヲコルハ、少陰ノ瘧ジヤナドトイフハ、コレハナンジヤ、子午ハ少陰也、卯酉ハ陽明燥金也、シカレバ子午ノ日ニハ少陰ノクスリヲモチイテ、又卯酉ノ日ニモ少陰ノクスリヲモチユベキヤ、少陰ノ瘧トハイワレマイゾ、ナドトイフテコレヲソシリタリ。又類経ニモ、三日ニ一度ヲコル、ソノ三日メノヲコルヲ少陰ノ瘧トイハヾ、四日ニヲコルヲバナニトイフベキゾ、ナドトイフタリ。コノ丹溪ノ十二支ヲ以テアワサレタルハ、コレハアワヌコト也。又コノ寅申巳亥モ、巳亥ハ風木厥陰也。丑未ハ大陰湿土也。ウヘト下トアワヌ事也。三日一発ヲ三陰ノ経ニアワセテ老瘧トイワレタルトコロハ、コレハヨロシカラズ、合ヌコトナリ。

引き合いに出されているのは、馬蒔《ばじ》の『黄帝内経素問註証発微』九巻（一五八六）と張介賓《ちょうかいひん》の『類経』三十二巻（一六二四）、いずれも講義者がもっぱら依拠した、当時の代表的な『素問』の注釈書である。

丹溪説への批判はこれにとどまらない。「陽有余陰不足論」の項では、「張介賓ガ説ニハコノ丹溪ノ説ハアヤシイヤウニイフタゾ」と述べて、両者の説を詳しく比較検討する。「人迎気口論」では、もはや明代医家の説によらず、ずばり「コレハ丹溪ノイ、ブンガアヤシイゾ」と断じ、「脈大必病進論」では、王好古の説を論離した「丹溪ノ説モアマリヨロシクナイ也」と両断に切って取る。

ここに見てとれるのは、横溢する批判的精神であり、講義の全体が、諸説の良いところを採りながらも、たんなる折衷に終わらせず、論理的な一貫性を求めようとする、強烈な学問的精神に裏打ちされている。

3

浅井周伯、名は正純、号は策庵、周伯・周璞はその通称である。生涯について詳しいことは知られていない。寛永二十年（一六四三）、京都に生まれ、味岡三伯について医学を修め、近松門左衛門の弟で医学著作家としてひろく知られた岡本一抱らとともに、その門下の四傑と呼ばれた。宝永二年（一七〇五）没。享年六十三歳。著書には、あとで触れる『本草摘要』（刊本）のほか、『切紙之辨』、『腹舌之候』、『病機撮要註解』、『霊枢辨鈔』（いずれも写本）などがある。また元の葛可久（一三〇五―一三五三）の『十薬神書』（一三四八）を校訂・刊行している。

浅井周伯の医学の学問的系譜を、江戸時代初期にまで遡ってしめしておこう。

曲直瀬道三（一五〇七―一五九四）―曲直瀬玄朔（一五四九―一六三一）―
饗庭東庵（一六一五―一六七三）―味岡三伯（生没年不詳）―
- 浅井周伯（一六四三―一七〇五）
- 井原道閲（一六四九―一七二〇）
- 小川朔庵（生没年不詳）
- 岡本一抱（一六八七―一七五四）

中国近世の医学は、『黄帝内経』、『難経』、『傷寒論』など古典の研究をとおして、旧来の漢唐医学とは面目を一新した医学を誕生させた。医学の革新をおこなったのは、熱病の理論と治療法に新生面を開いた、金の劉完素（守真、一一二〇ごろ—一二〇〇）であり、その系統から元末に朱震亨《しゆしんこう》（丹溪、一二八一—一三五八）が出る。旧来の医学を継承・発展させたのは、劉完素と同時代の張元素（浩古、生没年不詳）である。内傷の治療を特色とするその医学は、金末元初の李杲《りこう》（東垣、一一八〇—一二五一）に継承される。元の王好古もその同学である。劉・張医学は鋭く対立したか。朱震亨になると、李杲の治療法を取り入れるなど、折衷的傾向が芽生えている。

明代に入ると、朱震亨の流れを汲む丹溪学派と李杲の系譜を引く東垣学派という二大学派が形成されるが、この両学派は対立しつつも、たがいにその長所を摂取し、折衷的傾向をいっそう強めてくる。しかもその中間に、諸家の長所をすべて取り入れ、「外邪に張仲景、内傷に李杲、熱病に劉完素、雑病に朱震亨」という、まさに折衷主義の立場を標榜する大きな流れが生まれる。虞摶《ぐたん》（天民、一四三八—一五一七）、張介賓《ちようかいひん》（景岳、一五六二ごろ—一六四〇）などがその代表者である。また『黄帝内経』の注釈を著した馬蒔《ばじ》（生没年不詳）のような、古典に帰ろうとする復古主義者もあらわれる。このような諸学派の対立と交流のなかで、明代の医学は活況を呈し、医学史上のひとつの盛期を迎えたのである。

明代の医学の大きな特色を一言で表現すれば、折衷主義的ということであろう。江戸時代の医家が学んだのは、その医学であった。日本近世医学の祖ともいうべき曲直瀬道三《まなせどうさん》がすでに折衷的な立場をとっていたが、養子の曲直瀬玄朔にいたって、いま述べた折衷主義の立場を鮮明にする。江戸初期の医家にとって、明の医学はほとんど同時代の医学、最新の医学である。玄朔は張介賓より十数歳年長であるのに留意しよう。京都の饗庭《あえば》東庵《とうあん》とその学派は玄朔の直系だった。(4) 東庵学派の浅井周伯の塾で用いられたテキストとその講義が、かれらの医学研究の跡を伝えている。

4

『薬性記』、別名『六十味』は、浅井周伯自身が編んだテキストであり、『本草摘要講義』の冒頭に、「コノ外ニ六十味一巻ガアルゾ。コレハ薬ノ性味ヲアゲルニ、綱目（『本草綱目』）ニヨラズシテ、日本ノ薬ノ上ニテ気味ヲ正シタリ」とあるところから、講義の意図と性格を知ることができる。テキストそのものは、国立公文書館内閣文庫などに、『薬性記』（写本）として所蔵されている。

『難経本義記聞』。テキストは元末明初の滑寿（一三〇四―一三八六）の『難経本義』二巻（一三六六）。『難経』は、『黄帝内経』（『素問』・『霊枢』）を理論的に整理統一し発展させて、簡潔に体系化した著作。後漢代にあらわれ、『内経』、『傷寒論』（後漢・張仲景撰）、『神農本草経』とともに、中国医学の範型を確立した古典である。『難経本義』はそのもっとも標準的な注釈として広く読まれ、江戸時代に入って最初に和刻（一六〇七）された医書であった。

『病機撮要講義』。テキストは、本書の冒頭に、「此ノ一冊ニテ病因ヲシ」るために「内経ノ中ノ要語ヲ書アツメ」て、周伯が編集した講義用の『内経抜書』、別名『病機撮要』。なお、武田杏雨書屋に、浅井周伯著

『病機撮要註解』一巻（写本）が所蔵されている。

『本草摘要講義』。すでに引用した冒頭の一節にみえていたように、テキストは周伯編纂の『本草抜書』である。この講義用に編まれたテキストは、元禄十年（一六九七）に、『本草摘要』と題して京都の書肆（西村喜兵衛）から出版された。

テキストのもとになった明の李時珍（一五一八—一五九三）の『本草綱目』五十二巻（一五九〇）は、中国本草史に新紀元を画した書であり、日本には慶長九年（一六〇四）、出版からわずか十五年後に舶来し、寛永十年（一六三七）にははやくも最初の和刻本が出版されて、江戸時代における本草研究の興隆のきっかけとなった。

『運気論講義』。テキストは、北宋の劉温舒の『素問入式運気論奥』三巻（一〇九九）。おそらくは北宋の初めごろ、運気七篇として『素問』に収録され、北宋末以後大きな影響をあたえてゆくことになる運気論（五運六気説）の、最初の包括的・体系的な解説書。七十二図、三十章から成り、運気論がひろく理解され受容されてゆくのに決定的な役割を果たしただけでなく、後世にいたるまでもっとも標準的な教科書として尊重された。江戸時代には、『難経本義』、馬蒔の『註証発微』（一六〇八和刻）に次ぐ三番目の和刻（一六一一）医書であり、一七一五年までの百年間に十四回にわたって重刊されている。

『内経素問講義』。『素問』はいうまでもなく中国医学の経典ともいうべき書である。テキストには、もっとも一般的な唐の王冰注の二十四巻本でなく、九巻本が使われている。日本では九巻本の『素問』も刊行されていたが、このテキストはそれでもなく、周伯の編纂にかかる『素問抄』だったらしい。周伯はたんに抜粋しただけでなく、独自の解釈に本づいて本文の校訂もおこなっていた。講義の「大節蔵象論」の部分に、「サテコ、ラノ文段ガ、素問抄ニハ、次第ノツイデヤウガ、文段ノヲキヨウガ、チガフタゾ。コレハナルホド、素問抄ノ文段ノ次第ガヨイゾ。素問抄ニ、……此処疑有錯誤、当云……。素問抄ノ次第ナレド、……ヨリ文段ノツキガヨクシテ、ヨリキコヘル也」とみえる。元の文章と校訂された文章はともに省略したが、文意が通じにくいと思われるところを、字句を置き換えて文章の構成を変え、分かり易くしただけでなく、論理を一貫させようと努めている。周伯は抄本に注を加え、原典批判におよんでいたのである。

『格致余論講義』。テキストは朱震亨の『格致余論』一巻（一三四七）、その学説を述べた医論四十一篇を収める。江戸時代の前期にもっとも読まれた医書のひとつであり、和刻は二十五回におよんだ。講義では序をふくむ全篇がとりあげられている。

『溯洄集講義』。テキストは、元末明初の王履（一三三二―?）の『医経溯洄集』一巻（一三六八）。医論二十一篇を収録する。王履は朱震亨の弟子である。講義はやはり全篇をあつかっている。

『医学正伝或問備忘録摶』。テキストの『医学正伝或問』一巻は、虞摶の医学全書『医学正伝』八巻（一五一五）から、巻一の序論にあたる『医学或問』だけを抜き出して、日本で刊行した書。『正伝』も『或問』

も数多く和刻された。講義の冒頭に、「黄帝素問ヨリシテ仲景傷寒論、ソレヨリ劉・張・李・朱ノ正イ伝トイフコ、ロヲ以テ名タルモノナリ。ソレ医ヲマナブ者、此書ヲ捧読翫味セザルベケンヤ」とあるように、『素問』を基本にして、傷寒（感染症）に張仲景、熱病（急性伝染病）に劉完素、内傷（内科の雑病）に張元素と李杲、その他の雑病に朱震亨と、病気の種類によって各医家のもっともすぐれた治療法を採り、それを整理・統合した臨床医学書である。明代医学を特徴づける折衷主義の立場が、ここに体系的に表現されている。「医学或問」は、或るひとの問いに答えるという形式で、著者の考えを述べた五十二条から成っている。この書を医学生の必読文献と述べているところに、浅井周伯とその門下の折衷学派としての立場をはっきり見てとることができよう。

ただし、ノートには序と凡例、および最初の四条の部分しか筆記されていない。講義がそこで終ったとは、ほかの例からみて考えにくいから、玄達がそこまでしか聴講しなかった、おそらくはそのとき、年月日はわからないが、養志堂を去った、ということだろう。

『内経経脈口訣』。テキストは、『難経本義』とおなじ著者、滑寿の『十四経発揮』三巻（一三四一）。「序」に「新刊」とあるから、寛文五年（一六六五）版の和刻を用いたのであろう。経脈とそれに属する経穴を述べた鍼灸入門書である。

使用されているテキストの著者は、劉温舒が北宋末（一一〇〇年前後）であるのを除けば、すべて元代（一二〇六—一三六八）の末から明代（一三六八—一六六二）に活躍したひとたちである。そのほかよく引かれるひとに、『医学綱目』（一五六五）の楼英（一三三〇―一三八九）、『名医類案』（一五五二）の江瓘（一五〇三―一六六五）がある。養志堂で講義されていたのは要する明代の医学であった、といっても過言ではない。

5

医学の古典『内経』は、前漢から後漢にわたる多数の著者の多様な文章を集めた、一種の論文集である。当然、内容は多岐にわたり、主張は多彩であり、それぞれのあいだに多くの相違や矛盾がある。いまや本草の古典となった『本草綱目』には、漢代以来の本草の発展の成果が収められており、これまた当然、記載は多様をきわめ、ときには相反する記述もあり、周伯がいうように、実際の処方に際して「ソノ肝要」をとるのが難しい。そこで周伯は、この二つの古典については、肝要な文章を抜粋して、テキストをつくった。原典批判も忘れなかった。それは研究の成果と臨床経験を踏まえて、一方では論理一貫した医学理論を、他方では実際に役立つ薬学を、構築する作業でもあった。

薬物は産地によって往々にして品種や薬性が異なる。中国や朝鮮の薬物をとりあつかった『綱目』の記載を、そのまま国産の薬物に適用することはできない。どうしても、いわば日本薬物記が必要である。それが『薬性記』であった。六十種にしぼったのは、むろん実用的な立場からである。本草は薬学と博物学という二つの顔を持っている。周伯はあくまで薬学としての本草の枠内に踏みとどまる。博物学としての本草を研究する仕事は、やがて、たとえば弟子の松岡玄達とその門下が引き受けるだろう。

近世の医書の論説にたいしては、たんにそれを解説するだけでなく、『格致余論』の講義にその例を見たように、たえず異なった説と比較検討し、納得できなければ疑問を呈しあるいは否定する、批判的姿勢を貫いていた。一字一句をゆるがせにしない考証的精神とともに、それがおそらくは東庵学派の学風であった。かれらはこの厳格かつ真摯な学問研究の方法を用い、主として明代の医書を通して、中国医学を研究し消化し吸収するとともに、諸家の説を比較検討し、取捨選択し、論理的な一貫性を追求し、みずからの経験をもとに、日本の風土、日本人の体質に合った、中国医学のたんなる複写ではない独自の医学をつくりだそうと努めていたのである。浅井塾の講義には、江戸時代前期（十七世紀）の医学の到達した最高の地点、すくなくともその一端が、きわめて分かり易く表現されている。

カリキュラムという視点から講義の全体をみれば、一般講義（初級）と特殊講義（中級）に分けることができよう。まず医学概論の『内経素問講義』と『難経本義記聞』、それに『素問』に本づく病理学概論の『病機撮要講義』。ついで基礎理論の『運気論講義』と、鍼灸概論の『十四経発揮講義』および本草概論の『本草摘要講義』。以上が一般講義である。基礎的な教科としてここに欠けているのは、『傷寒論』の講義だけであり、それもかならずや養志堂のカリキュラムに組み込まれていて、たまたまこの期間に開講されなかっただけにちがいない。これにたいして、臨床医学概論の『医学正伝或問備忘記』、ふたりのすぐれた医家の医学論文集をテキストにした『格致余論講義』と『溯洄集講義』、それに日本の薬物の薬性を論じた『薬性論』は、基礎課程を終えた学生のための特殊講義といってよい。

このように浅井周伯の養志堂では、きわめて正統的かつ体系的な医学教育がおこなわれていた。十七世紀の医師たちのこうした研究と教育を通して、日本の医学の基礎が培《つちか》われていったのである。

最後に、医家としてより本草家として知られた、筆記者の松岡玄達に簡単に触れておこう[5]。玄達、字は成章、通称恕庵、怡顔斎と号した。寛文八年（一六六八）、京都に生まれ、はじめ山崎闇斎、ついで伊藤仁斎に儒学を学び、稲生若水（一六五五―一七一五）の下で本草を修め、医家として身を立て、かたわら儒学と本草を講じた。

稲生若水の本草研究は、浅井周伯とちがい、博物学を志向するものだった。若水は植物の野外調査をおこなうとともに、中国の典籍にみえる動植物の記録を集成する『庶物類纂』を、三六二巻まで書き上げた。この著作は未完に終わり、また公刊されることもなかったが、門下からはその研究の方向と態度を学んだすぐれた本草家が輩出する。たとえば、徳川吉宗の薬事行政と殖産興業政策に参画して、全国の薬物と物産を調査し、薬物の国産化と国産薬材の流通制度の確立のために尽力した、丹羽正伯（一六九一―一七五六）と野呂元丈（一六九三―一七六一）。

松岡玄達には特筆すべき事跡が二つある。まず享保二年（一七二〇）、幕府に呼ばれ、丹羽正伯に協力して、国産薬の鑑定制度の基礎をつくったこと、そして最晩年に『本草綱目』の講義をおこなったことである。講義は延享元年（一七四四）八月九日にはじまり、同三年七月四日、あと数巻を残すところまで進んで病に倒れ、同十一日に逝去した。享年七十九歳。その講義の内容は『本草綱目記聞』（写本）として伝えられている。そのほかは、『用薬須知』（一七七二刊）をはじめ、本草関係の書を中心に、多くの著作や覚え書を残したが、大部分は写本である。

門下には、医家に周伯の孫の浅井図南（一七〇六―一七八二）、本草家に小野蘭山（一七二九―一八一〇）がいる。周伯の本草講義を聴講していた蘭山は、『本草綱目啓蒙』四十八巻（一八〇三―一八〇六）を著し、玄達の遺志を継いで、日本の博物学の基礎を確立する。

（1）『龍谷大学大宮図書館和漢籍貴重書解題　自然科学の部』、龍谷大学、一九九七（執筆者は真柳誠）。

（2）山田慶兒「浅井周伯の養志堂の講義録　松岡玄達自筆本角考」、吉田忠・深瀬泰旦編『東と西の医療文化』、思文閣出版、二〇〇一。

（3）詳しくは、山田慶兒『気の自然像』、岩波書店、二〇〇二、をみよ。

（4）饗庭東庵学派の医学について詳しくは、石田秀実『劉医方という誤解――江戸前期医学史をとらえるための一視点』、山田慶兒・栗山茂久編『歴史の中の病と医学』、思文閣出版、一九九七、を参照。

（5）宗田一解説、『松岡恕庵』、近世漢方医学書集成55、名著出版、一九八〇、を参照。

あとがき

ここに収めた、日本の学問ないし科学にかんする文章はすべて、口頭で発表するか雑誌などに掲載されたのち、多かれ少なかれ長いあいだ、机側に眠っていた。藤原良雄さんがそれを一本にまとめて出版してくださるという。ありがたいことである。藤原書店から出版されるこの本が、願わくば藤原社長のご好意に価するものであることを。編集を担当された山﨑優子さんにも感謝する。

二〇一七年六月二日

山田慶兒

初出一覧

十八、九世紀の日本の近代科学・技術
原題'Modern science and technology in 18th and 19th Japan'の邦文（The Introduction of Modern Science and Technology to Turkey and Japan, INTERNATIONAL SYMPOSIUM 1996. International Research Center for Japanese Studies.）なおこの英文は刊行後、イスタンブール大学歴史学科の教材に用いられた。
日本と中国、知的位相の逆転のもたらしたもの
未発表。この原稿は一九九四年一月、産業技術史研究会が企画していた論集に収めるために執筆された。論集は結局出版されず、原稿は事務局に眠ったままであった。筆者の要請により二〇〇四年に返却された。
飛鳥の天文学的時空
季刊『明日香風』第八八号、二〇〇三年一〇月
日本医学事始
山田慶兒・栗山茂久編『歴史の中の病と医学』思文閣出版、一九九七年
医学において古学とはなんであったか
同右
反科学としての古方派医学
『思想』二〇〇六年五月号、岩波書店
現代日本において学問はいかにして可能か
山田慶兒・阪上孝編『人文学のアナトミー』岩波書店、一九九五年

中国の「洋学」と日本
『洋学』6、一九九七年
幕府天文方と十七、八世紀フランス天文学
『天文月報』第九八巻第六号、二〇〇五年六月（原題「幕府天文方成立の歴史的意義」）
見ることと見えたもの
河合隼雄・佐藤文隆共編、現代日本文化論13『日本人の科学』岩波書店、一九九六年
浅井周伯養志堂の医学講義
書き下ろし

著者紹介

山田慶兒（やまだ・けいじ）

1932年福岡生まれ。京都大学名誉教授、国際日本文化研究センター名誉教授。専門は、科学史。京都大学理学部宇宙物理学科卒、同大学大学院文学研究科西洋史学専攻修士課程修了。中国古代医学史研究でA. L. Basham Medal受賞。著書に『黒い言葉の空間』（1988、中央公論社、大佛次郎賞）『夜鳴く鳥――医学・呪術・伝説』（1990）『中国医学はいかにつくられたか』（1999）『中国医学の起源』（1999）『気の自然像』（2002、以上岩波書店）他多数。編書に『東アジアの本草と博物学の世界』上・下（1995、思文閣出版）他。訳書にガリレオ『偽金鑑識官』（共訳、2009、中央公論新社）、『ニーダム・コレクション』（共訳、2009、筑摩書房）他。

日本《にほん》の科学《かがく》　近代《きんだい》への道《みち》しるべ

2017年 9月10日　初版第1刷発行 ©

著　者　山田慶兒
発行者　藤原良雄
発行所　株式会社 藤原書店

〒162-0041　東京都新宿区早稲田鶴巻町523
電　話　03（5272）0301
FAX　03（5272）0450
振　替　00160 - 4 - 17013
info@fujiwara-shoten.co.jp

印刷・製本　中央精版印刷

落丁本・乱丁本はお取替えいたします　Printed in Japan
定価はカバーに表示してあります　ISBN978-4-86578-136-6